やさしく学べる
経済学

Essentials of Economics

陸 亦群・前野高章［著］

文眞堂

はしがき

我々がいつも接している経済は常に変化しており，その仕組みも非常に複雑なものとなっている。新聞記事やインターネットのニュースなどからもわかるように，現代の経済の動きは非常に迅速であり，その影響力は地球上の至るところに現れてくるともいえよう。経済のグローバル化という表現からもわかるように，ある国や地域での経済の動きが地理的に遠く離れた別の国や地域の経済に非常に短期間で影響をもたらすことは日常的であり，また，経済を変化させている要因も非常に多様なものとなっていよう。それら複雑に思われる経済の動きから何らかの法則性を見出し，我々の生活をよりよくするための道標を示す学問の一つが経済学である。経済学の対象は経済現象—個人や企業などの経済行為の結果の集合—であり，それを観察して，その経済現象間に存在する法則を明らかにし，これを何らかの実践的目的に応用する学問であり，人々を幸せにする一助となる学問である。

本書は経済学を初めて学ぶ人を想定し，経済学という学問の入門書を意識したテキストであり，経済学という学問を通じて現代経済社会を分析するために必要な基礎的概念を包括的に学修することを目的としたものである。そのため，難しい数式などはできる限り使用せず，ごく簡単な数式や図などを中心に経済学の基礎の説明を心がけている。また，経済学を学ぶにあたり，ミクロ経済学とマクロ経済学の基礎理論の学修はその後の応用専門科目の学修にとって不可欠となることから，本書ではミクロ経済学とマクロ経済学の基礎理論を一冊でまとめたものとなっている。

本書の構成であるが，第Ⅰ部はミクロ経済学を，第Ⅱ部はマクロ経済学を学修するように整理してある。第Ⅰ部の第1章はミクロ経済学の分析視点として経済学の基本概念を押さえるとともに，経済学とはどのような学問であるかについて整理する。第2章は市場メカニズムを理解するための基礎である需要と供給の関係について整理し，経済で生じる出来事の影響の捉え方を検討する。第3章では家計の消費行動の基礎理論を取り上げ，家計はどのような制約のもと最適消費の選択を行うのかについて検討する。第4章では企業の生産行動の基礎理論について整理し，企業の利潤最大化行動について検討する。第5章では生産要素市場に着目し，その中でも労働市場を取り上げる。第6章では完全競争における市場の均衡について整理し，市場の効率性と捉え方について検討する。第7章では不完全競争市場として独占市場や独占的競争市場について取り上げ，市場の失敗や政府の介入の必要性について検討する。

第Ⅱ部はマクロ経済学になる。第1章ではマクロ経済学とはどのような学問であるのかについて整理し，第2章では国民所得の諸概念について検討する。第3章では均衡国民所得の決定メカニズムの基本的な考え方について考察する。第4章では貨幣市場について取り上げ，貨幣の機能および貨幣の需要と供給の関係について検討する。第5章ではIS–LMモデルについて整理し，財市場と貨幣市場の均衡および経済政策の効果について検討する。第6章では開放経済下におけるマクロ経済モデルを取り入れ，変動相場制や固定相場制のもとでの経済政策の効果について検討する。さらに第7章では物価水準の変動を想定したときのマクロ経済モデルについて検討する。

最後になったが，本書の作成にあたり多くの方々からの貴重なアドバイスを頂いたことを記しておきたい。また，厳しい出版事情の中，本書を出版する機会を与えて下さった文眞堂社長の前野隆氏と，非常に限られた時間の中で編集の労を取っていただいた山崎勝徳氏ほか編集部の方々に心から謝意を申し上げたい。

令和4年初春

陸　亦群
前野 高章

目　次

はしがき …… i

第Ⅰ部　ミクロ

第1章　ミクロ経済学の分析視点 …… 2

1．経済学の基本問題 …… 2
2．経済主体と経済の循環構造 …… 4
3．経済学の分析方法 …… 9

第2章　市場における需要と供給 …… 13

1．需要曲線 …… 13
2．供給曲線 …… 15
3．需要と供給の弾力性 …… 16
4．市場の均衡 …… 18
5．需要曲線・供給曲線のシフト …… 20

第3章　家計の行動 …… 25

1．消費者行動 …… 25
2．効用と無差別曲線 …… 26
3．予算制約 …… 32
4．消費の決定 …… 36
5．所得変化と価格変化 …… 39

第4章　企業の行動 …… 46

1．生産者行動 …… 46
2．生産関数と等産出量曲線 …… 47

3．生産要素の最適投入 …… 53
4．費用の諸概念 …… 56
5．利潤最大化 …… 61
6．供給曲線 …… 64

第5章　生産要素市場の均衡 …… 67

1．家計の労働供給 …… 67
2．企業の労働需要 …… 74
3．労働市場の均衡 …… 77

第6章　市場均衡と市場の効率性 …… 80

1．完全競争市場と市場均衡 …… 80
2．経済余剰 …… 81
3．効率性の基準 …… 85

第7章　不完全競争市場と外部性 …… 91

1．不完全競争市場と独占 …… 91
2．市場の失敗と政府の介入 …… 97

第Ⅱ部　マ　ク　ロ

第1章　マクロ経済学のとらえ方 …… 106

1．マクロ経済学とは …… 106
2．マクロ経済学のいくつかのコンセプト …… 108

第2章　国民経済計算 …… 111

1．付加価値と国内総生産 …… 111
2．国民所得の諸概念 …… 113
3．マクロ経済の循環 …… 115
4．物価水準 …… 120

第3章　国民所得の決定理論 …… 125

1．財市場における調整 …… 125
2．財市場における均衡国民所得の決定 …… 128
3．乗数効果 …… 134
4．デフレギャップとインフレギャップ：総需要管理政策 …… 139

第4章　貨幣市場の均衡と利子率 …… 141

1．ストック市場におけるワルラスの法則 …… 141
2．貨幣とは …… 143
3．貨幣の供給 …… 146
4．貨幣の需要 …… 151
5．貨幣市場の均衡と利子率の決定 …… 156

第5章　IS-LM モデルと財政金融政策 …… 160

1．IS-LM モデル …… 160
2．財政金融政策の効果 …… 168

第6章　開放経済モデルと経済政策の効果 …… 173

1．国際収支の構造と外国為替制度 …… 173
2．マンデル＝フレミング・モデルの導出 …… 177
3．固定相場制下のマンデル＝フレミング・モデルと経済政策の効果 …… 181
4．変動相場制下のマンデル＝フレミング・モデルと経済政策の効果 …… 185

第7章　物価水準の変化と国民所得 …… 191

1．短期モデルと長期モデル …… 191
2．総需要曲線と総供給曲線 …… 195
3．物価と生産量の同時決定と財政金融政策の効果 …… 199
4．インフレーションと失業 …… 203

索引 …… 208

第Ⅰ部

ミクロ

第 1 章

ミクロ経済学の分析視点

本章のねらい
- この章では，経済学とはどのような学問かについて概説する。
- 経済学の基本課題とは何か，経済を構成する経済主体とは何かを概説し，そして経済循環構造について説明する。
- ミクロ経済学とマクロ経済学の相違について説明する。

1．経済学の基本問題

(1) 経済学とは何か

経済学という学問を簡単に定義していこう。どのように定義すれば良いであろうか。経済の語源は，世を治め民を救う，という意味の経世済民からきている。我々が生活している社会の中では数えきれないほどの経済現象を観察することができ，それと同時に数えきれないほどの経済問題が生じているだろう。経済学とは，人間社会の経済現象を観察することからさまざまな法則を探求し，それらを検証しながら経済問題を解決する一助となることが求められる学問である。

経済学は経済主体（個人，企業，政府）による選択に関わる学問である。なぜ選択が重要であるのか。それは欲望の非飽和性と深く関わっている。多くの財（goods）を含む人間の物的欲望は無限であるといえるであろう。一方で，資源の量は有限であり，かつそれを用いて作り出せる産出物の量にも限度がある。つまり，資源は我々の欲望に比して相対的に希少であるといえる。それゆえ，我々は意識的および無意識的に選択をして経済行動を行っていると考えられる。ここでの資源（resource）とは財の生産に利用できるあらゆるものを対象としている。そこには耕作可能な土地や高層ビルなどが建設される土地，石油や水といった天然資源や森林などが存在している土地も含まれれば，工場などの建物や生産に使われる機械も含まれる。こうした物的資本はもちろんのこと，財をつくり出す労働力や新製品の開発や新技術の導入からイノベーションを遂行する人的資源も資源に含まれる。経済学とは，諸目的と代替的用途に役立つ希少な諸手段との間の関係として，人間行動を研究する学問である。経済学は何よりもまず人間を対象とする学問であって，モノを対象にしているのではない。ここでの，諸目的とは社会の人々の物的欲望の追求のことであり，諸手段とは資源のことである。

(2)　経済学の基本課題

続いて，経済学の基本課題について整理をする。社会における有限な資源をどのように使用していくのかは，家計（個人）や企業，さらに政府や官僚による諸々の選択によって決定される。このような家計や企業の選択および経済全体での希少資源の使用方法は経済の主要な問題となる。こうした問題は経済がどのように機能するかに関する四つの基本問題としてまとめられる。

①　何をどれだけ生産するのか

どのような財をどれだけ生産するのかという問題は，生産物の種類や量を決定することである。これはそれぞれの財の価格水準に依存するが，一方でそれらの価格は生産者の供給や消費者の需要に依存している。できるだけ多くの財を生産したくても使用可能な資源や技術には限りがあるだろうし，また多くの財を保有したいと思ったとしても予算的な制約が存在する。最終的には需要と供給のバランスから市場価格が決定され，どのような財をどのくらい生産するかを選択することになる。この資源配分の問題は主として民間部門での企業と家計との相互作用によって決定されるが，政府もまた重要な役割を果たしている。

②　これらの財はどのように生産されるのか

ある財を生産するに際してさまざまな方法が利用可能である場合に，そのなかでどの方法が採用されるのだろうか。酪農品の生産を考えてみると，牛乳を生産している酪農家は，乳牛を飼い飼料を食べさせるが，その飼料は自分達でつくるのか，あるいはどこかから調達してくるのかという問題が発生する。さらに，もし自前で飼料をつくるのであれば農業機械を導入するのか労働力だけでつくるのか，また，牛乳だけを生産するのかそれとも牛乳を使用して別の製品を生産するのか，別の製品の生産には土地と工場が必要だがそのために牛乳の生産は縮小せざるを得ないのかどうか，などといったさまざまな問題が発生する。これらの決定も企業によって行われるが，生産技術の選択の問題そのものは経済のさまざまな要因によって影響される。

③　これらの財は誰のために生産されるのか

生産された生産物は誰が消費し，その所得はどうのように配分されるのだろうか。これは民間部門の企業と家計の相互作用によって決定される。産出物の種類と数量，そして生産方法が決定され，その結果，労働，土地，資本などの各種のサービスの使用量が決定されれば，賃金，地代および資本のさまざまな収益のような，各成員の所得が決定されることになる。企業が得た収益をどのように配分するかは長い間問題となっている。効率性を追求するだけでは豊かな社会の構築に至ることは難しく，公平な経済システムをつくることに対して政府の役割が重要となる。これは分配に関わる問題である。

④　誰が経済的決定を行うのか，またどのような過程を経て行うのか

これは経済体制に関わる問題である。経済に関する問題に対して何らかの解決策を試みるとき，現代の我々が生活する社会のように市場メカニズムの役割を重視することが一般的である。しかし，経済体制が一昔前のような原始的な社会であれば，地域の村長が独断的に強権を発動したりすることもあれば，あるいは，その地域に昔からある慣習に沿った形で物事を選択したり決定したりすることもあるであろう。つまり，これは社会全体の制度的枠組みに依存することになる。

2．経済主体と経済の循環構造

(1)　経済主体

経済活動の主体について考える。経済学では，財やサービスの生産・消費・取引などといった経済活動を行う人々のことを経済主体と呼び，それは家計，企業，政府に大別される。経済学では家計・企業・政府を経済社会や市場における主体と捉え，各々の経済行為を研究の対象としており，経済主体による選択に関わる学問が経済学である。以下，各経済主体について確認していく。

家計は労働を供給し所得を得て，その獲得した所得で消費活動を行う経済主体である。家計は消費可能な財やサービスを消費する消費者であると同時に，労働や資本，さらには土地などを企業に提供する生産要素の供給者でもあり，労働を

提供することによりその代価として賃金を得ることになる。また，家計の蓄えが銀行などに預金されれば銀行は家計に利子を支払うことになり，家計が企業に土地を貸し出せば企業から家計に地代が支払われることになる。つまり，家計は生産要素の提供と引き換えに賃金や利子，そして地代を受け取る立場にあり，それらは一括して所得と呼ばれる。

企業は機械や生産設備などの資本や労働といった生産要素を用いて生産活動を行い，生産物を産出する経済主体である。企業は生産可能な財やサービスを提供する生産者であると同時に，生産活動に必要な生産要素の需要者でもあり，それら生産要素の代価を支払う立場にもある。企業は生産物を主に家計に販売するが，生産物を別の企業に販売することもあり，中間投入物の売買が企業間で行われることもある。

市場経済においては政府も経済活動の重要な意思決定者となる。政府は家計や企業から税を徴収したり，公債の発行による借り入れで資金を調達したりする。そして，さまざまな公共サービスや社会資本を提供する経済主体である。また，経済学においては，政府は資源の再配分や所得の再分配をはじめ，経済を可能な限り安定化させる機能を持っているとされているが，政府の果たすべき役割については経済学者の間でもしばしば意見が一致しないこともある。

(2)　経済の循環構造

経済主体はそれぞれ相互に依存しながら経済活動を行っている。経済主体が市場において相互に取引を行うことで経済は循環している。経済循環の過程では財・サービスや生産要素の流れと貨幣の流れが出会う場が市場である。市場では各種の価格が形成されることになる。経済主体は市場において供給者と需要者の二つの側面をもつことになる。たとえば，家計は生産物市場では需要者（買い手）であり，生産要素市場では供給者（売り手）である。同様に，企業は自分たちで生産した財の供給者であり，生産要素の需要者であるとともに，中間財や投資財などの需要者でもある。

図1-1で経済の循環構造を確認しよう。図1-1では経済主体間の財やサービスの循環が描かれている。この図の中で，家計は人的・物的資産の所有にもとづき労働や資本といった生産要素を企業に供給し，企業から貨幣所得を受け取り，これを支出して財やサービスなどを消費する。企業は自己資金や借入資金を用いて

労働や資本などとの生産要素や原材料などをも購入し，これらを技術制約の中で生産物として産出し市場で販売をする。

企業と家計の間の関係を考えるとすれば，生産物市場では企業からの財やサービスの供給と家計からの財の需要がバランスするように価格が決定され生産物が家計に売却される。このような取引は貨幣によって媒介されることになるため，家計の消費への支出は企業の売上からの収入となる。他方で，生産要素市場では家計が所有する資産にもとづいて供給される労働や資本などの生産要素と，それら生産要素に対する企業の需要とのバランスから賃金や利子・配当などといった生産要素の価格が決定される。生産要素は企業に流入し，それに対応する貨幣は家計に向かって流れることになり，家計にとっては所得の受け取りであり企業にとっては費用の支払いとなる。このように財や生産要素の流れと，それとは逆方向に動く貨幣の流れは経済が循環的に動いていることを示している。

そして政府は消費財や投資財の巨大な需要者であり，公的サービスといった公共財の供給者である。政府は，一般行政をはじめ，国防，警察，消防，保健，教育などいった業務，道路や橋などの産業基盤，あるいは公園，上下水道，廃棄物処理などの生活基盤施設のような公共財を供給している。家計や企業はこのような公共財の需要者であり，その消費を租税という形で負担している。

生産物市場と生産要素市場についてもう少し確認していく。生産要素市場は中間財市場と最終財市場とに分けて考えられる。中間財市場は，企業が別の企業により生産された産出物を中間投入として購入する市場である。中間財市場以外の財を扱う市場は最終財市場であり，最終財市場は主に消費財市場，投資財市場，輸出財市場に分けられる。最終財市場における主な需要者は家計であり，家計が購入する最終財を消費財と呼ぶ。消費財市場は供給者が企業であり需要者は家計とする最終財市場である。また，企業も需要者となりうる。企業は自社の生産規模を拡大する際には，機械設備などの投資財を別の企業から購入する。そのような投資財の取り引きが行われる最終財市場を投資財市場と呼ぶ。そして，国内企業と外国との最終財をめぐる取り引きの場が輸出財市場である。生産要素市場は労働や資本などといった生産要素が取り引きされる市場である。生産要素市場は取り引きされる生産要素の種類により分けることができ，労働市場，資本市場，土地市場などに区分される。

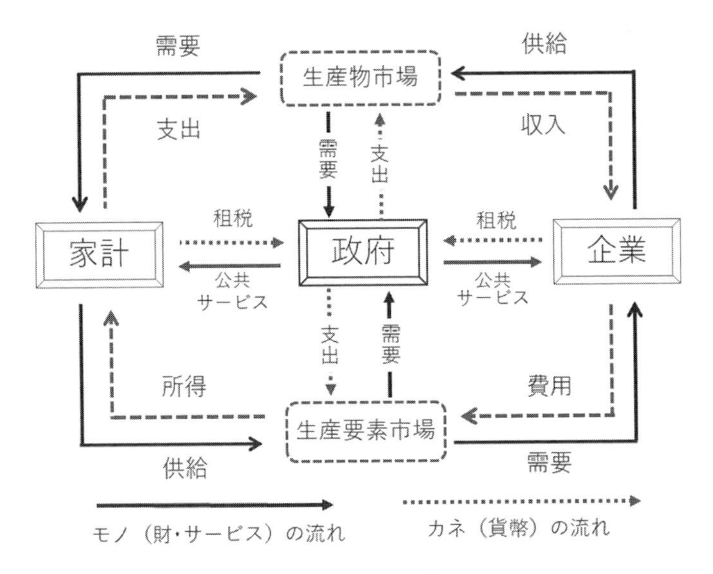

図 1-1　経済循環

(3)　希少性と経済問題

経済学は，経済活動を行う人間行動のさまざまな局面を取り扱う。しかし，すべてのことを分析に取り入れ，すべての人間行動の局面を研究することは非常に困難である。そこで経済学では経済人という行動主体モデルを利用する。経済学者は，この経済人の欲望が無限ともいえるほどに大きいと考えている。しかしながら，その無限の欲望を満たす欲望充足の手段は限られている。つまりこれは，人間の欲望は限りがないが欲望を満たす手段は無限に存在していないことを意味する。

ほとんど無限に大きい人間の欲望に比べそれを満たす手段が不足している状態を希少であるという。人間の欲望と比べればその欲望を満たす充足手段はつねに相対的に不足しており，希少性をもっていることがわかる。このように希少性をもつ資源を経済的資源（経済財）という。また，あるものを入手・獲得するのに何の代償も要さない資源を自由資源（自由財）といい，空気や太陽光線などがその例である。一般に，空気や太陽光線のように世の中に潤沢に存在し自由に使用することができるものであれば，それらには価格は成立することはなく，その利用について経済的な問題は何も生じないとされる。しかし，自由資源というのはほとんど存在せず，多くの資源はすべての人間の欲望を満足させるほど十分な量が得られないという意味で希少な経済財である。それゆえ経済学では，欲望の無限性と資源の希少性との間の対立が，入手可能な資源から最大の満足を得るためにはどのような方法を選択すべきであろうか，という経済問題に取り組むことになるのである。

資源が入手可能であればそれらを人間の欲望の充足に役立てようとするであろう。そのためには入手可能な諸資源を組み合わせ，財という一つの形に変形させねばならない。このような資源を変形させて財を産出することを生産と呼ぶ。入手可能な資源は無限にあるわけではないため，ある財の生産にそれら資源を利用すれば，別の財の生産はそれだけ犠牲にされざるを得ない。つまり，利用可能な資源が限られていれば，それをある一つの用途に利用すれば，他のいずれかの用途における目的達成はそれだけ犠牲にされざるを得ないということである。これを機会費用という。経済学でいう費用とはこの機会費用を指す。

たとえば，衣類とコメの生産を考えてみる。いま，ある経済が限られた資源を利用して衣類とコメを生産しているとし，その経済はこれまでよりも衣類を多く生産しようと試みたとする。その目標達成のためにはコメの生産は縮小させねばならない。衣類をより多く生産するためには，より多くの原材料やエネルギー，労働や資本を衣類の生産に向けねばならず，そのためこれまでコメの生産に利用されていた諸資源を衣類生産に差し出す必要がある。つまり，衣類をより多く生産するためにはコメの生産を一定数あきらめねばならないということである。この機会費用の考え方は物的な財のみにあてはまるものではない。1日は24時間であり，1年は365日であることから，勉強時間を増やそうとすればその分余暇に使う時間を減らすしかないし，旅行に行き老舗旅館で高級料理を楽しんだとすれば，その分買いたかった洋服をあきらめねばならない。

経済主体は，ある一定の目的を達成するためには利用する諸資源の量をできるだけ最小にする必要があり，また，ある一定の諸資源を他の競合的用途に向けようとするときはそれら用途の必要性や重要性に応じて資源の最適化をはかる必要があり，最終的には全体としての目的の達成を可能な限り成し遂げようとする。このような意味で，経済問題は希少性の問題と深く関わっている。

3．経済学の分析方法

(1)　科学としての経済学

経済学は科学である。現実の経済現象をあるがままに分析・説明し，経済の動きを予測するのが実証的（positive）分析であり，また，望ましい経済を構築するために何がなされるべきかを分析するのが規範的（normative）分析である。実証的分析では，どのような経済モデルが適切であるのかということに関して意見の不一致が起こりうる。また，仮に適切な経済モデルについて合意したとしても，政策効果の量的な大きさで意見の不一致がしばしば見られる。規範的経済分析では，経済学者の間で望ましい経済についての意見が異なることがあり，そうした相違は各経済学者のもつ価値判断が互いに異なるためである。たとえば，保護貿易の動きはなぜ生じるのか，それによって得をする経済主体は誰で，損を被る経済主体は誰かということを分析するのは実証的分析である。それに対して，保護貿易の動きを抑制するべきかどうかを分析するのが規範的分析である。

科学としての経済学の構造的な特徴を整理しよう。経済学では対象となる現実の経済を観察し，そこから理論モデルを構築する。一般的に，理論は一つあるいは複数の仮説から成り立っており，言葉や数学的表現により示される。次いでその仮説が実際に当てはまるものなのかどうか，つまり現実の経済を説明できるのかどうかを検証する。理論に沿った仮説の検証はデータを用いて行われる。検証により仮説が適切なものと証明されれば，その理論モデルは理論や法則として確立することになる。一方で，検証によりその仮説は現実の観察結果をうまく説明できなければ，理論モデルとしての妥当性は認められず，理論モデルの再検討や新たな理論モデルの探求が試みられる。

(2)　ミクロとマクロ

経済学は分析の方法によってミクロ経済学（microeconomics）とマクロ経済学（macroeconomics）に分類される。ミクロ経済学とマクロ経済学の相違について簡単に整理する。

ミクロ経済学は，経済を構成する経済主体である家計や企業の行動と個々の市場の動きを分析する分野であり，市場における価格の役割を重視することから

「価格分析」ともいわれている。ミクロ経済学では，家計や企業などの経済主体の行動について，それぞれが自己の利益を求めて，合理的行動を選択するとの前提が置かれる。ここでいう合理的とは，目的が与えられたとき，それらの経済主体はその目的に適した行動を取るという意味である。つまり，ミクロ経済学では家計と企業の行動原理を分析する分野である。

マクロ経済学は，経済全体の行動に注目し，国民経済全体でのさまざまな集計的な経済変数の動きを分析する分野であり，一国の所得の動向を分析の中心に置くことから「所得分析」ともいわれている。マクロ経済学では一国の中で活動するすべての経済主体をまとめて分析対象としており，代表的家計や代表的企業の動向，政府の動向といった一国の全体的な経済活動に着目し，経済全体の総産出量の成長率や，一般物価の上昇率であるインフレ率，失業率などを分析する。「代表的」とか「集約された」経済といったような経済全体を大きくつかみながら基本的な重要な変数間の関係を分析し，経済のパフォーマンスを向上させるような政策を分析するのもマクロ経済学である。

ミクロ経済学もマクロ経済学も分析の対象は同じ「経済」であるが，二つの分野が併存する理由はどこにあるのだろうか。これら二つの分野は一方が正しければ他方は正しくないというようなものではない。経済という一つの観察対象があり，それを微視的にみるか巨視的にみるかであり，両方が補い合って経済の本質を透視することが重要となる。人間の体で考えるとすれば，腹痛の症状が出たときに，お腹を重点的に検査することもあれば，腹痛の原因がお腹以外にあるとすれば別の箇所を診ることもある。腹痛だからといってお腹だけに気を取られると，腹痛の真の原因を見抜けない危険性もある。経済も同様である。金融危機により不況に見舞われた経済を想定すると，金融危機の本質を見抜くためには個々の金融商品の特徴を理解したり，どのような企業が取り引きしていたかを把握したりする必要がある。また，金融は実物経済とも深い関連をもつことから，金融危機が企業の資金調達などへ与える影響なども知る必要があろう。それと同時に，金融危機による一国の失業率や貿易量への影響を把握することは，国際間の資本移動の減速や負の影響の伝播の速さなどを想定することに繋がり，結果的に的確な政策的措置を取るのに役立つことにもなるであろう。そのようなことからも，経済を分析するにあたりミクロ経済学もマクロ経済学も欠くことができない分野であり，片方だけの理解では十分とは言い難いであろう。

また，経済学には国際経済学，労働経済学，財政学，などいった応用経済学と呼ばれる諸分野がある。応用経済学ではミクロ経済学やマクロ経済学の分析手法を応用して議論が進められる。応用経済学の分野によっては，ミクロ経済学の分析手法が有益である分野もあれば，マクロ経済学の分析手法の方が好まれる分野もある。いずれにせよ，ミクロ経済学とマクロ経済学は経済学全般の基礎的部分であると言えよう。

(3) 完全競争と不完全競争

経済学では需要と供給のバランスが取れた状態を均衡と呼ぶが，需要と供給のバランスが取れていない状況が生じると，市場の力により価格が調整され均衡状態の方へ収束していくとされている。アダム・スミスは『国富論』のなかで，この価格メカニズムという「見えざる手」に任せれば，理想的な調和の世界が実現できるという考えを示した。この市場価格の調整機能は実のところ完全競争という市場のもとでのみ十分な役割を果たしうるに過ぎない。

完全競争市場の特徴を簡単に整理しよう。完全競争とは，誰もが自分だけの行動によって財の価格を左右しうるほどの力を持っていない状態のことであり，財の価格は市場で決定されるような市場のことである。これは各市場の売り手と買い手が多数存在しているため，各経済主体の行動が価格に与える影響は無視できるほど小さいという事情にもとづくと考えられる。さらに，各財の製品差別化はなく，すべての成員が市場の価格や財の特性について完全な情報をもっており，市場への参入や退出が自由であるという特徴も備えている。これらの仮定は現実的ではないのは明らかであるが，いわゆる歪みのない市場というものを想定することによって，現実の経済や市場において，どのような点が問題なのかということを明らかにするという意味においても，この完全競争市場の仮定は重要となる。

現実の市場経済を考えると，一つの企業が独占した行動をとっている市場も確認できるし，少数の企業が寡占的に行動している市場もある。それらは独占市場や寡占市場と呼ばれ，完全競争とは対極に位置するとされる不完全競争の市場である。さらに，企業の立場を独占的なものにする要因について考えてみる。たとえば，生産規模の拡大に伴い産出物一単位当たりの費用が逓減するような大規模生産の利益を享受しやすい業種では同一市場内に存続しうる企業は比較的少数になるであろうし，また，類似した財であっても特性や品質により製品差別化を図ることによりその市場で独占的に立ち振る舞うことが可能となる。大規模生産の利益や製品差別化は規模の大きい生産施設などを保有する企業や他社にはないアイディアや技術を保有する企業にみられる傾向がある。

現実の市場は完全競争とはほど遠いものであろう。そのような場合，市場に歪みが生じることになり，そのようなときは政府の役割が重要となる。公的部門と民間部門が存在し各経済主体が互いに依存している混合経済の市場では，経済問題を総じて効率的に解決するが，いくつかの分野においては市場の有用性がそれほど効果的に機能していないと考えられていることもある。このような状態が生じた場合，市場を補完するためには，政府の活動に頼ることとなる。政府の主な役割としては法的・制度的枠組みの設定がある。これは市場経済が十分に効率よく機能するような私的所有権の確立や不公正な取引方法の排除などの法制度の整備である。さらに，公共財の供給，外部効果への介入，所得の再分配，独占の規制，総需要の管理なども政府の役割としてあげられる。これらは市場経済の歪みとして生じる問題に対応するものである。効率性という問題に対して市場メカニズムは十分に力を発揮するが，公正というものに対しては政府のリーダーシップが問われてくる。

第2章

市場における需要と供給

本章のねらい

・この章では，経済学で最も基本的な分析手法である需要と供給の関係について概説する。
・需要曲線や供給曲線の基本的な捉え方と，弾力性の概念について考える。
・市場による需要と供給の調整機能について，需要曲線と供給曲線上の動きと曲線自体のシフトについて考える。

1．需要曲線

本章では，経済学にとって最も重要な分析道具の一つである需要曲線と供給曲線について考える。需要曲線や供給曲線は市場におけるさまざまな対象を分析する際に用いられる。需要と供給の関係は我々の身近なところで頻繁に接している。たとえば，天候不良や災害などにより野菜の価格が高騰したとか，豊漁により魚の価格が低下した，などという話はよく耳にする。このような経済での動きは野菜や魚の市場における需要と供給の関係から容易に導くことができる。

はじめに，需要曲線について確認していく。ある財に対する需要とは，何らかの対価を進んで支払うことでその財を手に入れることをいう。消費者がある財を単に手に入れたいというのは欲望に過ぎず，通常，市場では財を獲得するためには貨幣の支払いが行われる。経済学で主に対象とする需要は，対価の支払いを伴う欲求としての需要である。

ある財の需要を考えるときに，この財の需要はどの程度であろうかと考えるのが一般的かもしれない。しかし，経済学では，この財の価格がいくらの場合に需要はどの程度であろうかと考える。つまり，ある財の需要を考える際は，価格の影響を考えるのである。もちろんある財の需要はその価格以外にも，所得の大きさ，消費者の嗜好，関連する財の価格や宣伝などといった多くの要因に影響される。

ここで牛乳に対する需要を例として考えてみる。牛乳は，そのままコップに注いで飲むこともあれば，コーヒーや紅茶に入れたりして飲むこともあるし，料理に使用することもできる。もし牛乳の価格が非常に高ければ，多くの人はその購入をあきらめるか，あるいは以前よりも少量だけしか購入しないであろう。または，牛乳の代わりにジュースや他の飲料を飲むかもしれない。逆に，もし牛乳の価格が極めて安価であるとすれば，ジュースなどの購入を控え，牛乳を多く購入するかもしれない。

牛乳に対する需要量は，このように価格に左右されることが理解できるであろう。そこで表 2-1 を使用して価格と需要量との関係を示した牛乳の需要表を考えてみる。現実的には需要に与える影響はさまざまな要因があるが，ここでは価格以外の要因は不変であるとする。この需要表は，牛乳の価格が高いと需要量は少なくなり，牛乳の価格が低いと需要量は多くなることを示している。一般的に，ある財の価格が上昇すれば需要量は減少し，その価格が低下すれば需要量は増加する。

表 2-1 にもとづいて需要量と価格の関係を図で示したものが図 2-1 である。図は縦軸が牛乳の価格，横軸が牛乳の数量（需要量）を表しており，各点は個々の価格に対応する需要量を示している。点 A は牛乳の価格が 500 円の時，10 億リットル需要されるということを表わしており，点 E や点 B もそれぞれ同様に解釈することができる。表 2-1 にある価格と需要の関係を表した各点を結んだも

表 2-1　牛乳の需要表

価格（円／1 ℓ）	需要量（億 ℓ）
500	10
400	20
300	30
200	40
100	50

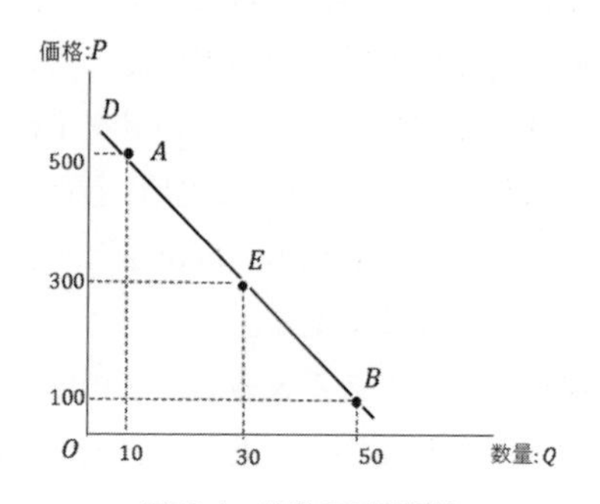

図 2-1　牛乳の需要曲線

のが曲線 D であり，これが需要曲線と呼ばれるものである。この需要曲線は価格に対応する需要量の情報を示したものであり，需要曲線は一般的に右下がりの曲線として表すことができる。

2．供給曲線

次に，供給曲線について確認する。ここでは牛乳の生産者によって提供される牛乳の供給量について考えてみる。需要量と同じように，供給量もさまざまな要因によって影響を受ける。たとえば，酪農に従事する人口が増えた場合や，酪農家が使用している農場の拡大のような経営規模が拡大したり，さまざまな技術革新などにより牛乳の生産がこれまで以上に効率的になったりすれば，牛乳の生産量は増え，供給量も増加することになるであろう。一方で，乳牛を育てるための飼料が高騰したりすれば，十分に飼料を与えることができなくなり牛乳の生産に影響を与えることにもなるであろう。また，乳牛一頭当たりの牛乳を多く得ようとすれば，乳牛を育てるための環境整備として牛舎を立て直す必要があったり，牛乳を使用した他の乳製品を生産・販売しようとすれば，新たな工場や販売所を建設する必要があったり，それらを管理するシステムの導入も必要となろうが，これには当然ながら費用がかかってくる。費用をかければ，牛乳を増産することができるであろう。

このように考えると，多くの要因が牛乳の供給量に影響をもたらすことが容易に考えられるが，ここでも需要量のときと同じように，価格と供給量の関係について確認する。牛乳の生産者は，牛乳の価格が上昇すれば，これまでよりも多くの費用をかけ，より多くの牛乳を供給しようとするであろう。逆に，牛乳の価格が下落すれば，牛乳の生産者は高い費用をかけて生産することを躊躇することになり，供給量は減少するであろう。このことからも，牛乳の価格と牛乳の供給量との間には強い関係をみることができる。

表 2-2 は，こうした価格と供給量との関係を示した牛乳の供給表である。この表からもみてとれるように，牛乳の価格が高いと供給量はより多くなり，牛乳の価格が低いと供給量は少なくなる。一般的に，ある財の価格が上昇すれば供給量は増加し，その価格が低下すれば供給量は減少する。表 2-2 にもとづいて供給量と価格の関係を図で示したものが図 2-2 である。図 2-1 同様に，この図において

表 2-2　牛乳の供給表

価格（円／1ℓ）	供給量（億ℓ）
500	50
400	40
300	30
200	20
100	10

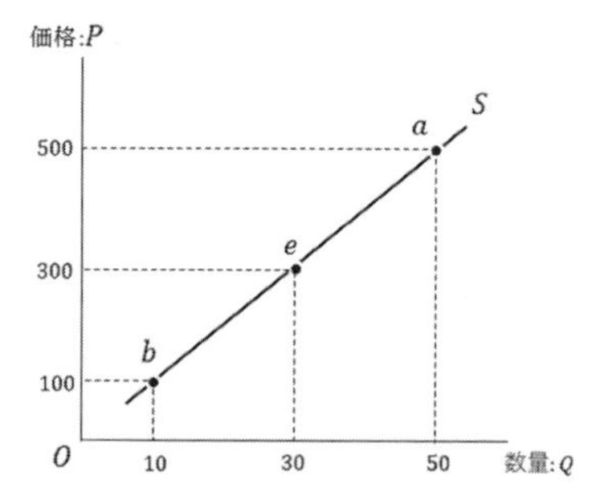

図 2-2　牛乳の供給曲線

も縦軸が牛乳の価格，横軸が牛乳の数量（供給量）を表しており，各点は個々の価格に対応する供給量を示している。点 a は牛乳の価格が500円のとき，50億リットルの牛乳が供給されるということを表わしており，点 e や点 b もそれぞれ同様に解釈することができる。表2-2にある価格と供給の関係を表した各点を結んだものが曲線 S であり，これが供給曲線と呼ばれるものである。この供給曲線は価格に対応する供給量の情報を示したものであり，供給曲線は一般的に右上がりの曲線として表すことができる。

3．需要と供給の弾力性

需要曲線と供給曲線は，価格と需要量あるいは価格と供給量の関係を描いたものであることを確認した。価格が変化すれば需要量や供給量も変化するが，その変動の大きさは多くの財で異なるであろう。この点を考えるにあたり，ここでは弾力性の概念について確認していく。ここで考える弾力性とは，ある財の価格の変化がその財の需要量の変化や供給量の変化にどの程度影響をもたらすのかということである。

弾力性を考えるには曲線の形状自体が重要な意味をもつこととなる。図2-3は傾きの異なる需要曲線を描いたものである。需要の価格弾力性が大きいと，わずかな価格上昇であっても需要量は大幅に低下することになる。この場合，需要曲線はより水平に近い形状となる。逆に，需要の価格弾力性が小さいと，価格が上昇しても需要量はそれほど大きな変化はなく，このような場合の需要曲線はより垂直に近い形状となる。需要曲線は需要の価格弾力性が最も大きい無限大のとき

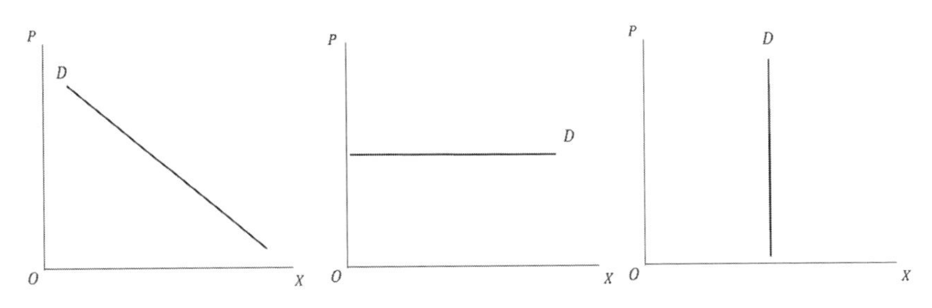

図 2-3　さまざまな形状の需要曲線

には水平になり，最も小さいゼロのときは垂直になる。

需要曲線を取り上げて考えてみる。需要曲線が右下がりの形状であることから，その傾きの大きさは，価格が1%上昇したときに需要量が何%減少するかを示してくれ，これを需要の価格弾力性という。

需要の価格弾力性（ε_D）は，

$$\varepsilon_D = \frac{\text{需要量の変化率}}{\text{価格の変化率}} = \frac{-\Delta X_D / X_D}{\Delta P / P} = -\left(\frac{\Delta X_D}{\Delta P}\right)\left(\frac{P}{X_D}\right)$$

で表すことができる。この式で，弾力性の ε は英語で弾力性（elasticity）の頭文字が e であることからそのギリシャ文字のイプシロンを使用している。X_D と P はそれぞれ需要量と価格であり，それらの変化率は $\Delta X_D/X_D$ と $\Delta P/P$ でそれぞれ表される。ここで Δ（デルタ）は変化分を意味する。もし財の価格が5%上昇したことにより需要量が10%減少すれば，需要の価格弾力性は2となるし，もし価格が5%上昇し需要量が3%減少すれば，需要の価格弾力性は0.6となるのは容易にわかる。

もしある財の需要の価格弾力性が1であるとき，それは価格の変化と同じ比率で需要量が変化するということである。そのため価格の低下は物的な販売量を増やすことになるが，販売金額には何の変化もないことになる。贅沢品などの場合は需要の価格弾力性は1よりも大きくなるのが一般的である。このような財の場合は，価格を下げれば販売金額は増え，価格を上げれば販売金額は減ると考えられる。対照的に，生活必需品などの場合は需要の価格弾力性は1よりも小さくなると言われている。この場合，財の価格を下げたとしても需要量が大きく増えるわけではないため，価格を下げれば販売金額は減少することになる。$\varepsilon_D > 1$ であるとき，その財の需要は弾力的（elastic）であるといい，$\varepsilon_D < 1$ であるとき，その財の需要は非弾力的（inelastic）であるという。

供給曲線でも同じように供給の価格弾力性を考えることができる。供給の価格弾力性は，価格が1%上昇したときに供給量が何%増加するかを示してくれ，価格の変化に応じた供給の反応を表す指標であり，以下の式で表すことができる。

$$\varepsilon_S = \frac{\text{供給量の変化率}}{\text{価格の変化率}} = \frac{\Delta X_S / X_s}{\Delta P / P} = \left(\frac{\Delta X_S}{\Delta P}\right)\left(\frac{P}{X_S}\right)$$

この式にはマイナスの符号がついていないが，これは価格が上がれば供給量は増えるという価格と供給量の関係があるからである。供給の価格弾力性は需要の価格弾力性と同じ様な性質をもつ。$\varepsilon_S > 1$ であればその財の供給は弾力的であり，$\varepsilon_S < 1$ であれば，その財の供給は非弾力的であると考えられる。もし供給曲線の傾きが緩やかであればそれは弾力的であり，傾きが急であれば非弾力的である。いま二つの供給曲線がありそれらの傾きが異なったものであると想定しよう。価格の変化により大きく反応する曲線は傾きが緩やかな供給曲線であると容易に確認できるであろう。

4．市場の均衡

前節までに牛乳の需要曲線と供給曲線をそれぞれ確認した。ここではそれら曲線を一つの図に示し市場の均衡について考える。図2-4は右下がりの需要曲線と右上がりの供給曲線を一つの図に描いたものである。右上がりと右下がりの曲線のため，両曲線は必ず交差するところをもつ。この図からわかるように，需要曲線と供給曲線は点 E（$=e$）で交差している。需要曲線と供給曲線が交差するこの点は均衡点あるいは市場均衡点と呼ばれる。均衡点では需要と供給が釣り合っている状態にあり，牛乳の価格300円で市場での取引量が30億リットルであることを示している。すなわち，均衡点では消費者が望む価格で望む量を手に入れることができると同時に，生産者は望む価格で望む量を販売することができる。この時の価格を均衡価格といい，この数量を均衡数量という。

均衡価格のもとでは需要と供給が一致するため，売れ残りや品不足といったことは発生しないとされる。しかし，市場では最初から常に需要と供給が一致しているのであろうか。もちろんそういうわけではないであろう。需要が供給を上回っているような品不足の状況や，供給が需要を上回っているというモノ余りの状況などもあるはずである。この点について図2-5を用いて考えていく。

図2-5にはこれまで見てきた牛乳の需要曲線と供給曲線が描かれている。牛乳の価格が100円の場合を見てみる。価格が100円に対応する需要量は50億リットルであり，供給量は10億リットルであることがわかる。均衡点では価格は300円であり需要量と供給量は30億リットルであったことからも分かるように，価格が100円のときは需要量の方が供給量を上回っていることがみてとれる。供給量を超過する需要量は図の Bb で示され，この超過分を超過需要という。市場に超過需要が生じる場合，買い手である消費者はこの価格よりも高い価格を支払っても牛乳を手に入れたいと考えるであろう。つまり，消費者は牛乳に高い価格をつけるということである。こうした価格の上昇に伴い供給量は増加する。続いて価格が500円の場合を見てみる。価格が500円に対応する需要量は10億リットルであり，供給量は50億リットルであることがわかる。これは超過需要とは逆のケースであり，供給量が需要量を上回っていることがみてとれる。需要量を超過する供給量は図の Aa で示され，この超過分を超過供給という。市場に超過供給が生じる場合，売り手である牛乳の生産者は牛乳を売りさばくために価格を下げるであろう。こうした価格の低下に伴い，需要量は増加する。

超過需要と超過供給のいずれの場合も，市場は均衡点に向かうことになる。需要と供給は市場での価格調整を通じて点 E（$=e$）へ収束することになる。このように，市場が均衡価格と異なる価格をつけた場合でも，価格の変動によって需要と供給の不一致を解消するように価格が調整される。このような市場均衡を達

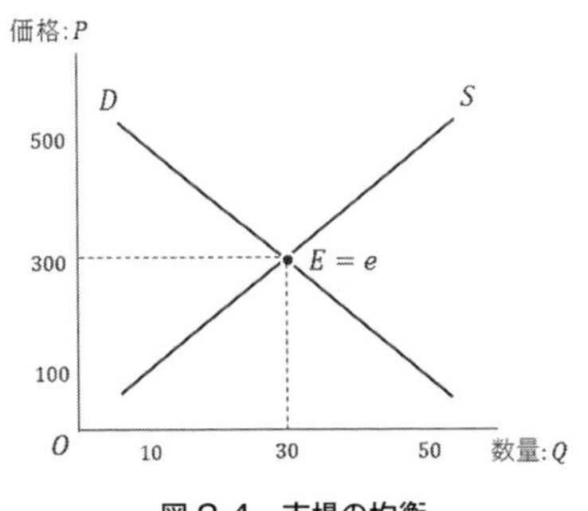

図2-4　市場の均衡

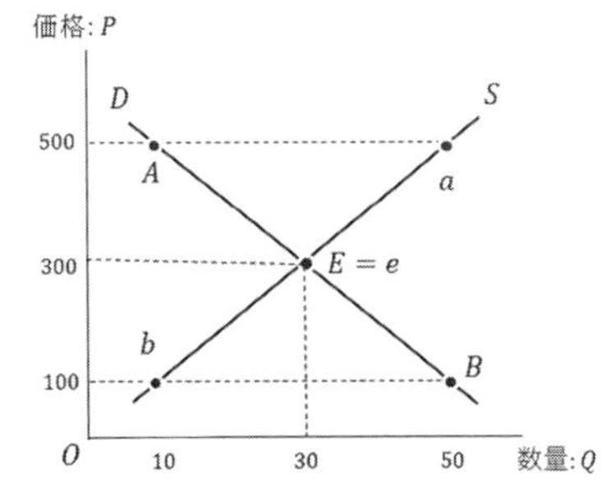

図2-5　超過需要と超過供給

成する仕組みを市場の価格調整メカニズムと呼ぶ。

5．需要曲線・供給曲線のシフト

需要曲線や供給曲線は，ある財やサービスの市場での取引価格や取引数量を示してくれる。たとえ価格が均衡価格と乖離したとしても，市場の調整機能により需要と供給が調整され均衡価格に向かうと考えられる。しかし，市場で成立する均衡価格は時間とともに変動することもあれば，何らかの経済の動きから影響を受け変動することもあるだろう。経済における何らかの動きが需要側や供給側に影響を与えれば，つまり需要曲線や供給曲線をシフトさせるようなショックがおきれば，それは市場価格や取引数量の変化をもたらすことになる。ここでは需要曲線や供給曲線がシフトすることから均衡点が移動することを確認していく。

(1)　需要曲線のシフト

はじめに需要曲線のシフトについて考える。もう一度，牛乳の需要量について考えてみよう。いま，牛乳の価格を一定とすれば，牛乳の需要量はどのような要因から影響を受けるであろうか。消費者の使用可能なお金が増えれば消費者は以前よりも多くの牛乳を購入しようとするであろうし，牛乳からカルシウムを摂取しようとする消費者が増えれば購入される牛乳の数量は増えるであろう。あるいは，出生数が増えた地域では牛乳や牛乳を使用した製品がそれまでよりも多く購入されるであろうし，ジュースやコーラなどの価格が高騰したとすれば消費者は牛乳を飲むことでそれらの代わりにするかもしれないし，あるいは健康志向が強くなりジュースよりも牛乳を購入する人が増えるかもしれない。経済においてこのようなことがおきれば，牛乳の需要量は増えるであろう。

ある財の需要を考える際に，消費者の所得の変化はその財の需要量に変化をもたらすであろうし，何らかの理由からその財に対する消費者の嗜好が変化すればその財への需要量もかわるであろう。同様に，その財に関連する財の価格の変化も需要量の変化をもたらす要因となるであろう。図 2-1 に描かれた牛乳の需要曲線は，価格以外の要因を一定にしたまま，価格のみが変化したときの牛乳の需要量を示したものであった。つまりそれは，牛乳の価格の変化はその需要曲線に沿った需要量の変化を引き起こしたことを意味する。ここでは価格を一定にしたままで，価格以外の要因が変化するときの需要の変化について考える。価格以外の要因が変化すると，需要曲線自体のシフトを引き起こすことになる。図2-6をもとに需要曲線のシフトについて確認しよう。

図2-6は牛乳の市場における需要曲線と供給曲線が描かれている。需要曲線D_0と供給曲線Sが交差する点E_0がこの市場のはじめの均衡点である。いま，上で見たような理由から牛乳に対する需要が拡大したとすると，需要曲線は右上の方にシフトすることになる（$D_0 \rightarrow D_2$）。ここでは供給曲線は一定としているため，需要曲線の右上へのシフトは価格を上昇させ，取引数量も増加させることになる。点E_2が新しい均衡点であり，そこに対応する均衡価格と均衡数量はそれぞれP_2とQ_2となる。反対に，需要量が減少するようなことも考えられる。もし消費者の使用可能なお金が減ったときや，牛乳を嫌いな消費者が増えたとき，あるいはジュースなどの別の代替飲料の価格が低下したときなどは，需要量が減少すると考えられる。そのような場合，需要曲線は左下の方にシフトすることになる（$D_0 \rightarrow D_1$）。需要曲線の左下へのシフトにより新しい均衡点はE_1になり，そこに対応する均衡価格と均衡数量はそれぞれP_1とQ_1となり，価格も需要量も下がることがみてとれる。

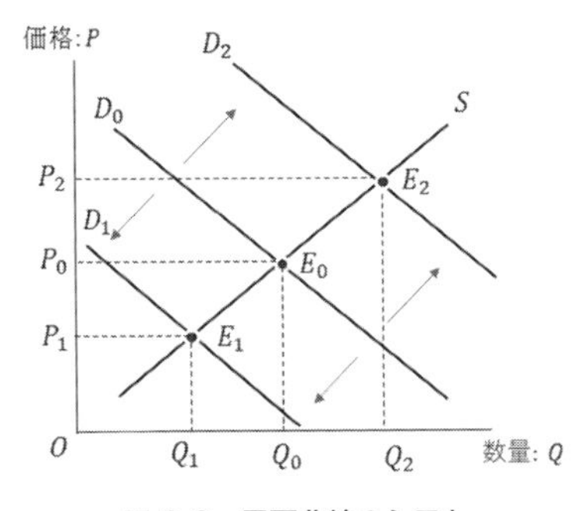

図2-6　需要曲線のシフト

(2)　供給曲線のシフト

次に，供給曲線のシフトについて考える。ここでも，牛乳の供給量について考えてみよう。牛乳の供給量も，需要量と同じ様に，さまざまな要因から影響を受ける。酪農に従事する人の数が増え酪農産業全体の規模が拡大すれば牛乳の生産量は増加するであろう。乳牛が快適に過ごせるために牧場の設備を整えれば，乳牛一頭当たりの牛乳の採取量が増えるかもしれないし，その設備により高性能な技術を用いることができれば，その生産技術の改善が牛乳の生産量を増やすかもしれない。乳牛を育てるための飼料の価格が下落したり，電気やエネルギーの価格が下落したりすれば，酪農家はそれ以前より多くの飼料を乳牛に与えることができたり，電気やエネルギーの節約分を他に回すことができたりし，以前と同じ費用でこれまでより多くの牛乳を生産することができるようになるであろう。

図 2-7 は，牛乳の市場における供給曲線のシフトの状況が描かれている。図 2-2 における牛乳の供給曲線は，価格以外の要因を一定にしたまま，価格のみが変化したときの牛乳の供給量を示したものであった。そこでは，牛乳の価格の変化はその供給曲線に沿って供給量を変化させたことを確認した。ここでは価格を一定にしたままで，価格以外の要因が変化するときの供給の変化について考える。図 2-7 をもとに，価格以外の要因の変化による供給曲線自体のシフトをみていく。

図 2-7 において，需要曲線 D と供給曲線 S_0 が交差する点 E_0 がこの市場のはじめの均衡点である。いま，これまでよりも生産的な技術の導入などから，牛乳の生産規模が拡大したとする。この場合，供給曲線は右下の方にシフトすることになる（$S_0 \rightarrow S_2$）。ここでは需要曲線は一定としているため，生産的な技術の導入による供給曲線の右下へのシフトは価格を低下させ，取引数量を増加させることになり，E_2 が新しい均衡点となり，そこに対応する均衡価格と均衡数量はそれぞれ P_2 と Q_2 となる。つまり，技術の導入や費用削減などといった要因は供給量を増やし，価格を低下させることが確認できる。反対に，供給量が減少するようなことも考えられる。もし酪農に従事する人の数が減ったり，災害などで牧

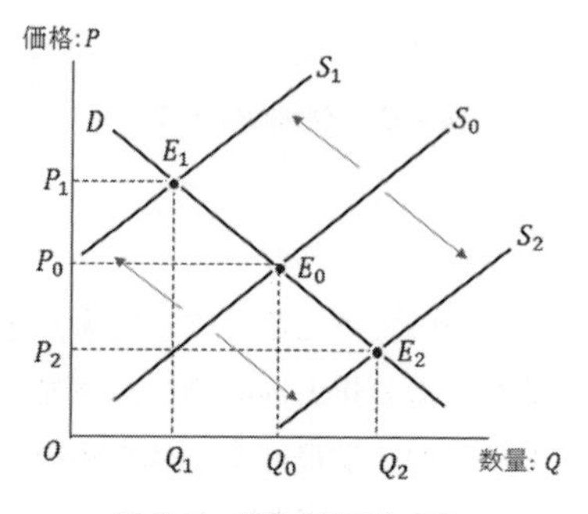

図 2-7　供給曲線のシフト

場が大被害を受けたりするようなことがあれば，牛乳の生産量は減少し供給量は減ることになるであろう。そのような場合，供給曲線は左上の方にシフトすることになる（$S_0 \to S_1$）。供給曲線の左上へのシフトにより新しい均衡点はE_1になり，そこに対応する均衡価格と均衡数量はそれぞれP_1とQ_1となり，価格は上がり供給量は減少することがみてとれる。

(3)　需要曲線・供給曲線のシフト

社会における何らかのショックが生じたときに需要曲線や供給曲線はシフトし，その結果市場価格と市場取引量が変わることを確認した。もう一度牛乳の市場を例にとると，カルシウム不足を補うために牛乳をこれまで以上に飲もうとする動きがみられたとすれば，それは消費者の嗜好の変化から需要曲線をシフトさせることになるであろうし，また，牛乳の生産に新しい技術を導入したとすれば，それは生産者の技術面の変化から供給曲線をシフトさせることになるであろう。そこでは，価格以外の要因の変化がもたらす影響について需要面と供給面を分けて考えた。もし何らかの要因が需要面と供給面の両方に影響を与えるとすれば，それはどのように考えることができるであろうか。

たとえば，健康に対する牛乳の効果がインターネットなどで紹介されたとしよう。これまでの議論からも分かるように，それは牛乳の需要を刺激することになり，需要面に正の影響を出すと考えられるであろう。しかしながら，ある夏に非常に多くの酪農家が甚大な被害をもたらすような自然災害が生じたとしよう。それはこれまでのような規模での牛乳の生産ができなくなることになり，供給面に負の影響を出すと考えられる。以上の二つの出来事が同じ時期に生じたとすれば，牛乳の需要曲線と供給曲線から市場の動きをどのように考えることができるであろうか。

需要面への正の影響と供給面への負の影響から，需要曲線は右の方にシフトし供給曲線は左の方にシフトする。図2-8を確認しよう。左の図は需要曲線のシフトよりも供給曲線のシフトの方が大きいことを示している。この場合，均衡点ははじめの点E_0から左上の方のE_1に移動することがみてとれる。ここで考える牛乳の市場において，供給曲線の振れ幅の方が需要曲線の振れ幅よりも大きい場合，取引数量は減少し価格は上昇することがわかる。さらに右側の図をみてみよう。これは左の図とは逆のパターンであり，需要曲線のシフトの方が供給曲線の

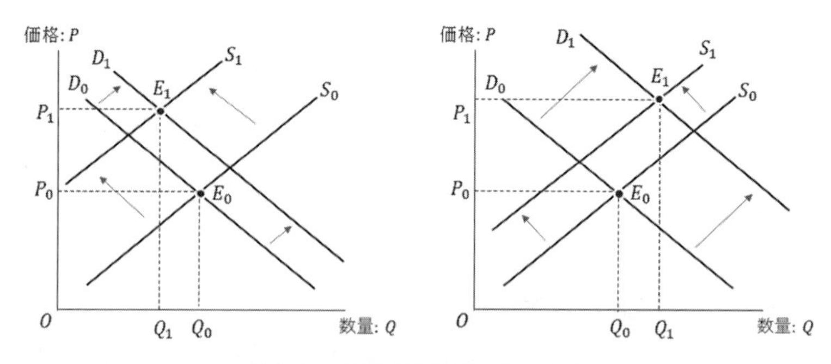

図 2-8　需要曲線と供給曲線のシフト

シフトよりも大きい状況を示している。このような場合，均衡点は点 E_0 から右上の方の点 E_1 へと移動しているのが分かる。結果的に，取引数量は増加し価格は上昇することがみてとれる。このように需要曲線と供給曲線の両方がシフトする場合は，その影響の大きさを考える必要がある。供給曲線を一定とし需要曲線のシフトだけを考えるときや，需要曲線を一定とし供給曲線のシフトだけを考えるときとは異なるため少し注意が必要となる。また，需要曲線や供給曲線がシフトすることによる市場での価格や数量の変化を考えるには，弾力性の大きさも考慮に入れる必要がある。たとえば，供給曲線の弾力性が小さい場合，供給曲線の傾きはより急なものになる。そのような供給曲線とここで確認した需要曲線を考えるときに，需要曲線のシフトが市場の価格や取引量にもたらす影響についても注意が必要となる。

第3章

家計の行動

本章のねらい

・この章では，消費活動を担う家計の行動を理解し，家計は効用を最大化することを目的に行動していることを概説する。

・予算制約と無差別曲線とは何かを理解し，家計の選択行動を考える。

・家計が消費する財の価格や家計の所得が変化するときに，家計の選択行動にどのような影響が出るかを考える。

・価格が下がれば需要が増え，価格が上がれば需要が減るという需要の法則を考える。

1．消費者行動

家計の消費行動について考えていく。我々は購入したいとおもうモノやサービスがたくさんあるであろう。経済学では，家計はモノやサービスを購入することにより自分の欲求を満たしていくと考える。つまり，我々は欲しいものを購入すればするほど自分の満足度を高めることにつながるのである。ところが，現実的に欲しいものをすべて購入できる人はいない。欲しいものをすべて手に入れることができるのであれば，それが望ましいであろう。しかし，我々は欲しいものをすべて購入できるほど十分なカネや時間を保有しているわけではないし，たとえ購入したくてもそのモノ自体が無限に存在するわけでもない。我々は市場で販売されているモノやサービスの価格を考慮し，購入可能な範囲で我々の欲求を最も満たしくれるモノやサービスの組み合わせを選択し購入するのである。

本章で学ぶ消費者選択の理論は，ある財をより多く購入すれば，他の財の購入量は相対的に減少する，というようなトレードオフに直面する消費者がどの様に消費に関する意思決定を行うのかということを説明する。この理論はただ単にある個人の消費選択を説明するだけではない。モノやサービスの価格が下がればそれに対する需要は増加する（需要の法則），というような常識的なことがそれは一人ひとりの選択の結果であるということを教えてくれる。また，消費者選択の理論は，たとえば，あるモノの価格の上昇が別のモノの需要に影響をもたらす，というような一見互いにそれほど関係しないように思える事柄についても，その変化の理由を理解する手助けになることもある。さらに，我々が常識と思っていることでも，一定の条件が満たされなければ，全く正反対の結果を示すかもしれないことも説明してくれる。消費者選択の理論は常識では到達し得ない正しい経済現象の理解に我々を導いてくれるのである。

2．効用と無差別曲線

⑴　効用と限界効用

市場機構の分析の一環として，まず我々が経験している現実の経済現象の一側面をできるだけ明確な形で簡単化し，家計の行動について考えていく。経済学では，家計は消費行動をすることから自分の満足度を高めていくと考える。この満足度の度合いのことを効用（utility）という。

効用はどのように決まるのだろうか。いま消費可能な財としてコーヒーとオレンジジュースの二財があり，それぞれ何本くらい購入するのかを考えるとしよう。我々は消費可能な財のさまざまな組み合わせのうち一つを選択するであろう。その組み合わせはコーヒー三杯とジュース三杯かもしれないし，コーヒー一杯とジュース五杯かもしれないが，我々は財の組み合わせに順序を付け，その順序の一番になったものを選択するといえるであろう。カフェインを取りたいという人であればジュースよりコーヒーをより多く消費できる組み合わせを選ぶであろうし，ビタミンを取りたいという人であればコーヒーよりジュースをより多く消費できる組み合わせを選ぶであろう。いずれにせよ，購入可能な範囲において，満足のいく形でコーヒーとジュースの組み合わせを決めるであろう。

すべての家計が財のさまざまな組み合わせの順序に同一の順序を付けているわけではないであろうが，個人の家計だけの順序を考えるならば，財の組み合わせを順に並べて行けるであろう。もちろんこの順序には無差別（同等）であるという組み合わせも含まれている。このように我々が選ぶ財の組み合わせに付けた順序を我々の選好（preference）と呼ぶ。選好に沿って家計は消費可能な財の組み合わせを選ぶ意思決定を行うのである。

ここでコーヒーとジュースの二つの財をx_1，x_2としてそれぞれ第1財と第2財としよう。これらの財の消費を考えるとき，家計が選ぶ消費可能な財の組み合わせがあり，それらの消費から得られる効用との関係を効用関数（utility function）と呼び，

$$u = u(x_1, x_2)$$

とあらわすことができる。uは家計の効用水準を示しており，二つの財の消費量により効用の度合いが決まる。二つの財の消費が多ければ多いほど，家計の効用水準はより高まる。x_1とx_2のさまざまな組み合わせから得られる効用水準の高さによって，各組合せに対する選考順位が決まるのである。

上の効用関数は二つの財を消費することで効用水準が決まることを示しているが，ここでは簡単化のために，一つの財の世界を考えてみる。図3-1はx_1財の消費と効用との関係をあらわす効用曲線を描いたものであり，縦軸は効用の高さを，横軸はx_1財の消費量をそれぞれ示している。家計は財の消費を増やすことから効用を高めるため，x_1財の消費が増えれば増えるほど，それに対応する効用も大きくなっていくのがわかる。x_1財の消費量をaから1単位増やし，そしてさらに1単位増やしていくと，つまりx_1財が$a+1$から$a+2$とその消費量が増えるにつれ，効用水準は上がっていくのがみてとれるだろう。

また，効用には基数的効用と序数的効用という二つの解釈の仕方がある。基数

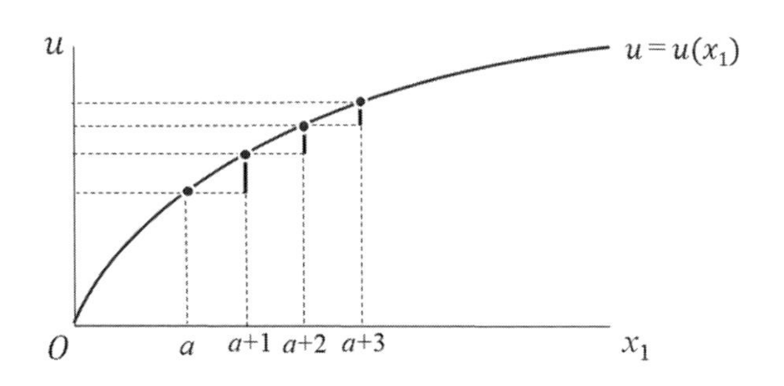

図3-1　財の消費と効用

的効用は大きさが意味をもち，効用 20 は効用 10 の 2 倍だけ大きいと解釈できる。しかし，順序，すなわち，どちらが大きいか小さいかが分かれば消費する財を選択できることになるとすると，効用 20 は効用 10 より大きい，というように，その数値の大小に意味があることになる。このような順序だけが意味を持つ効用を序数的効用という。

続いて限界効用（marginal utility）という概念について確認する。先ほどは財の消費量により効用は高くなることを確認した。ここで重要な点は，財の消費により効用は高まるが，その上がり具合は財の消費が増えるにつれ徐々に小さくなっていくということである。

図 3-2 はコーヒーの消費に伴う効用と限界効用の大きさについて描かれたものである。いま，ある家計がコーヒーを消費するということを考えてみよう。一杯目のコーヒーは非常に美味しく感じるであろうし，その時の満足感は高いであろう。そのときの満足度つまり効用を 100 とする。ではそこから二杯目，三杯目，四杯目と飲むとどうであろうか。二杯目に飲むコーヒーは美味しく感じるであろうし消費するコーヒーが増えることから効用は増える。しかし，同じ一杯のコーヒーであっても一杯目のコーヒーを飲んだ時ほどの満足感は得られないであろう。一杯目のコーヒーほどの満足感を得られないため二杯目から得る満足度は 100 より小さい 90 とする。同様に考えていくと，三杯目のコーヒーは当然なが

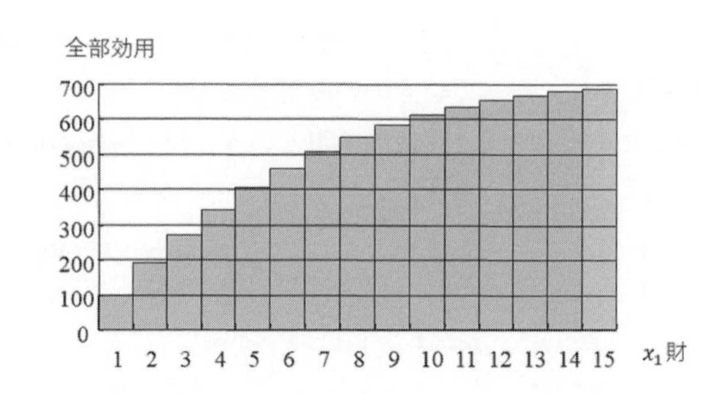

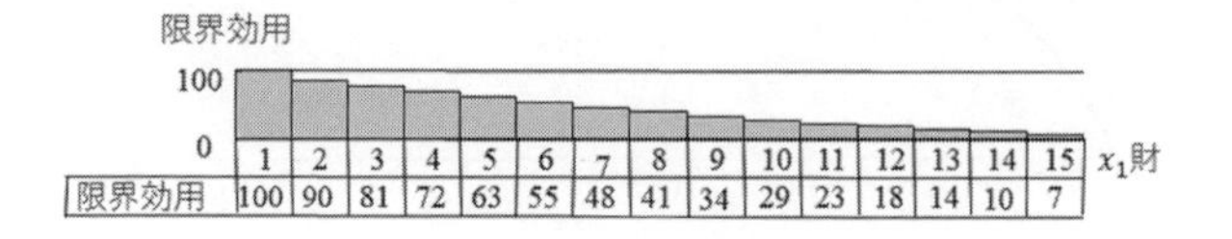

	1	2	3	4	5	6	7	8	9	10	11	12	13	14	15
限界効用	100	90	81	72	63	55	48	41	34	29	23	18	14	10	7

図 3-2　効用と限界効用

ら二杯目ほど美味しいと感じることはないであろうから，三杯目から得る満足度も 81 ぐらいとする。四杯目以降についても同様に考えると，コーヒーを飲む量が増えるにつれて満足度は単調的に上がっていくが，追加的な 1 杯から得る満足度は徐々に逓減していくのが分かる。

また，図 3-1 の効用曲線上の点に接線を引けば，消費量が増えるにつれその接線の傾きがより緩やかになるのがわかるであろう。これは消費量が増えるにつれて効用は高くなるが限界効用は逓減することを表している。このように，家計の追加的な財の消費から感じる満足度の増加分を限界効用といい，財の保有が増大するにつれて効用が増加するが，その増加の程度は小さくなることを限界効用逓減の法則と呼ぶ。

(2)　無差別曲線

家計は自分の選好に沿ったかたちで消費する財の組み合わせを選択することをこれまでに確認した。家計は選考の順序に従い消費可能なさまざまな財の組み合わせを比べ，どの組み合わせが好ましいか，あるいは無差別であるかを判定する。ここで，コーヒーとジュースの二財の組み合わせから同等な組み合わせを選んで図を描くと，図 3-3 のような原点に対して弓なりに張り出した曲線が描ける。この曲線の形状を原点に対して凸になっていると言い，この曲線を無差別曲線と呼ぶ。無差別曲線は家計に対してある一定の効用を与える二つの財の組み合わせを表している。たとえば，無差別曲線 u 上の点 A はジュースの方がコーヒーよりも多い組み合わせであり，点 B はコーヒーもジュースもおおよそ同じ量であり，点 C ではジュースよりもコーヒーの方が多い組み合わせであるが，いずれの組み合わせにおいてもそれを消費する家計に同等の効用を与えるということである。つまり，同一無差別曲線上であればどの組み合わせを選択しても，家計の効用水準は同一であり選考の順位は同じである。

無差別曲線の性質について整理しよう。家計がコーヒーとジュースの組み合わせに順序をつけるとき，ジュースの杯数が同じならば，コーヒーの杯数が多ければ多いほどより好ましいと感じて上位の順序をつけるであろう。点 A の組み合わせにおいて，ジュースの杯数を変えずにコーヒーの杯数を増やすとすれば，図中の無差別曲線より右上の方にその組み合わせを示す無差別曲線を描くことができる。つまり，無差別曲線は原点より右上の方向に遠い組み合わせほど，より上

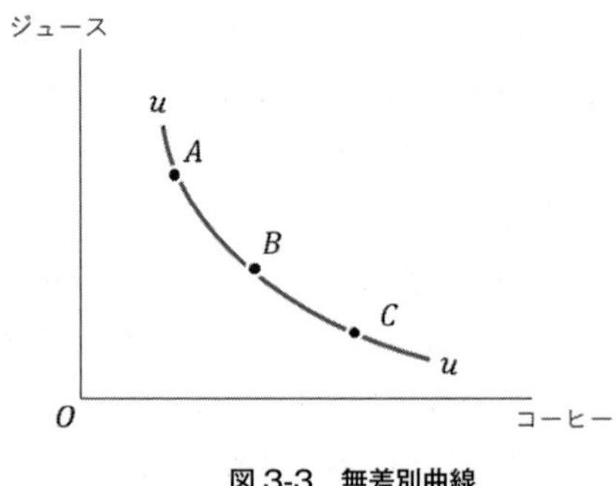

図 3-3　無差別曲線

位の順序がつけられ，原点から離れれば離れるほどより高い効用を達成する組み合わせとなる。これが一つ目の性質である。また，同等である順序の組み合わせを得るには，コーヒーの杯数が増えた分に対しジュースの杯数は減らさなければいけない。それゆえ無差別曲線は右下がりの形状となるという性質をもつ。

さらに，無差別曲線は互いに交わらないという性質をもつ。図 3-4 には交差した二本の無差別曲線が描かれている。無差別曲線 u 上には二財の組み合わせをそれぞれ示す点 A と点 B があり，同様に無差別曲線 u' 上には点 A と点 C がそれぞれある。同一無差別曲線上での財の組み合わせは同等の効用を示すという性質から，点 A と点 B における二財の組み合わせは同等であり，点 A と点 C における二財の組み合わせも同等となる。つまりこれは点 B と点 C における二財の組み合わせも同等であることを意味してしまう。片方の財の消費量が同じならば，もう一方の財の消費量が増えればその組み合わせはより高い順序を示すという性質から，点 C よりも点 B における二財の組み合わせの方が好まれるはずで

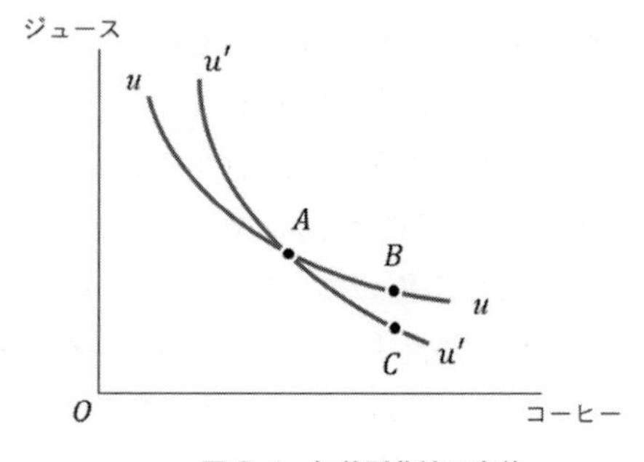

図 3-4　無差別曲線の交差

ある。これは明らかに矛盾が生じることになることから，無差別曲線は交差することはない。

図 3-5 を確認しよう。無差別曲線は二財の組み合わせのうち家計にとって同等の順序を示す組み合わせの集まりであり，無差別曲線は原点に対して凸型の形状である。つまり，無差別曲線の接線の傾きは，点 A から点 C へと左上から右下の方へと移動するにつれ次第に緩やかになるのが見てとれる。無差別曲線の接線の傾きは片方の財を減らしたとき，同じ無差別曲線上を維持するためにもう一方の財をどのくらい増やせばいいのかを示している。二つの財を x_1 と x_2 とすれば，x_1 財の減少分と x_2 財の増加分の比を限界代替率（marginal rate of substitution：MRS）と呼ぶ。限界代替率は無差別曲線の接線の傾きにマイナスの符号をつけた値であり，

$$MRS = -\frac{\Delta x_2}{\Delta x_1}$$

とあらわすことができる。限界代替率が負であることは無差別曲線が右下がりであることを意味する。

無差別曲線が凸型であることは，二財の組み合わせを示す無差別曲線上の点が右下へと移動するにつれ限界代替率が徐々に小さくなることを示す。つまりこれは，限界代替率の逓減を意味する。さらに限界代替率の逓減とは，家計の選考を表現したものでもある。これは，図 3-5 の点 A から点 C の方への移動からもわかるように，片方の財（x_1）の量がもう片方の財（x_2）の量と比べてより多くなると，家計はその財（x_1）を相対的に低く評価するようになることから，その財

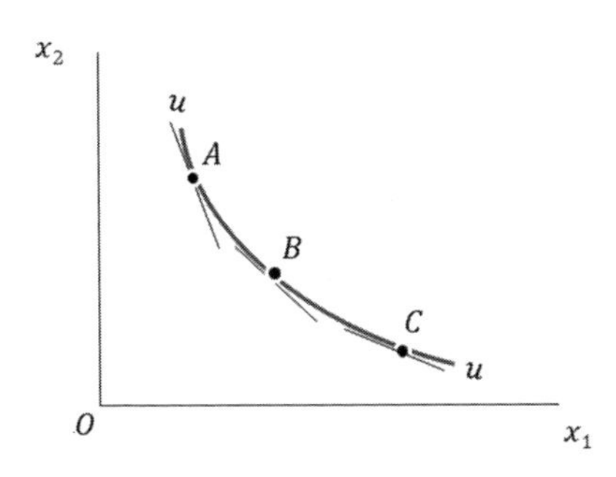

図 3-5　無差別曲線の凸性と限界代替率の逓減

（x_1）をもう1単位得るために犠牲にしてよいと思うもう片方の財の量は徐々に小さくなる（x_2）ということからも分かる。

3．予算制約

(1) 予算制約線

前節までに，家計は財の消費により効用を高めるということと，無差別曲線を用いて家計は消費行動においてどのような選考パターンをもっているのかを確認した。家計は自分の選考に沿って消費可能な財の組み合わせを選択するが，そこにはどのような制約があるのだろうか。我々は，我々が消費する財の量を増やしたりより良い財を購入したりしたいと思っているだろう。健康に良い食事をできるだけ取りたいとか，より自分の好みに合う洋服やバッグを購入したいとかということを思っているであろうが，実際には我々が望むすべてを消費することは不可能である。それは我々の支出は我々の所得に制約されているからである。それを予算制約という。本節では家計の消費者としての行動における予算制約について考える。

はじめに所得と支出の関係について確認する。表3-1はコーヒーとジュースの2種類の財を購入する消費者が直面している二財の組み合わせとその時の総支出に関する表である。この表を用いて，消費者の支出がどのように所得に制約されているかをみていく。いま，あるお店でコーヒーとジュースを購入しようとするとき，使用可能な予算は2,000円であり，コーヒー1杯の価格は500円であり，ジュース1杯の価格は250円だとする。予算である2,000円を使いコーヒーとジュースへの支出をあらわしているのがこの支出表である。たとえば，コーヒー

表3-1　コーヒーとジュースへの支出

組み合わせ	コーヒー（杯数）	ジュース（杯数）	コーヒーへの支出（円）	ジュースへの支出（円）	総支出（円）
A	0	8	0	2,000	2,000
B	1	6	500	1,500	2,000
C	2	4	1,000	1,000	2,000
D	3	2	1,500	500	2,000
E	4	0	2,000	0	2,000

3杯とジュース2杯を購入しようとすれば，コーヒーへの支出は1,500円で，ジュースへの支出は500円となり，合計は予算と等しい2,000円となる。

図3-6は表3-1の支出表で示されているコーヒーとジュースの組み合わせを描いたものである。縦軸と横軸はジュースの杯数とコーヒーの杯数をそれぞれ意味しており，点Aから点Eは支出表に示されている二つの財の組み合わせをそれぞれ描いたものである。点Cはジュースを4杯，コーヒーを2杯購入する組み合わせを示しており，各財に1,000円ずつ予算を支出している。また，点Aはジュースを8杯，コーヒーを0杯購入する組み合わせであり，点Eはジュースを0杯，コーヒーを4杯購入する組み合わせであり，点Aや点Eの組み合わせでは片方の財に予算をすべて支出していることになる。二財のすべての組み合わせの点を結べば，右下がりの直線を描くことができる。

表3-1の支出表で示されているどの組み合わせを選択しても，コーヒーへの支出とジュースへの支出の合計が予算の2,000円に等しくなっており，これはコーヒーとジュースへの支出総額は予算を超えることはできないことを意味している。つまり，家計は，

予算（所得）＝コーヒーの価格×コーヒーの本数＋ジュースの価格×ジュースの本数＝総支出額

という制約条件を満たすように消費行動をすることになる。

もう少し一般化した形で考えてみよう。いま，コーヒーの価格をp_1，コーヒーの本数をx_1，ジュースの価格をp_2，ジュースの本数をx_2，そして予算をMとすれば，表3-1の6つの組み合わせは，

$$M = p_1 x_1 + p_2 x_2$$

と表すことができる。この関係式は家計の予算制約線（予算線）または予算制約式と呼ばれ，家計が所得をすべて消費支出に向けたときにx_1財とx_2財をどれだけ購入できるかを表している。図3-6が示しているように，予算制約線は右下がりの直線で表すことができる。さらに，予算制約式を，

$$x_2 = \frac{M}{p_2} - \frac{p_1}{p_2} x_1$$

のように書き直せば，予算制約式の傾きは二財の相対価格にマイナスをつけた値であり，縦軸と横軸の切片はそれぞれ M/p_2 と M/p_1 であることが分かる。この予算制約式の傾きは，市場において x_1 財1単位と何単位の x_2 財が交換できるかという市場での交換比率となる。ここではコーヒー1杯の価格は500円であり，ジュース1杯の価格は250円としているため，予算制約式の傾きは-2となる。これはコーヒーの購入を1単位だけ減らせば，市場においてジュースを2単位余分に購入できるということを意味する。

ここでは点 A から点 E という五つの組み合わせのみを考えたが，家計は予算制約線よりも内側に位置する二財の組み合わせであればどの組み合わせでも選択することが可能である。予算制約線よりも内側に位置する二財の組み合わせは予算の一部を使い残してしまうため効率的な消費の組み合わせにはならない。また，予算制約線よりも外側に位置する二財の組み合わせは制約条件を満たさなくなるため購入は不可能となる。結局，選択可能な二財の組み合わせの中で予算制約線上の財の組み合わせが予算をすべて使い切ることになるため，無駄なく最も効率よく消費することができるということになる。したがって，図3-6の原点 O と予算制約線の横軸の切片および縦軸の切片で囲まれる三角形$\triangle OAE$ は二財の市場価格とある予算のもとにおける家計が購入可能な財の組み合わせを表している。この三角形を購入可能集合もしくは予算集合（予算空間）と呼ぶ。

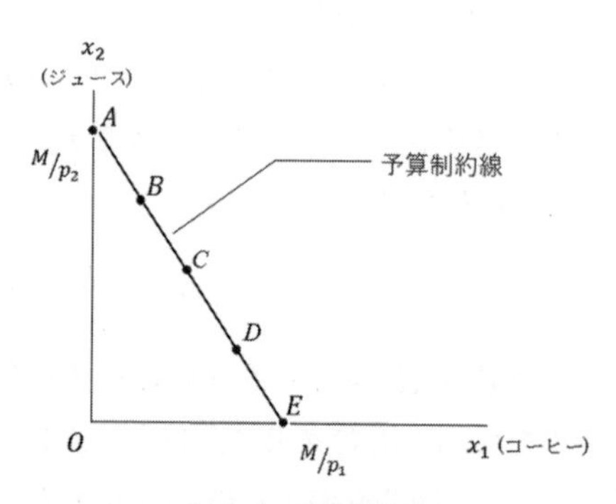

図3-6　予算制約線

(2)　所得・価格の変化と予算制約線

いま，何らかの理由からもし財の購入に使用できる予算が変化したとすると，その予算の変化は予算制約線を用いてどのように表すことができるであろうか。

先ほどと同じ様にコーヒーの価格を p_1，コーヒーの本数を x_1，ジュースの価格を p_2，ジュースの本数を x_2，そして予算を M とする。コーヒーとジュースの購入に使用できる予算が 2,000 円から 1,000 円に減ったとすれば，二財の購入に使用できる予算が半分になるため，購入できる財の量も半分になると考えられる。

図 3-7 を使って考えると，当初の予算 2,000 円を表している予算制約線は直線 AE で描かれており，その予算が 1,000 円に減ったときの新しい予算制約線は直線 $A'E'$ で描かれている。つまり，予算が減少すると，予算制約線は左下へ並行にシフトすることになる。購入可能な量が半分になるため予算集合は縮小することがみてとれる。このときコーヒーとジュースの二財の価格は変化がないため，予算制約線の傾きは変わらない。

新しい予算を M' とすると，この場合の予算制約式は，$M' = p_1 x_1 + p_2 x_2$ となる。使用できるお金が減れば，つまり予算が減れば，予算制約線は内側の方にシフトしていき，購入可能な範囲は△OAE から△$OA'E'$ まで縮小することになる。もし予算が増えるときは，予算が減る場合と逆の動きを考えればよい。この場合，予算制約線は外側にシフトすることになり，購入可能な範囲が拡大することになり，これまでよりも多くの財の購入が可能となる。

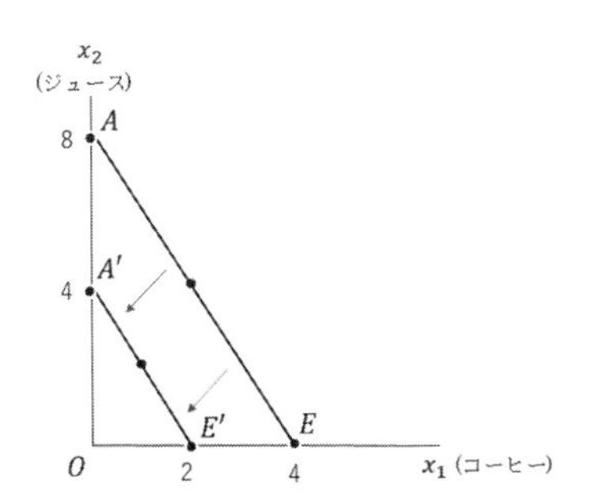

図 3-7　所得の変化と予算制約線

次に，もし財の価格が変化したとすると，それは予算制約線を用いてどのように表すことができるであろうか。予算は変わらず一定とし，財の価格のみが変わるとする。x_1 財の価格の変化後の予算制約式は，$M = p'_1 x_1 + p_2 x_2$ となる。この場合の予算制約式の傾きは $-p'_1/p_2$ であるため，x_1 財の価格が下がるということは予算制約線の傾きの大きさが小さくなることであり，予算制約線はより緩やかな線で表される。

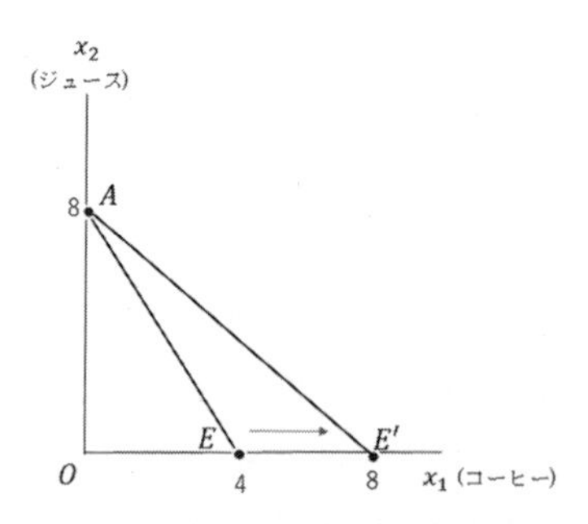

図 3-8　価格の変化と予算制約線

いま，コーヒーとジュースのうちコーヒーの価格が 500 円から 250 円に下がったとしよう。予算は一定であり財の価格が下がるため，当然ながら購入できるその財の量は増えることになる。この場合，図 3-8 において，予算制約線は点 A を中心に右の方へ回転し直線 AE から直線 AE' にシフトする。ジュースの価格は変化はないのでジュースの最大可能な購入量は変わらず点 A のままであるが，コーヒーの最大可能な購入量は点 E' まで拡大する。反対に，もしコーヒーの価格が当初よりも上がったとすればどのように考えられるだろうか。予算が一定とすれば，コーヒーの価格の上昇は購入可能なコーヒーの量を減らすことになる。そのときの予算制約線は直線 AE よりも点 A を中心に左の方へ回転することになる。コーヒーの価格が上がるため，予算制約線の傾きはより急になる。また，ジュースの価格が変化するときは，点 E を中心に予算制約線は回転することになる。ジュースの価格が下がれば予算制約線は右の方に回転することになり，逆に，価格が上がれば左の方に回転することになる。この場合，ジュースの価格が変化することから，ジュースの最大可能な購入量は変化するが，コーヒーの価格は変化しないことからコーヒーの最大可能な購入量は変わらない。

4．消費の決定

家計の最適消費行動について確認する。家計は自分の選好に沿って消費する財の組み合わせを選択し，あたえられた予算内でその消費可能な財の組み合わせを決定し，効用を最大にするような消費行動をするはずである。図 3-9 をもとに，家計の最適消費行動について確認しよう。

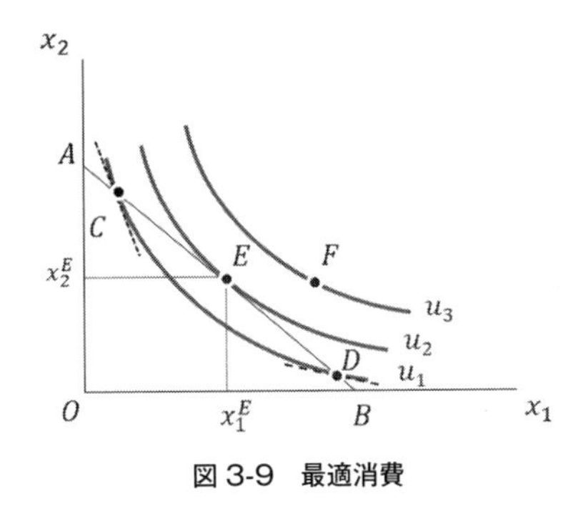

図 3-9　最適消費

図 3-9 において，予算制約線は AB，予算制約空間は AOB で描かれている。家計は無差別曲線と予算制約線の接する点 E を選択し，予算制約の中で最大の満足度を得ようとする。点 E を通す接戦の傾きの大きさは予算制約線 AB の傾きである二財の価格比（相対価格）と等しい。これは予算制約式からも確認できる。また，無差別曲線の接線の傾きは家計の二財に対する相対的選好の強さを示す限界代替率を表しており，これは消費者の二財に対する主観的評価といえる。つまり，二財の価格比と限界代替率が等しいところで家計は最適な消費をしていることになる。

たとえば，図の無差別曲線 u_1 上の点 C での財の組み合わせを考えてみると，点 C の接線の傾きの大きさは点 E のそれよりも大きくなっている。それは，点 C の x_1 財に対する主観的評価が点 E の客観的市場評価より高いということを示している。この場合，家計は x_2 財の消費を減らし，その分を x_1 財の消費に回せば，同じ所得を持って，より高位の無差別曲線の u_2 に到達することができ，より高い効用を得られることになる。つまり，点 C から点 E の方向へ x_1 財を増やし x_2 財を減らすことで効用が増加する。同様に，点 D の接線の傾きの大きさは点 E のそれよりも小さくなっているのがみてとれる。それは，点 D の x_1 財に対する主観的評価が点 E の客観的市場評価より低いということを示しているため，点 D から点 E の方向へ x_1 財を減らし x_2 財を増やすことで効用を高めることができる。したがって，無差別曲線と予算制約線が接している点 E がここでの効用最大点であり，最適消費の組合せとなる。

このときの二つの財の需要の均衡点は予算線 AB が無差別曲線と接する点である点 E となり，効用最大化となる点である。無差別曲線は原点に対して凸であれば，このような接点は一つしかない。そして，点Eにおいて無差別曲線の傾きは予算線ABの傾きに一致する。このときの家計のx_1財とx_2財に対する需要量はそれぞれx_1^E，x_2^Eとなる。

最適消費の条件について整理しよう。x_1財とx_2財への主観的評価と客観的市場評価が一致するところで最適消費が達成される。主観的評価は家計の選好を表す無差別曲線の接線の傾きである限界代替率で表され，客観的市場評価は予算線の傾きである二財の相対価格で表される。つまり最適消費の条件は限界代替率と相対価格が等しいということであり，

$$MRS = -\frac{\Delta x_2}{\Delta x_1} = \frac{p_1}{p_2}$$

となる。

また，限界代替率は，片方の財を減らすことで失った効用をもう一方の財を増やすことで得る効用を補うにはどの程度の割合であるかを表している。このことから，限界代替率と限界効用との関係を考えると，x_1財の増加に伴う効用の上昇は，x_1財の増加分と限界効用をかけた値である$MU_1 \cdot \Delta x_1$として示され，同様に，x_2財の減少に伴う効用の低下は，x_2財の減少分と限界効用をかけた値である$-MU_2 \cdot \Delta x_2$となる。したがって，同一無差別曲線に沿って動くときには，$MU_1 \cdot \Delta x_1 + MU_2 \cdot \Delta x_2 = 0$が常に成立することになる。ここから，

$$-\frac{\Delta x_2}{\Delta x_1} = \frac{MU_1}{MU_2}$$

が導かれ，限界代替率は限界効用の比に等しくなるのがわかる。これにより，最適消費の条件は，

$$\frac{MU_1}{MU_2} = \frac{p_1}{p_2} \quad \text{または} \quad \frac{MU_1}{p_1} = \frac{MU_2}{p_2}$$

と表現することができる。

それゆえ，消費の最適点では，家計は二財の限界効用の比率と市場の価格比率が一致するように，所得（予算）をx_1財とx_2財に配分することが示唆される。上式は，限界効用をその財の価格で割った値がすべての財で均等でなければなら

ないことを意味し，各財について，1円当たりの限界効用，つまり貨幣の限界効用が等しくなるように各財の需要量を決めるならば，家計の効用最大化が実現するといえることになる（加重された限界効用均等の法則）。

5．所得変化と価格変化

(1)　所得変化と所得・消費曲線

家計の所得や財の価格が変化すれば，家計の消費可能な財の組み合わせも変わり，最適な消費選択も変わる。ここでは家計の所得の変化が家計の最適消費点をどのように変化させるのかについて考える。図3-10は二財の価格は一定とし，所得のみがMからM'に増えたときの予算制約線の外側へのシフトと，それによる最適消費点の点Eから点E'への移動を示したものである。所得が増加した場合，予算制約線は外側の方へ平行移動することから，家計の効用最大化行動により，より上位の無差別曲線上の二財の組み合わせである点E'を選択することになる。そのときのx_1財とx_2財の消費量が$x_1^{E'}$と$x_2^{E'}$である。図3-10では最適消費点の移り変わりの軌跡が描かれている。所得の変化に応じた均衡点の移動軌跡を描いた曲線を所得・消費曲線（income-consumption curve）または支出拡張線（expenditure expansion curve）と呼ぶ。

所得が増加すれば，財の消費量に及ぼす影響は通常で考えるとより多くの消費が可能となるであろう。所得が増えれば生活水準が向上することになるため，消費量も増えるのが一般的な考えである。たとえば，牛肉が好きな家計は所得が低い時は牛肉の消費を控えるであろうが，所得の増加により牛肉の消費を増やすであろう。このように所得が増加した場合，普通の財であれば，生活水準の向上につれて，需要量も増える。このような財を正常財（normal goods）あるいは上級財（superior goods）と呼ぶ。

しかし，これはすべての財にあてはまるのだろうか。家計の所得が増えることにより消費が減る財もあるであろう。たとえば，牛肉を非常に好む家計は所得が低い時であっても牛肉をある程度消費していたとする。しかし，この家計の所得が増えたことにより，これまでよりも高級志向になり安価な海外産の輸入牛肉の消費を減らし，国産牛肉の消費を増やす行動をとったとする。このように，所得が増えると財の消費量がかえって減ってしまうという財もある。このような財を下級財，あるいは劣等財（inferior goods）と呼ぶ。

図 3–11 を用いて，所得の変化による最適消費点の移動を正常財と劣等財とに分けて確認しよう。図 3–11 は，消費する財のうち縦軸は正常財であり，横軸が劣等財のときの所得・消費曲線を描いたものである。所得の増加により予算制約線は外側に平行移動し，それに伴い最適消費点が E から E' へ移っている。所得の増加に伴い正常財の消費量は x_2^E から $x_2^{E'}$ へと増えているが，劣等財の消費量は x_1^E から $x_1^{E'}$ へと減っているのが分かる。この図が描いているように，家計が二つの財を消費するとき，横軸の財が劣等財の場合は所得・消費曲線は左上がりの線となる。

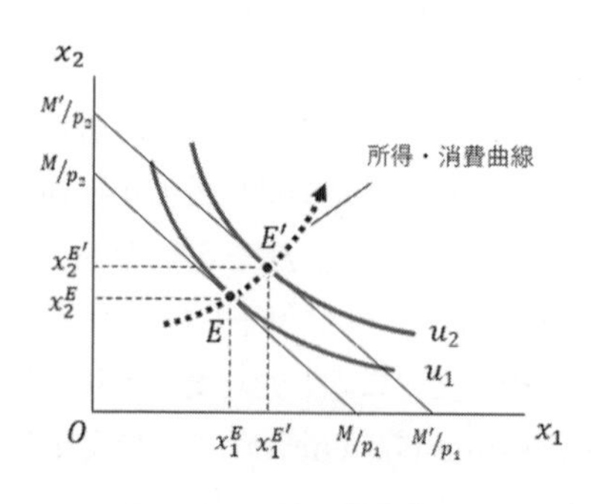

図 3-10　所得・消費曲線

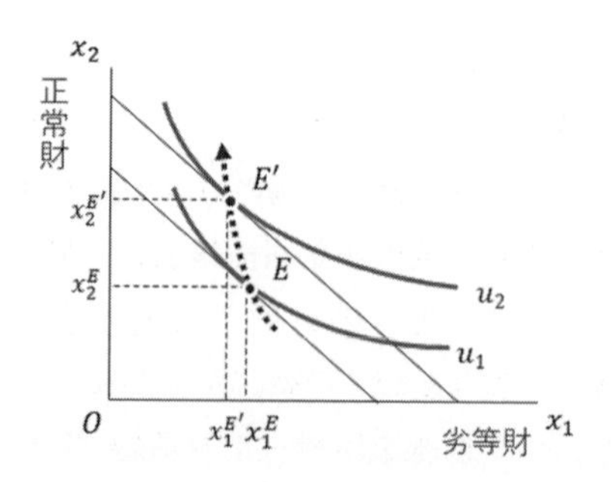

図 3-11　劣等財と所得・消費曲線

二財がともに正常財であるとき，所得が増えれば必ず両財の消費量は増えるであろう。しかし，その増え方は必ずしも同じ割合とはならないであろう。所得の変化と需要の変化の関係を示す代表的なものにエンゲルの法則がある。エンゲルの法則は家計の支出に占める食費の割合を示しており，一般的に所得水準が高まっていくとこの値は小さくなる傾向がある。この違いは主食などの生活必需品と海外旅行や高級ブランド品などの贅沢品との間で顕著にみられる。

財による上述した違いをどのように考えることができるだろうか。所得が変化するときに需要量はどのくらい変化するのかを知る必要がある。所得が増えたときに需要量がどれくらい増えるのか，ということを表すのが需要の所得弾力性 ε（income elasticity of demand）である。需要の所得弾力性は所得 M の変化率とある財 x の需要量の変化率との比で表され，それは，

$$\varepsilon = \frac{\Delta x/x}{\Delta M/M} = \frac{\Delta x}{\Delta M} \cdot \frac{M}{x}$$

となる。この財が正常財であれば，この値は0よりも大きくなる。正常財の中でも生活必需品であれば，所得の増加に対して需要量の増加が小さいといえるため，この値は相対的に小さい。対照的に，この財が娯楽品や贅沢品であれば，所得の増加に対して需要量の増加が大きいといえるため，この値は相対的に大きくなり，1より大きくなる。もしこの需要の所得弾力性が両財ともに1であれば，所得の増加と同じ比率で二財の需要が増えることになり，この場合の所得・消費曲線は原点を通る半直線となる。しかし現実的にはこの弾力性は財によって異なると考えるのが一般的であり，エンゲルの法則からも弾力性がすべての財で1に等しくなるということは考えにくい。

(2)　価格変化と価格・消費曲線

次に財の価格の変化が家計の最適消費点をどのように変化させるのかについて考える。一般的に，財の価格が変化すればそれはその財の需要に影響を与える。いまx_1財の価格p_1が下がったとすれば，x_1財の消費は増えるであろう。前節までに確認したが，財の価格の変化は予算制約線の傾きの大きさを変える。図3–12が示しているように，p_1のp'_1への変化は相対価格をp_1/p_2からp'_1/p_2へと変化させるため，予算制約線の傾きをより緩やかにし，予算制約線の横軸の切片がM/p_1からM/p'_1となることからも右側の方に移動することになる。そのときの家計の最適消費点もEからE'へと移る。x_1財の価格p_1が次々に変化する場合には，そのそれぞれに応じて需要量が決定される。財の価格の変化に伴う予算制約線の移動と需要量の変化および最適消費点の軌跡を描いた曲線を価格・消費曲線（price–consumption curve）と呼ぶ。

需要曲線を導出してみよう。既に確認した通り，ある財の価格が低下すると，その財の需要は増加する。図3–13において，x_1財の価格がp_1からp'_1へ低下すると，x_1財の需要量が増加している状況が描かれている。さらにx_1財の価格が低下していくにつれ，x_1財の需要量もさらに増加していくことになる。このような財の価格と需要量の関係を描いたものが需要曲線である。一般的に，需要曲線は右下がりの曲線となる。

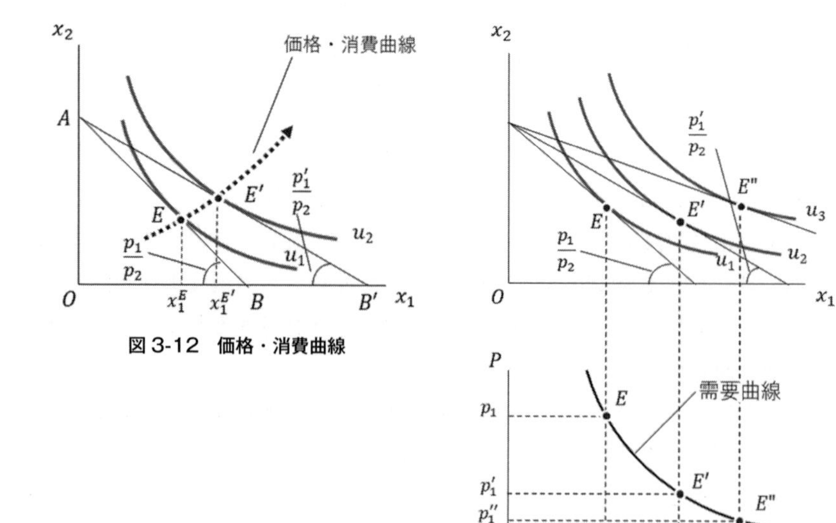

図 3-12　価格・消費曲線

図 3-13　家計の需要曲線

(3)　代替効果と所得効果

ある財の価格の変化が家計の消費選択に影響を与えることは確認した。財の価格が下がればその財に対する需要量は増えるであろうし，反対に，財の価格が上がればその財に対する需要量は減るであろう。この点についてさらに詳細に考えてみよう。

これまで同様に，x_1 財と x_2 財の二つの財を考えよう。それら財の価格はそれぞれ p_1 と p_2 とする。ここで，x_2 財の価格である p_2 は一定とし，x_1 財の価格である p_1 が下がったときの家計の消費にもたらす効果を考えてみる。p_1 の低下は相対価格の p_1/p_2 の比が低くなることを意味し，それは x_1 財を x_2 財に対して相対的に廉価にする。同様に，x_2 財は x_1 財に対して相対的に高価にする。これはつまり，相対的に高くなった財から相対的に低くなった財へ需要が移ることになるであろう。ここでは x_2 財の需要が x_1 財の方に移ると考えられる。そのような財の価格の変化に伴う相対価格の変化が需要にもたらす効果を代替効果 (substitution effect) と呼ぶ。さらに，x_1 財の価格である p_1 が下がることは，その家計の実質所得を引き上げる効果をもち，その分だけその家計の購買力が上昇することになる。これは家計の所得が変化することによる家計の最適消費選択の変化と同じことが考えられることになる。いまこの x_1 財が正常財であれば，x_1 財の価格の下落はこの財の需要を増やすことになる。そのような財の価格の変化に伴う実質所得の変化が需要にもたらす効果を所得効果（income effect）と呼ぶ。

図 3-14 の左側の図を用いて財の価格の変化が家計の消費選択にもたらす効果を考えてみよう。x_1 財の価格が p_1 から p'_1 へ低下したとしよう。その価格低下により x_1 財は x_2 財よりも相対的に廉価になるため x_1 財の需要は増えるはずである。家計は相対的に安くなった財の需要を増やし，相対的に高くなった財の需要を減らすことになるからである。この家計が同じ効用水準を維持するためには，同一の無差別曲線上の点 E_0 の財の組み合わせから点 E_1 の財の組み合わせに代替することになる。これが代替効果である。同様に，所得効果について確認する。点 E_0 から点 E_1 への変化は同一の無差別曲線上の動きであるため実質所得の相違は含まれていない。p_1 の下落は実質的な購買力の増加を導くため，これは予算制約線が点 E_1 の接線である補助線から外側へ平行移動した AB' へシフトすることから確認することができる。これにより消費点は点 E_1 からより上位の無差別曲線 u_2 と予算制約線 AB' と接する点 E_2 へ移動することになる。これが所得効果であり，この効果は予算制約線 AB から予算制約線 AB' への移動によって引き起こされたことがみてとれる。

x_1 財の価格 p_1 の下落が家計の消費選択に与える効果は最適消費点の点 E_0 から点 E_2 への動きで示されることになる。価格 p_1 の下落により，これまでより上位の無差別曲線上に最適消費点が移ることから効用が向上することがわかる。実質所得の増加により消費点は点 E_1 の右上の方へ移動しているため，x_1 財と x_2 財ともにその需要量は増加していることから，この両財はともに正常財であるといえる。まとめると，x_1 財の価格 p_1 の下落による点 E_0 から点 E_2 への全部効果は，点 E_0 から点 E_1 への代替効果と点 E_1 から点 E_2 への所得効果から成り立っているといえよう。これをスルツキー分解と呼ぶ。

ここまでは両財ともに正常財のときの財の価格の変化が家計の消費選択にもたらす影響を確認した。しかしながら，もし財が劣等財の場合でも同様のことが言えるであろうか。実質所得の増加に伴い需要が減るのが劣等財である。それゆえ，劣等財の場合は所得効果から負の効果がみられることになる。図 3-14 の右側の図がそのような劣等財の状況を描いている。点 E_0 から点 E_1 への変化はこれまでと同様であるが，点 E_1 から点 E_2 への変化により x_1 財の需要量は減っていることがわかる。財の価格の変化により点 E_0 から点 E_2 へと移動していることから結果的に両財に対する需要は増えている。これは代替効果が所得効果よりも大きいとき，つまり所得効果の負の影響を代替効果の正の影響が凌駕するときに，このような結果が考えられる。一方で，もし負の所得効果の影響が正の代替効果の影響を完全に覆してしまうほどであれば，点 E_2 は点 E_0 から見て左上の方に移動することになる。これはそのような特殊なケースを発見した学者の名にちなんでギッフェンの逆説（Giffen's paradox）と呼ばれており，そのような財をギッフェン財と呼ぶ。

ギッフェン財のように価格と需要の動きが必ずしも逆方向に動かない特殊なケースは他にもある。それは高級ブランド品などで観察されるような，高値であることが需要を喚起する主な原因となるケースや，贈答品などのように自分の消費行動が他人の消費行動に影響されるケースなどである。前者はヴェブレン効果（Veblen effect）と呼ばれ，後者はデモンストレーション効果（demonstration effect）と呼ばれている。

最後に，x_1 財の価格の下落が x_2 財の需要量にどのような影響をもたらすのかを確認しよう。x_1 財の価格の下落による家計の消費選択に与える効果を代替効果と所得効果に分解できることは既に確認した。ここではまず代替効果のみに着目しよう。x_1 財の価格が下がることにより x_2 財の需要量を減少させるのであれば，x_2 財は x_1 財に対して代替財であるといい，反対に x_2 財の需要量を増加させるのであれば x_2 財は x_1 財に対して補完財であるという。たとえば，コーヒーの価格が下がることは紅茶の需要を減らすことになるであろう。このような場合，紅茶はコーヒーに対して代替財であるといえる。また，コーヒーの価格が下がるこ

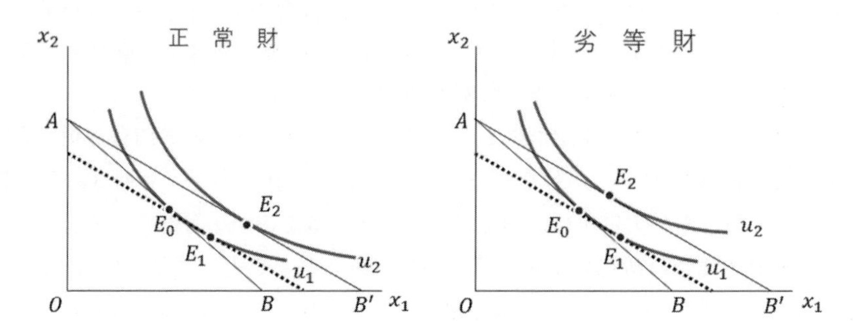

図 3-14　代替効果と所得項

とはコーヒーに使用するシロップの需要を増やすことにつながると考えられるため，シロップはコーヒーに対して補完財であるといえる。さらに代替効果と所得効果をあわせた全部効果から考えよう。x_1 財の価格の下落が全部効果において x_2 財の需要量を減少させるとき，x_2 財は x_1 財に対して粗代替財と呼び，反対に x_2 財の需要量を増加させるとき，x_2 財は x_1 財に対して粗補完財と呼ぶ。

第4章

企業の行動

本章のねらい

・この章では，生産活動を担う企業の行動を理解し，企業は利潤を最大化することを目的に行動していることを概説する。
・企業の生産活動の技術的な関係を示す生産関数を概説する。
・等産出量曲線や等費用線とは何かを理解し，企業の選択行動を考える。
・生産活動における費用の諸概念について考える。
・企業の最適生産量の決定とその条件について考える。

1．生産者行動

企業の生産行動について考えていく。企業は何を目的として生産行動をしているのか，そして経済学で考える最適な生産活動とはどのようなものなのか。企業が生産や販売を行うには稀少な資源を効率的に使用することが求められる。第1章で確認した労働，土地，建物などといった生産要素を用いて，それらを無駄なく有効に組みわせて生産行動をし，利潤を生みだそうとするのが企業の行動である。

企業と一言で表現したとしても，現実的には自動車や電化製品などを生産・販売する製造業に従事する企業もあれば，金融や物流などのサービス業に従事する企業もあり，株式会社や有限会社などのような企業形態もあれば，個人商店のような個人形態の企業もある。本章ではそのようなさまざまな形態の差にとらわれず，一般的な共通の性質を考えることで企業の生産行動を捉えていく。

生産者である企業はさまざまな選択・決定を繰り返し行っている。企業の生産行動を理解するにはどのような点に着目することとなるであろうか。本章では，生産，費用，利潤という三つの要素に着目しながら，企業は財をどれくらい生産すべきであるかという基本的な点について考えていく。企業は利潤を最大にしようと行動するが，どれくらいの財を生産するのが利潤を最大にするのだろうか。企業は財を生産するにあたり投入物としてさまざまな生産要素を用いるが，それら投入物にどれくらい費用がかかるのかを考え財を生産するであろう。どれくらいの投入物の組み合わせがどれくらいの産出を生むのかは企業の重要な選択である。そのような投入と産出との技術的な関係を表すのが生産関数であり，企業の生産行動を理解するには重要な概念となる。つまり，企業は産出から得る収入と投入により生じる費用との関係を考えながら利潤を最大にするような選択をすることになる。また，どれくらいの財を生産すれば利潤を高められるかということを考える際に，企業がおかれている市場の状態を考慮に入れる必要がある。本章では市場に数多くの企業が存在している完全競争の状況を想定し，生産者行動を分析する。

2．生産関数と等産出量曲線

(1)　生産関数

はじめに，生産関数の基本的な概念について考える。

企業は財・サービスを生産・産出するにあたりさまざまな投入物を用いる。生産する際に技術的に必要な投入物のことを生産要素と呼ぶ。生産要素とは生産活動にインプットとして投入されるあらゆる要素のことであるが，一般的に，土地，労働，資本といったどこの国にも存在している要素のことを一般的生産要素という。資本においては，土地・建物・機械などといった資本を物的資本といい，生産活動をするために必要な資金としての資本を金融資本と表現したりする。企業はそれら生産要素を投入して，財やサービスを産出する行動をとる意思決定の主体である。

一般的に，生産関数とは，企業による一連の生産活動について，投入物と産出物との技術的関係をあらわしたものであり，

$$y = F(L, K)$$

と表現する。ここで，y は生産量，L は労働量，K は資本量をとし，生産量は労働と資本の二つの生産要素に依存して決まるということを意味している。

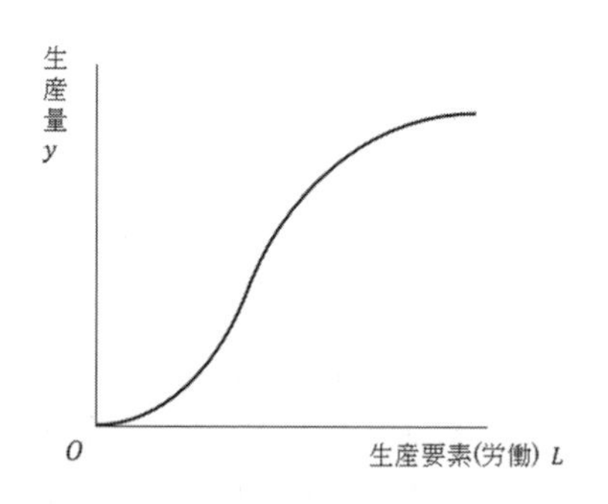

図 4-1　生産関数

図 4-1 は生産関数を描いたものである。ここでは縦軸に生産量，横軸に生産要素（ここでは労働）をとっており，労働投入を増やせば生産量は大きくなるということを表しており，投入物を増やせば増やすほど，生産量は増加していくということがわかる。生産関数はどのように土地，建物，機械，労働を組み合わせれば生産量が最大になるかを表わしている。生産関数とは生産における投入物と生産物の関係を単純な形で表現したものであり，料理のレシピのように，ある一定の組み合わせが効率的な資源の利用が可能であるかを示している。生産関数はS字型で図示されるのが一般的であるが，これは生産要素の投入を増やせば増やすほど，生産量が大きくなるということからも明らかである。ただし，その場合の生産量の増え方は一定ではなく，投入する生産要素を増やすとはじめのうちは生産量が増えるが，次第にその増え方が減っていくことがみてとれる。

(2)　総生産物・限界生産物・平均生産物

生産物の総量のことを総生産物（total product：TP）と呼ぶ。ここで生産要素は労働のみを用いるとし，労働投入量に応じた生産量についてみていこう。図 4-2 で描かれているのが総生産物曲線であり，縦軸に生産量 y，横軸に労働量 L をとったときの労働投入量と総生産量との関係を表わしている。この場合，労働投入量が L_1 であれば，その投入により生産される産出量は y_1 となり，原点 O から y_1 までの距離が総産出量と示される。

次に，平均生産物と限界生産物について確認しよう。いま，生産関数を，

$$y = F(L, K_0)$$

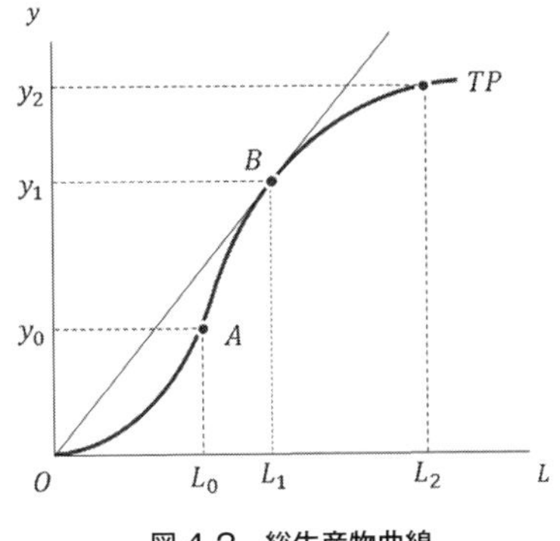

図 4-2　総生産物曲線

とする。ここで y は生産量，L は労働量，K_0 は資本量とし，生産量は L と K_0 に依存して決定されるとする。また，簡単化のために資本は一定とし，労働量のみ変化する場合を想定しよう。企業は生産量を増やすために投入する労働量を増やすとする。平均生産物（平均生産力）とは，労働1単位当たりで何単位の生産量を得られるかを意味し，生産量と労働投入量の比で表すことができ，

$$AP = \frac{\text{生産量}}{\text{労働の量}} = \frac{y}{L}$$

により求められる。AP は average product の略であり，産出量 y を投入に用いた労働量 L で割れば平均生産物となる。

続いて限界生産物について確認する。限界生産物（限界生産力）とは生産者が労働1単位を追加的に投入することによる追加的な生産量のことである。ここでの労働の限界生産力は労働の変化分 ΔL と生産量の変化分 Δy で表すことができ，

$$MP = \frac{\text{生産量の増加量}}{\text{労働の増加量}} = \frac{\Delta y}{\Delta L}$$

により求められる。MP は marginal product の略であり，限界生産力は労働が1単位変化した時に産出量がどれくらい変化するのかということを意味している。

いま整理した平均生産力と限界生産力を図 4–3 で確認しよう。図 4–3 の上側の図では縦軸に生産物の生産量 y，横軸に労働量 L をとり，労働投入量と総生産量の関係を表している生産関数が描かれている。L_0 から L_3 の各労働投入量に応じ

て生産量がそれぞれ決定されるのがわかる。平均生産力は生産要素1単位当たりの生産量を表すもので，平均生産力は原点 O から各点までの直線の傾きの大きさで表すことができる。原点から各点までの直線の傾きをみると，点 A から点 C まではその傾きは大きくなっているが，点 C を境に減少している。すなわち，ここで考える労働の平均生産力は点 C で最大になっていて，それ以前は逓増し，それ以後は逓減することがわかる。

限界生産力についてはどのように確認できるであろうか。限界生産力とは生産要素が1単位増加したとき，つまり微小増加したときに，生産量がどの程度変化するのかを表すため，図4-3では点 A から点 D の各点の接線の傾きの大きさでそれを表すことができる。点 A から点 D までそれぞれ接線をとってみると，生産の初期段階ではその傾きは大きいが，点 B を過ぎると減少していくのがわかる。すなわち，ここでの限界生産力は点 B で最大になっていて，それ以前は逓増し，それ以後は逓減することがわかる。ある生産要素のみを増加させていくとその限界生産力は次第に低下していくという傾向を限界生産力逓減の法則または収穫逓減の法則という。

平均生産力と限界生産力を描いたものが図4-3の下側の図である。平均生産力と限界生産力はそれぞれ AP 曲線と MP 曲線で示されている。生産要素である

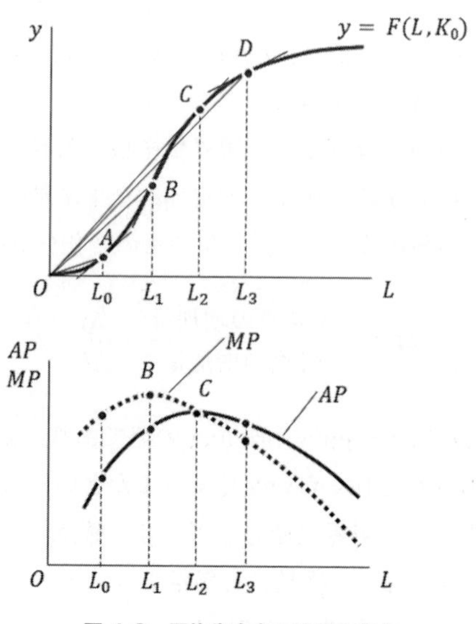

図4-3　平均生産力と限界生産力

労働の投入量が増えていくにつれ，限界生産力が逓増し，平均生産力も拡大している。やがて限界生産力が逓減すると，平均生産力も減少していく。平均生産力と限界生産力は増加した後，減少していくのが見てとれるであろう。下側の図の点 C で AP 曲線と MP 曲線が交わっていることから，この点において平均生産力と限界生産力が等しいことがわかる。点 C では平均生産力が最大になっており，それは上側の図における点 C の接線の傾きと原点から点 C までの直線の傾きが等しくなっていることからもわかる。

(3)　等産出量曲線

企業は同量の産出物をつくるにしても，生産状況などに合わせ投入する生産要素の組み合わせを調整するであろう。ある生産量を一定の水準に維持しようとしたときに，それを実現する生産要素の組み合わせを表す曲線のことを等産出量曲線（等量曲線）という。ある生産量 y を達成するために投入する労働 L と資本 K の組み合わせは，$y = F(L, K)$ のように表せる。図 4-4 は産出量 y を生産するときの労働と資本の組み合わせを描いたものであり，この曲線が等産出量曲線である。

たとえば，y という産出量を生産するときの点 A と点 A' をみると，点 A では点 A' よりも労働をより多く投入する生産要素の組み合わせであり，点 A' では点 A よりも資本をより多く投入する生産要素の組み合わせであることがみてとれる。これは y' についても同じように考えられる。点 B では y' の産出量を生産するにあたり投入する生産要素の組み合わせを示している。y と y' では y' の方が y よりも産出量が多いことを示している。

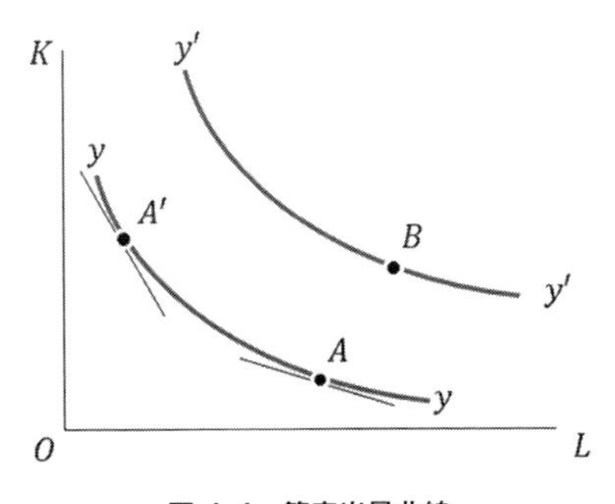

図 4-4　等産出量曲線

等産出量曲線は，第3章での消費者行動の理論でも確認した無差別曲線と同様の形状をしている。等産出量曲線も無差別曲線と同様の特徴を持っている。それについて整理すると，等産出量曲線は右上の方に行くほどより大きな生産水準に対応している（二つの生産要素の投入量がともに増加すれば，生産量も増加する），等産出量曲線は右下がりであり（ある生産要素の投入が増加すれば，別の生産要素の投入を減少しないと同じ生産量は維持できない），二つの等産出量曲線が交わることはない，等産出量曲線は原点に対して凸（技術的限界代替率）である，といった特徴がある。

技術的限界代替率について整理していく。生産要素の組み合わせが等産出量曲線に沿って変化することは，ある生産要素の減少による生産量の低下を他の生産要素の増加によって補うことから，元と同じ生産量を維持することができるのである。この生産要素 L の1単位の減少分と必要な生産要素 K の増加分の比を技術的限界代替率（marginal rate of technical substitution：MRTS）と呼ぶ。つまり，技術的限界代替率は，片方の生産要素を1単位減らしたとき，同じ生産量を維持するためには，もう片方の生産要素を何単位増やせばいいか，ということである。図4-4から確認すると，点 A では産出量 y を生産する生産要素の組み合わせを示しているが，もし投入する労働量が減るならば，資本量を多く投入することにより，つまり，労働の低下を資本の増加で補うことにより，産出量 y を維持することができる。この労働1単位の減少分と資本の増加分の比が技術的限界代替率であり，

$$MRTS_{L,K} = -\frac{dK}{dL}$$

と表せる。技術的限界代替率は等産出量曲線の接線の傾きから導くことができ，その接線の傾きは，等産出量曲線に沿って右に移動するほど緩やかになっていくのがわかる。これは投入する労働の量を増やしていくと，資本の量は減り，その減る資本の量は徐々に少なくなっていくことを示している。つまり，等産出量曲線に沿って右の方に移動していくにつれ，技術的限界代替率は逓減していく。これを，技術的限界代替率逓減の法則と呼ぶ。

技術的限界代替率と限界生産力の関係について考える。技術的限界代替率は等産出量曲線の傾き $-dK/dL$ で示され，限界生産力は生産要素が1単位変化した

ときに産出量がどれくらい変化するのかを示していた。ここで，労働の限界生産力は $MP_L = \Delta y/\Delta L$，資本の限界生産力は $MP_K = \Delta y/\Delta K$，と表せるため，

$$MRTS_{L,K} = \frac{MP_L}{MP_K} = -\frac{\Delta K}{\Delta L}$$

を得ることができる。これは，ある生産要素の組み合わせを示す等産出量曲線上の任意の点での接線の傾きは，その点での生産要素間の技術的な限界代替率，すなわち限界生産力の比を表していることとなる。上式は同一の等産出量曲線上では，労働の投入量が増えるときにどれくらいの資本の投入量を調整すれば，産出量を一定に維持することができるかという比率であり，このとき労働の限界生産物の減少と資本の限界生産物の増加が生じる。それゆえ労働の投入量の増加による産出量の増加を相殺するために節約できる資本の投入量は徐々に小さくなる。

3．生産要素の最適投入

(1)　等費用線

生産要素の費用について考える。企業はある任意に与えられた産出量を生産するとき，費用を最小化するような生産要素の組み合わせを選択するであろう。完全競争下の市場の前提では，企業は生産要素市場で成立している生産要素価格を所与とし，それらを必要な量だけ購入する。いま，労働 L と資本 K という二つの生産要素を投入して生産活動を行うとするとき，労働であれば賃金，資本であれば資本のレンタルコストが費用としてかかる。賃金やレンタルコストは労働と資本の価格としてとらえることができき，ここではそれぞれ w，r と表記しよう。生産に必要な要素投入費用を C とすれば，それは

$$C = wL + rK$$

と表せる。

これを表しているのが図 4-5 である。図 4-5 における右下がりの直線は総費用 C に対応する労働と資本の組み合わせを描いたものであり，与えられた要素価格のもとで，費用が一定の値であるような投入可能な生産要素の組合せを示している。この線分を等費用線と呼ぶ。この右下がりの等費用線の式を整理すれば，等

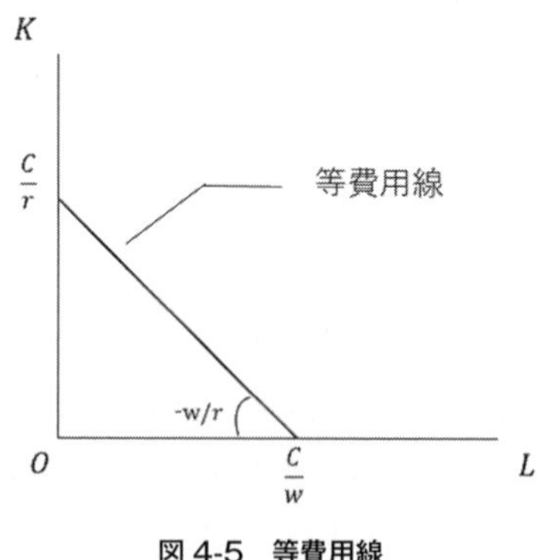

図 4-5　等費用線

費用線の傾きの絶対値は w/r であることから，等費用線の傾きは生産要素の価格の比である要素価格比になることがわかる。この線分が原点から離れれば離れるほど，つまり右上の方に位置すればそれだけ多くの生産要素を投入していることになり費用は大きくなる。逆に，費用が小さくなれば，原点の方に位置することになる。これは切片の大きさからもわかる。要素価格が一定である限り，等費用線は必ず並行になる。

(2)　最適投入量の決定

生産要素の最適投入について考えよう。企業は，産出量一定の費用最小（あるいは費用一定の産出量最大）で，最適投入量を決定する。これまでに等産出量曲線と等費用曲線について確認したが，図 4-6 はそれら二つの曲線を同じ図で描いたものである。企業は等量曲線と等費用線が接する点である点 E で最適投入量を満たし生産活動を行う。図 4-6 では，等産出量曲線に応ずる産出量を実現する等費用曲線は C_0C_0 であり，等産出量曲線上で選択される生産要素組み合わせは点 E の組み合わせであることがわかる。等産出量曲線の傾きは技術的限界代替率であり，それは生産要素間の限界生産力比に等しく，また，等費用線の傾きは要素価格比に等しいことから，点 E の等産出量曲線と等費用線が接する点においては，

$$MRTS_{L,K} = \frac{MP_L}{MP_K} = \frac{w}{r}$$

の式が成立することになる。

図 4-6 の点 A や点 B はどうであろうか。点 A では等産出量曲線の接線の傾きが等費用線の接線の傾きよりも急であることから，技術的限界代替率が要素価格比よりも大きい点となる。この場合，産出量 y_0 の生産により多くの資本を投入していることになる。産出量を減らさずに，労働の投入を増やして資本の投入を減らせば，より低い費用水準を達成することができる。同様に，点 B では等産出量曲線の接線の傾きが等費用線の接線の傾きよりも緩やかであることから，技術的限界代替率は要素価格比よりも小さい点である。この場合，産出量 y_0 の生産により多くの労働を投入していることになり，労働の投入を減らして資本の投入を増やせば，生産量を減らさずにより低い費用水準を達成することができることになる。つまり，点 A も点 B も費用最小点ではなく，要素価格比と技術的限界代替率が等しくなる点 E が費用最小点となる。

企業が生産量を拡大した場合について考える。投入物として使用する生産要素の価格の変動などから費用が変化するときや，目標とする産出量の水準が変化するとき，生産要素の最適投入はどのように変化するのか。産出量が大きくなると，等産出量曲線は原点から離れた方にシフトしていく。図 4-7 では産出量が y_0 から y_1，y_2 への移り変わりを描いており，これは産出量の拡大を示している。産出量が拡大するとそれだけ多くの生産要素を使用するため，総費用も増加することになる。総費用の増加は，等費用線の外側へのシフトで描くことができる。目標とする産出量水準が等産出量曲線 y_0 で決まるとすれば，その時の費用最小化を達成する最適な生産要素の組み合わせは点 E_0 である。ここから産出量が拡

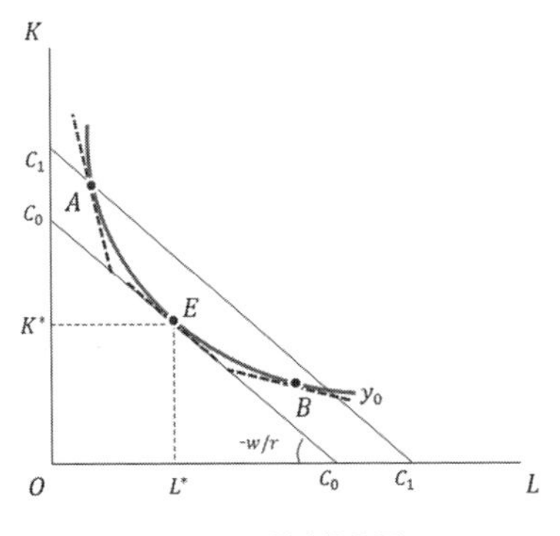

図 4-6　最適投入量

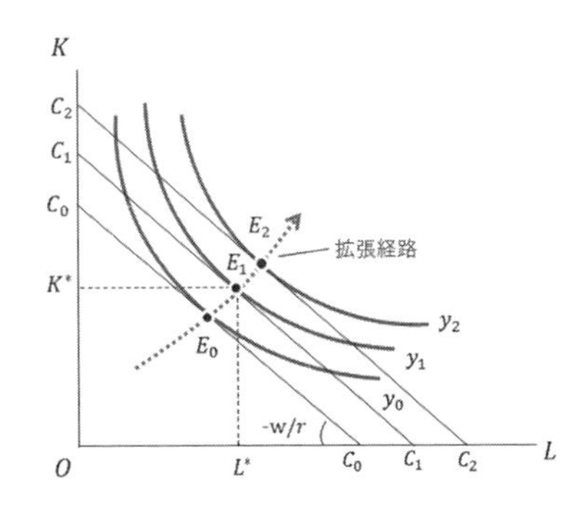

図 4-7　拡張経路

大するのであれば，それに対応する生産要素の投入量も変化することになり，最適投入量も変化する。それは最適な生産要素の組み合わせが E_0 から E_1，E_2 へと移っていくことから示される。生産要素の価格は変わらず，産出水準の変化に対する生産要素の最適投入量の組み合わせの移り変わりを表している曲線のことを拡張経路と呼ぶ。

4．費用の諸概念

(1)　総費用

企業の生産行動における費用の諸概念について考えていこう。費用について考えるにあたり，短期の費用と長期の費用に区別する必要がある。この場合の短期とは少なくとも一つは固定的な要素が存在する期間のことであり，長期とはあらゆる要素が可変的になる期間のことである。以下では，はじめに，短期の費用について考える。

費用の概念として，固定費用（fixed cost：FC）と可変費用（variable cost：VC）がある。固定費用とは生産活動を行わなくても生じる費用のことであり，地代などがこれにあたる。そして，可変費用とは労働者への支払いなどといった人件費などがそれにあたる。たとえば，いまカフェを経営しているとしたとき，お店の土地の面積や料理の材料を保存するような冷蔵庫の数は一定であるような短期での費用を考えてみよう。土地に対する地代や冷蔵庫の維持管理費は，売上げの大きさとは関係なく掛かる費用であり固定費用であり，料理の材料など料理を販売する量が増えるにつれて増加する費用は可変費用である。一般的に，産出量の大小にかかわりなく，その投入量を一定とみなされる生産要素は固定要素と呼ばれ，それらを購入する費用が固定費用であり，産出量に応じて適宜調整できる生産要素を可変要素と呼び，それらを購入する費用は可変費用である。

図 4-8 をもとに，費用曲線についてさらに考えていこう。ある産出量を生産するのに必要なすべての費用が総費用（total cost：TC）である。総費用は固定費用と可変費用の合計であり，

$$TC = FC + VC$$

と表せる。ここでは労働と資本を使用して生産活動をすると仮定するが，資本は

一定とし，労働量の多さによって生産活動が決定されるとする。図 4-8 の右上の図からもわかるように，労働投入が増えていくにしたがい，それぞれの投入量に対応する産出量が決定される。可変費用は労働1単位当たりの価格 w と労働量 L を掛け合わせた wL で表される。それは右下の図で示されている。生産には固定費用がかかってくるため，左下の図の原点から FC までの分が固定費用となる。

いま，生産を点 A で行うとき，それに対応する可変費用と，固定費用を合わせた総費用は左下の図の点 a で表される。点 A から点 E それぞれの生産に対応する総費用は点 a から点 e で表すことができ，すべての生産と総費用を対応させた点をつなぎ合わせていくと，総費用曲線 TC を描くことができる。右上の生産関数の図をみると，生産を開始しはじめの頃である点 A から点 E くらいまでは生産効率がよいのが見てとれる。これは同じ産出量を生産するにあたり投入する労働の量からわかる。そして，生産を拡大するためにさらに労働を投入して生産を行っていくと，他の要素が一定の場合，生産効率は悪くなっていく。これは同じ産出量を達成するのに必要とする労働量の増加分が異なっていることからも確認できる。産出量 y と総費用曲線 TC との関係をみてみると，生産効率がいいときは費用の増加分は小さいが，生産効率が悪くなると費用の増加分は大きくなる

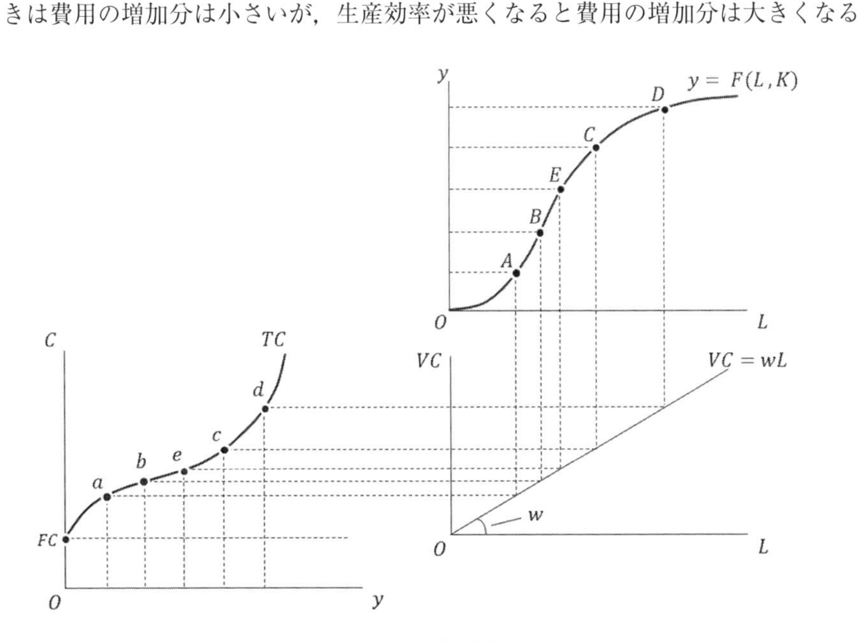

図 4-8　費用曲線

ことがわかる。

⑵　平均費用・限界費用・平均可変費用・平均固定費用

図4–9は産出量に対応する費用について描いたものである。平均費用（average cost：AC）と限界費用（marginal cost：MC）について考えていこう。平均費用（$AC = TC/y$）は，総費用を生産量で割った値であるので，原点から総費用曲線上の点を結んだ直線の傾きの大きさで表すことができる。図4–9の上側の図を見てみよう。点aでは原点からの直線の傾きが他の点への直線の傾きより大きく，つまり，平均費用（単位当たりの費用）が大きい状態である。これは固定費用を少ない生産量で分担しなければならないことから平均費用は大きくなるということである。このような総費用曲線の場合，生産量が増えるにつれ総費用は増えていくが，原点からの直線の傾きの大きさ，つまり平均費用は点aから点b，さらに点eの方へ向かうにつれ徐々に低下していく。そして，点cが最も平均費用が低い点となり，そこからさらに生産量を増やしていくと，平均費用も徐々に上がっていくことがわかる。この平均費用は下側の図のACのように表すことができる。

限界費用（$MC = \Delta TC/\Delta y$）は，ある生産量に対応する総費用曲線上の点の接線の傾きの大きさで表すことができる。つまり，ある産出量から追加的に1単位産出量を増加させたときの費用の増加分によって定義できる。図4–9の上側の図で確認しよう。点aから点bくらいまでは生産に応じて限界費用（接線の傾き）は小さくなっていくのがわかる。点cでの傾きの大きさは，その産出水準のときの原点からの直線の傾きの大きさと同じであり，これは点cでは限界費用と平均費用が同じであることを意味する。下側の図からも分かるように，この点cでは限界費用曲線と平均費用曲線が交差していることからも限界費用と平均費用が同じであるといえ，平均費用が最も低い位置である点cで限界費用曲線と交差していることがみてとれる。

図4–10を用いて，平均可変費用（average variable cost：AVC）と平均固定費用（average fixed cost：AFC）について確認する。平均可変費用は生産物1単位当たりの可変費用であり，可変費用を産出量で割ったものになる。これは可変費用の平均であるので，平均費用のときと同様に，原点から可変費用曲線上のある点の直線の傾きの大きさに等しい。生産量が増えるにつれ，平均可変費用は

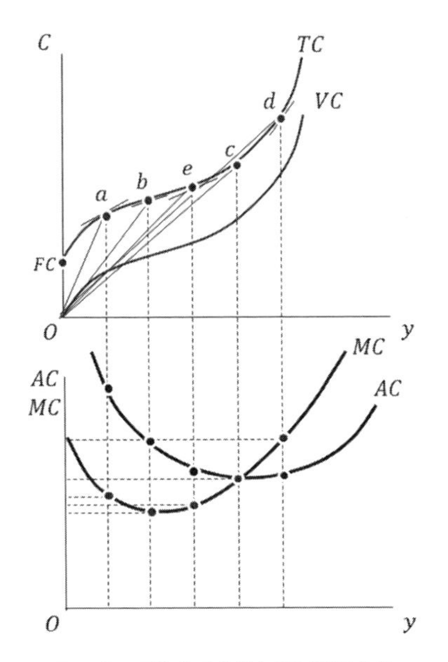

図 4-9　平均費用曲線と限界費用曲線

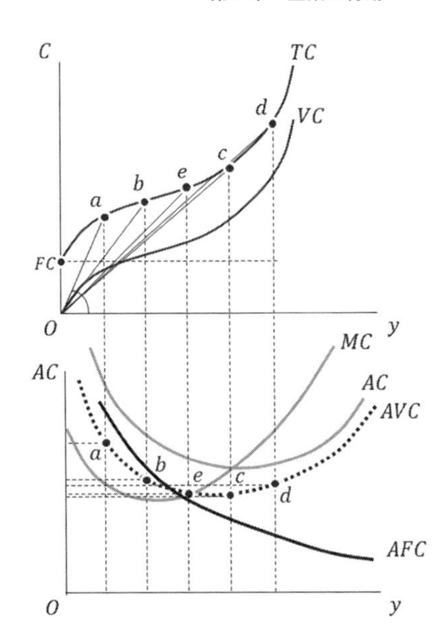

図 4-10　平均可変費用曲線と平均固定費用曲線

小さくなっていくが，点 e 以降は徐々に大きくなっているのがわかる。平均固定費用は生産物１単位当たりの固定費用であり，固定費用を産出量で割ったものになる。固定費用は生産しなくても生じてくる費用であるので，平均固定費用は生産量に伴い小さくなっていくことは容易にわかる。

(3)　長期と短期の費用

企業の生産活動を考えるにあたり，短期（short-run）と長期（long-run）という概念が重要になってくる。注意すべき点は，ここでいう短期と長期の概念は必ずしも時間の長短によるものだけではないということである。短期と長期とは，いわば，生産量に応じて調整不可能な投入資源が存在する場合で，長期とは，生産量に応じてあらゆる投入資源が調整可能な場合をいう。つまり，短期とは固定要素が存在する期間のことで，長期では企業はすべての生産要素を調整することが可能である，ということである。

図 4-11 を用いて短期と長期の費用曲線について考えよう。上側の図は，短期の費用曲線（short-run total cost：STC）が３本（STC_0，STC_1，STC_2）示されている。この３本の費用曲線は，三つの規模の異なる生産設備（STC_0，

STC_1，STC_2）とし，STC_0 よりも STC_1 の方が，そして，STC_1 よりも STC_2 の方がその生産設備の規模は大きくなると考える。ここで，産出量が y_0 のとき，三つの生産設備に対応する総費用はそれぞれ P，Q，R となることがわかる。産出量が y_0 で一定であるとき，この三つの生産設備のうち費用が最も低いのはどれかというと，それは P であるため，y_0 の産出量を生産するときは STC_0 の生産設備を使用するといえる。同様に考えると，産出量が y_1 の水準であるときは STC_1 を，y_2 の水準であるときは STC_2 を使用することになることがわかる。

設備水準などは短期では調整はできないが，長期ではそれが可能となる。つまり，短期では企業の固定資本設備の規模は一定であるが，長期では企業の固定資本設備の規模も可変である。それゆえ，最も低い費用を達成できる産出量と費用の関係を示している長期費用曲線（long-run total cost：LTC）は図 4-11 に描かれている。この長期費用曲線は短期費用曲線の包絡線となっている。

続いて長期の平均費用と限界費用について考える。図 4-11 の下側の図は短期の平均費用曲線（SAC）と限界費用曲線（SMC），そして長期の平均費用曲線（LAC）と限界費用曲線（LMC）が描かれている。STC_0 に対応する平均費用は原点からの直線の傾きに等しいため，産出量の増加に伴い最初は低下していき，途中から増えていくという形状をとっているのがわかる。産出量 y_0 に対応する短期の平均費用（STC_0 に対応する点）は点 A で表され，y_1 と y_2 についてもそれぞれ同様にみてとれる。それぞれの産出量に対応する短期の平均費用曲線上の点を結んでいくと，長期の平均費用曲線である LAC を描くことができる。LAC は SAC の包絡線になっており，各短期の平均費用曲線の接点の軌跡であって，それは必ずしも各短期の平均費用曲線の最低点の軌跡ではないことが特徴である。

限界費用についても，短期の方は既にこれまでに確認した通りであり，短期の費用曲線上の任意の点の傾きの大きさで示すことができ，各 STC に対応する限界費用が各 SMC にあたる。限界費用曲線の特徴について整理すると，短期の平均費用曲線である SAC と長期の平均費用曲線である LAC が接する点である点 A のときの産出量 y_0 において，短期の限界費用と長期の限界費用曲線が交差しているのがわかる。これは y_1 と y_2 についても同様のことがいえる。また，LAC は SAC の包絡線となっていたが，長期の限界費用曲線の LMC は短期の限界費用曲線の SMC の包絡線にはならない。ただし，平均費用曲線の最低点を限界費用曲線が通るというのは，長期でも同じである。

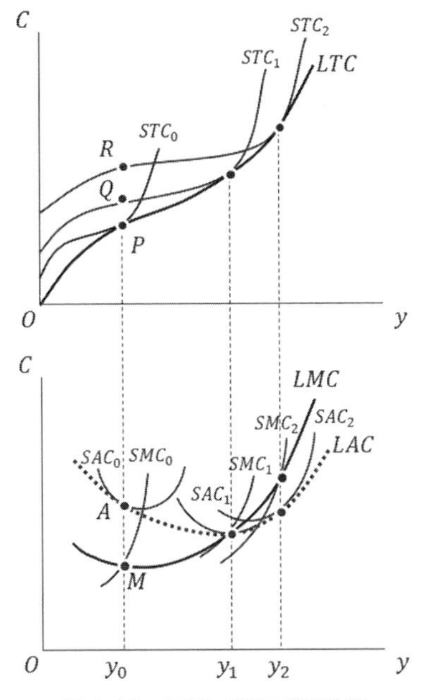

図 4-11　短期と長期の費用曲線

図 4-11 から，生産設備を大規模化することにより，ある産出量水準までは長期の平均費用を引き下げていくことが可能であることもわかる。たとえば，いま，企業の産出量が y_0 とすれば，点 A で長期の平均費用曲線に接するような短期の平均費用曲線に対応する生産設備が最適であり，産出量が y_0 となるところまでその生産設備を使用することにより平均費用を小さくすることができる。そして，産出量水準が y_1 に達するにつれ，生産設備を大規模化するなどといった最適な生産設備に調整すれば，長期の平均費用を低下させることができる。これは大規模生産の利益または規模の経済と呼ばれる現象である。しかし，大規模生産の利益が限りなく続き平均費用を低下させるのかというと言えばそうではなく，平均費用が逓増に転ずる場合があることが図 4-11 からも分かる。

5．利潤最大化

(1)　企業の収入

企業の利潤最大化行動のもとでの最適生産の決定について考える。はじめに完全競争下における企業の収入についてみていく。総収入（total revenue：TR）は一つの財当たりの価格 p と産出量 y を掛け合わせた $TR = py$ で表せる。完全競争のもとでは企業にとって価格は一定であるため，産出量の規模によって総収入の大きさが決まることになる。

つづいて平均収入と限界収入について考える。平均収入（average revenue：AR）は産出物一つ当たりの収入であるので，総収入 TR を産出量 y で割ったものとなり，

$$AR = \frac{TR}{y} = p$$

と表せる。限界収入（marginal revenue：MR）は産出物を1単位増加させたときに得ることのできる収入の増加分のことであるため，

$$MR = \frac{\Delta TR}{\Delta y} = p$$

と表せる。総収入の増加分は積の微分の考え方から $\Delta TR = p\Delta y$ となり，限界収入は価格に等しいことになる。つまり，限界収入と平均収入はともに価格に等しくなる。

(2)　最適生産量の決定

最適生産量の決定について考えよう。企業は利潤を最大化するような生産活動をおこなっている。利潤 π は総収入 TR から総費用 TC を引いたものであり，

$$\pi = TR - TC = py - C(y)$$

と表せる。ここでは産出物の市場価格を p，産出量を y とすれば，完全競争では価格は市場で決定されるので産出量によって価格は変化しないため，総収入は右上がりの直線で表され，利潤を最大にするように産出量を決定する。また，利潤関数は $\pi = TR - TC$ であり，企業はこの利潤を最大化するような行動をすると考えられる。

企業の利潤最大化条件を整理しよう。利潤の最大化は利潤関数を産出量について導関数を求めゼロとすればよいので，

$$\frac{d\pi}{dy}=\frac{dTR}{dy}-\frac{dTC}{dy}=p-\frac{dC(y)}{dy}=0$$

となる。ここでpは価格であり，$dC(y)/dy$は産出量をわずかに増加させるときに必要な費用の増加分つまり，限界費用であるので，利潤を最大にするような産出量水準のところでは$p=MC$となるのが分かる。さらに，価格pは総収入曲線の傾きつまり，限界収入に等しく$p=MR$であるので，結果的に，$p=MC=MR$を得ることができる。

図4-12には総収入曲線と総費用曲線が描かれている。利潤は総収入と総費用の差で表されるため，それら総収入曲線と総費用曲線の差が最大になるところで利潤は最大化する。利潤が最大化しているところは産出量がy^*のときであることがみてとれる。総費用曲線でそれに対応するところが点eとなる。この点eから総収入曲線までの距離（垂直差）が利潤である。点eでの接線の傾きは総収入曲線の傾きに等しく並行であり，その大きさはpと等しい。つまり，この総費用曲線の接線の傾きと総収入曲線の傾きが等しいところで，利潤最大化と最適生産量が実現することになる。

もし，価格が限界費用と等しくないとき，生産者はどのような行動をとるか。価格が限界費用よりも大きいとすれば，その対応する産出量のときの費用関数の接線の傾きが価格に等しくないということであり，$p=MC$とはならない。このときは，費用関数の接線の傾きが点eの接線の傾きよりも緩やかなところで生産行動をとっていると考えられ，そのような状態のとき，産出量を増加させることによって，それに伴う費用の増加を上回る収入の増加を獲得することができると

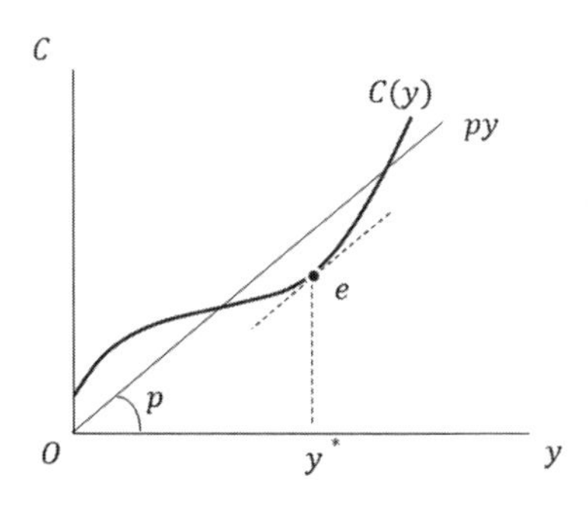

図4-12　企業の均衡条件

いうことになり，生産を拡大する行動をとるといえる。それはy^*の産出水準よりも少ない産出水準のときがそれにあたる。

6．供給曲線

ここまで最適生産の決定について考えてきたが，ここでは価格が変化するとき，企業の最適生産をどのようにとらえることができるのかについて，短期と長期の両面からみていき，短期の供給曲線と長期の供給曲線について考える。図4-13の左側の図では，平均費用曲線ATC，限界費用曲線MC，平均可変費用曲線AVCの三つの曲線があり，各価格に沿った産出量がそれぞれ描かれている。最適生産は価格と限界費用が等しいところで示され，企業の収入は価格×生産量で求められ，費用は平均費用で判断でき，利潤は収入から費用を引いた分になる。

価格の変化が収入にどのような影響をもたらすかを確認しよう。たとえば，価格がp_1からp_3まで上昇したとすると産出量もy_1からy_3へ拡大するため，価格×生産量で表される収入は増加する。点E_2では収入と費用が等しくなる。この場合の企業の収入と費用の大きさはともに$Oy_2E_2p_2$で示される。この点では$p = MC = ATC$が成立しており利潤はゼロになる。この点を損益分岐点（break-even point）と呼ぶ。いま，価格がこの水準を下回りp_1になるとすれば，収入は$Oy_1E_1p_1$であり，費用は価格p_1と産出量y_1が平均費用曲線ATCに対応するところで決まるため，費用の方が収入より大きくなることから損失が生じることになる。この場合，企業は生産活動をしないのだろうか。損失が生じるため生産活動をしない方がいいように思えるが，たとえ生産活動をしなくても固定費用は生じるため，固定費用の一部を回収できることから生産活動をつづけたほうがよいことになる。価格p_2を下回ったとしても，可変費用を上回る収入で生産を続ければ，その分だけ固定用の損失を縮小させることができる。つまり，収入が平均可変費用より大きければ生産活動を続行し，平均可変費用より小さければ可変費用の回収もできなくなるため生産活動を停止したほうがよいということである。生産をするかしないかは，平均可変費用の底辺のところで決まる。図の点E_0がその点であり，この点を操業停止点（shut-down point）と呼ぶ。

以上の議論から供給曲線を導くことができる。企業は価格がp_0より低ければ生産活動をせず，そこよりも高ければ生産活動を行う。ゆえに，供給曲線は原点 O から縦軸の p_0 までの部分と，点 E_0 よりも右上の MC 曲線の部分とで表すことができる。これが短期の供給曲線である。

続けて長期の供給曲線について考えよう。短期と同様に，長期においても価格と限界費用が一致するところで利潤最大化と最適生産は実現する。図 4-13 の右側の図では，短期の限界費用曲線（SMC）と平均費用曲線（SAC）および長期の限界費用曲線（LMC）と平均費用曲線（LAC）から長期の供給曲線を描かれてある。いま，産出物の価格が p_2 であるとき，最適生産点は点 A で表される。この点では価格と長期の限界費用が一致しており，y_2 がそのときの最適生産量である。産出量が y_2 の水準であるとき，長期の平均費用は点 C で示されるため，このようなとき，収入は費用を上回り利潤は正となることがわかる。もし価格が p_2 から p_1 に下がったとすると，価格と長期の限界費用が一致する点 B が最適生産点であり，この時の最適生産量は y_1 となることから，この時も費用を収入が上回っており利潤は正である。

さらに価格が p_0 まで下がったとする。この場合の最適生産点は点 E となる。この点 E では長期の限界費用曲線が長期の平均費用曲線の最低点を通っており，価格と長期の限界費用が等しく，利潤はゼロとなる点である。長期では固定的要素はなくすべて可変的要素となることから，価格が p_0 より下がるのであれば，当然ながら企業は生産活動を行わない。よって，点 E は長期における損益分岐点であり，さらに操業停止点でもある。ここから，長期の供給曲線は，原点 O

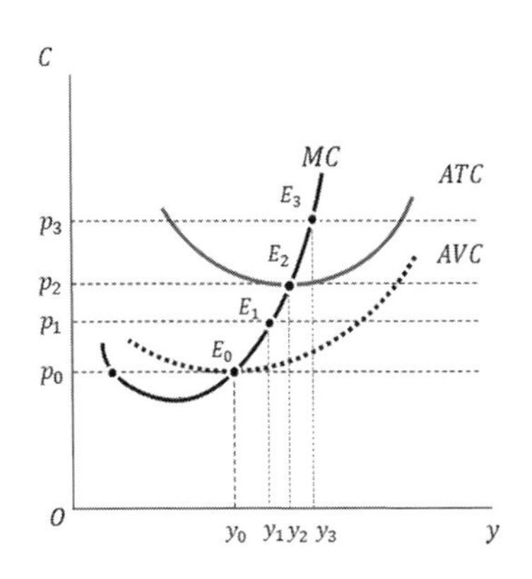

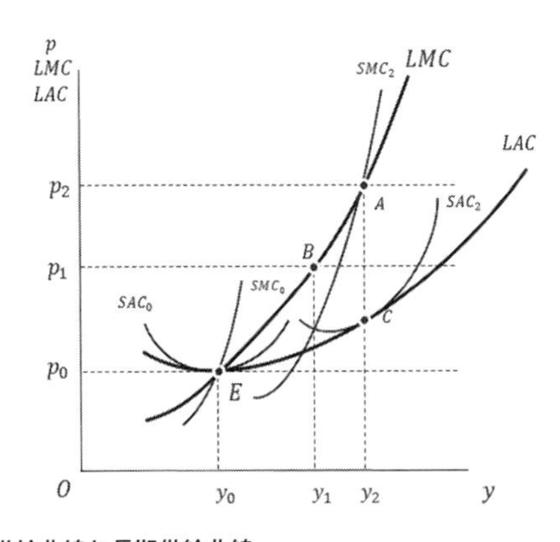

図 4-13　短期供給曲線と長期供給曲線

から縦軸の p_0 までの部分と操業停止点である点 E より右上の方の長期の限界費用曲線の部分とで表すことができる。

第5章

生産要素市場の均衡

本章のねらい

・この章では，生産要素市場の均衡を考えるにあたり労働市場を取り上げ，労働市場の需要と供給について概説する。
・初期保有の基本的概念をおさえ，労働と余暇の選択をする家計による労働の供給について考える。
・企業の利潤最大化の行動をもとに，企業はどのように労働の需要を決定するのかについて考える。
・労働市場における均衡賃金率の決定について考え，最低賃金制度が労働市場にもたらす影響について考える。

本章では生産要素のなかの労働に着目し，資本などの他の生産要素は一定と仮定し，労働市場について考える。前章までに，家計は財の需要者であり，買い手としての家計の消費行動において，家計は予算という制約のもと効用を最大化する最適な財の組み合わせを選択するという最適消費行動について考えた。財市場では財の供給者は企業であると考えるが，生産要素市場では供給者は家計であり，家計が労働，土地，資本といった生産要素の供給者となる。当然のことながら，企業はそれら生産要素の需要者となる。本章では労働市場における需要曲線と供給曲線を考え，労働市場の均衡について確認していく。

1．家計の労働供給

(1) 初期保有と最適消費

家計の消費行動のところでの所得は所与として扱ったが，その所得は家計が資産などを蓄えたものであり，より一般的には労働を供給することから所得を稼ぎ出したものであろう。家計のそのような行動を考慮にいれ家計の労働供給について考えよう。

いま，x_1 と x_2 という二つの財の場合を考えてみる。二つの財の価格をそれぞれ p_1 と p_2 とする。家計はこの二財を一定量もっているとしよう。ある家計が消費選択を決定する前から保有している財・サービスを初期保有量と呼ぶ。ここでこの初期保有量を w_1 と w_2 とする。このとき家計は w_1 と w_2 の分だけ財をもち，市場で二財の価格をどれだけ購入し，どれだけ販売するかを決定する。

ここで，この家計が最終的に消費する二財の需要量と，最終的に消費する二財の需要量と初期保有量との差の量について考えると，最終的に消費する二財の量は正となるのが一般的であるが，最終的に消費する二財の量と初期保有量との差の量は正にもなるし負にもなるであろう。つまり，片方の財において最終的に消費する二財の量とその初期保有量との差が負の値であるということは，この家計が保有しているよりも少ない量の消費を欲しているということであり，その財を供給したいということを意味しているのである。

ここでの予算制約について確認しよう。この家計の消費行動は何に制約されるのかを考えると，それはこの家計が最終的に消費する財の価値と家計がはじめから保有している財の価値が等しくなければいけないということである。つまり，消費支出と初期保有量の価値が等しくならねばならないことから，この場合の予算制約式は，

$$p_1 x_1 + p_2 x_2 = p_1 w_1 + p_2 w_2$$

と表せる。

この式の右辺は初期保有量が市場価格評価でどれだけの価値になるかを示しており，初期保有量をすべて売却したとすればどれくらいの収入が得られるかを表しており，左辺は二財の組み合わせを消費するために必要な支出を表している。つまり，式の左辺も右辺も所得と等しくなる。また，

$$p_1(x_1 - w_1) + p_2(x_2 - w_2) = 0$$

と予算制約式を書き換えるとする。もし（$x_1 - w_1$）が正ならば家計は保有している x_1 財の量よりも多くの財を需要したいということであるため x_1 財の純需要

者であり，もし負ならば家計は保有しているよりも少ない財の量の消費しか望まずこの財を供給したいということであり x_1 財の純供給者であるといえる。$(x_1 - w_1)$ が正ならば，$(x_2 - w_2)$ は必ず負になる。消費する二財の量とその初期保有量との差を考えるとき，この予算制約式は，家計が需要する財の価値と供給する財の価値が等しくならなければならないということを意味している。上の式は $p_1x_1 + p_2x_2$ も $p_1w_1 + p_2w_2$ も所得 M と等しいとすると，この予算制約式のもとで自分の効用を最大にするような x_1 財と x_2 財の組み合わせを決めることになる。

図 5-1 の点 A はこの家計の初期保有量を示しており，市場で二財の価格がそれぞれ p_1 と p_2 で与えられているとき，この家計が点 B の組み合わせで消費しようとすれば，x_2 財をより多く購入し消費するためには，x_1 財を市場で販売しなければならない。図にはこの変化分である x_1 財の供給量（販売量）を Δx_1，x_2 財の需要量（購入量）を Δx_2 として示されている。さらに，図には x_1 財と x_2 財に対する家計の選好にもとづいた無差別曲線が描かれており，点 B で無差別曲線は初期保有がある場合の予算線と接していることから，点 B で効用が最大になっていることになる。このように，初期保有がある場合にも，基本的には所得が与えられた場合の選択と同様の消費者選択が行われる。

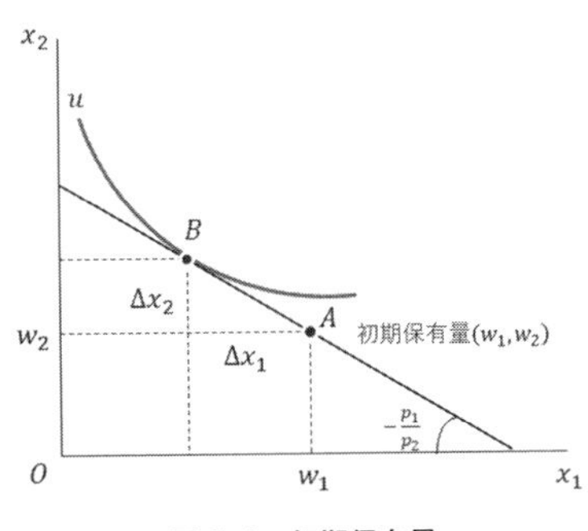

図 5-1　初期保有量

(2)　所得と余暇の選択

所得と余暇の選択について考えよう。家計はできるだけ多く働いて所得を得るかそれほど働かなくて余暇を多く得るかを選択するとしよう。つまり，この時の家計の効用は所得と余暇の最適な組み合わせから決定される。ここで，M は所得，F は余暇を意味するとする。この時の制約条件は時間とし，一日で使用できる最大の時間（24時間）をT，労働時間をLとすれば，余暇の時間は一日の時間から労働時間を引いた（$T-L$）と表せる。当然のことながら，労働時間は（$T-F$）となる。さらに，Wを賃金とすれば，労働による所得は労働時間と賃金を掛け合わせたWLとなり，労働所得以外の財産所得を考慮に入れそれをGとすれば，家計所得の合計は，

$$M = WL + G$$

で表せる。以上のことから，予算制約式は，

$$M = W(T-F) + G$$

となる。

ここで所得も余暇も家計にとって望ましい財であると考えるので，所得が増えると，それだけ多くの財を消費することが可能となることから効用は上がることになるし，余暇に使用できる時間が増えると，それだけ自分のやりたいことに利用する時間が増えることから効用は上がることになる。図5-2は縦軸に所得，横軸に余暇をとり，予算制約線ABと無差別曲線が接する最適消費点である点Eが示されている。予算制約線の高さは，家計による余暇と労働の選択の結果，ある時間を労働として市場に供給することから得られる労働所得と財産所得などの非労働による所得を加えた値を表している。使える時間をすべて余暇に使用すれば，点Bの組み合わせになり，労働に使う時間を増やせば，労働と余暇の組み合わせは予算制約線AB上を左上の方に動くことになる。このとき，図の横軸に

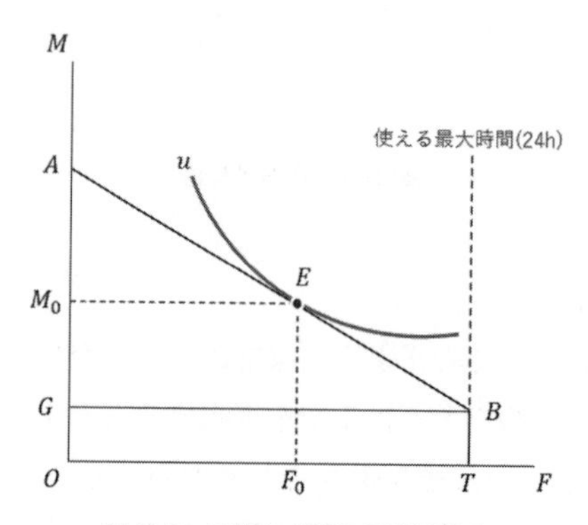

図5-2　所得と余暇の最適消費点

おいて，家計は原点から F_0 の分を余暇時間に使用し，F_0 から T の分を労働時間に使用することが示され，同様に，縦軸において，家計の所得水準は原点から G の分までの非労働からの所得と G から M_0 の分までの労働からの所得を合わせた分で示される。予算制約線 AB の制約範囲内において，無差別曲線上の点 E との接点で家計の効用水準は最大になることから，家計にとっての最適な所得と余暇の組み合わせは点 E である。

ここで，賃金が上昇したと想定し，その時の家計の所得と余暇の選択について考えよう。賃金が上昇すると家計はこれまでよりも多く働こうとするであろうか。賃金が上がることは労働による所得が増えることと同時に，余暇を選択する機会費用も上がることでもある。これは労働と余暇の選択において，賃金は余暇を1単位余分に得るために犠牲にしなければならない金額であることから余暇の機会費用と考えることができるからである。第3章を思い出し，賃金の上昇の効果を代替効果と所得効果に分けて考えてみる。代替効果から考えると，賃金が上がると余暇に使用する時間の需要は減り，労働に使う時間の需要が増え，これまで以上に労働に従事すると言える。つまりこの場合，労働供給が増えることになる。これに対し，所得効果から考えると，賃金が上がるということはより少ない時間でこれまでと同じくらいの所得を得ることが可能となるため，つまり実質所得が増えるため，より多くの時間を余暇に使うことになる。つまりこの場合，労働供給が減ることになる。

最終的に，賃金の上昇は家計の最適消費の組み合わせをどのように変化させるのだろうか。図5-3を用いて考えよう。予算制約線の傾きは賃金で表され，また一日で使用できる最大の時間は変わらないことから，賃金の上昇は点 B を軸に予算制約線を時計回りに回転させることになる。予算制約線は $A'B$ になり，最適消費は点 E_1 の組み合わせから，点 E_2 の組み合わせに変化する。賃金上昇に伴うこの点 E_1 から点 E_2 への移動を代替効果と所得効果の視点から考えていく。賃金が上昇した後の予算制約線 $A'B$ と同じ傾きをもつ最初の無差別曲線 u_1 上の点 E_1^* で接する仮想の線を点線で描いてみる。代替効果はこの点 E_1 から点 E_1^* への動きとして示される。これは賃金の上昇はそれだけ余暇の価格が高くなることを意味するため，その結果，代替効果によって，余暇の需要量は OF_1 から OF_1^* へ減少し，労働の供給量が $T-F_1$ から $T-F_1^*$ に増えることになる。賃金の上昇は家計の実質所得を高めるため，予算制約線は $A'B$ になるため，所得

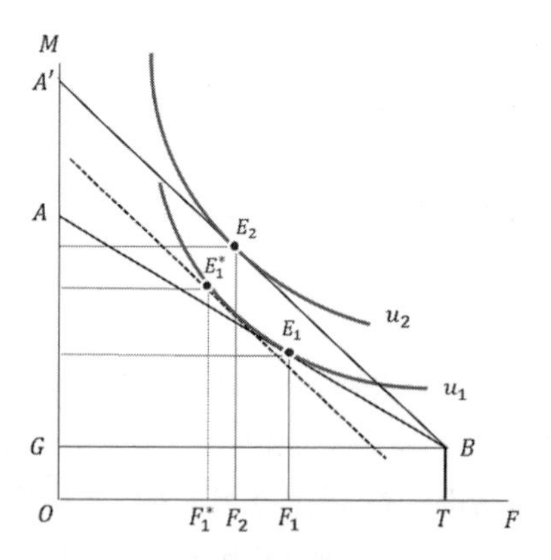

図 5-3　所得と余暇の最適消費点の変化

効果は点 E_1* から点 E_2 への動きとして表される。ここでは，余暇は正常財と考えているため，所得が増えれば正常財の需要は増えることから，所得効果により余暇の需要量は OF_1* から OF_2 へと増え，労働の供給量は $T - F_1$* から $T - F_2$ に減少する。

以上の点から，労働と余暇の選択における賃金の上昇の効果を整理すると，代替効果からは労働供給がより増えるということがいえよう。しかし，所得効果の場合は注意が必要となる。図 5-3 では，賃金の上昇が生じると，労働供給は代替効果によれば増えるが所得効果によると減ることを確認した。この様な影響は，代替効果の影響が所得効果を上回っているときにみてとれる。もし所得効果の影響の方が代替効果の影響より大きい場合，図の点 E_2 の位置は点 E_1 の右上の方に位置するであろう。この場合，賃金が上昇したにもかかわらず，労働供給は減少することになる。このような状況は実際に考えられるだろうか。家計は賃金が上がり所得がある程度まで上がるのであればより労働に従事するであろうが，それよりも高い水準の所得にまで達すると所得の面で余裕が生じるようになる。そのような状況では余暇に対する選好の方が労働に対する選考よりも強くなるため，賃金が高い水準になると働くよりもより多くの時間を余暇に使うようになると考えられるであろう。

(3)　労働供給曲線

これまでの議論をもとに，家計の労働供給曲線を描いてみよう。賃金が上昇すると，代替効果が所得効果よりも大きければ，賃金率の上昇に伴い労働供給は増え，一方で，所得効果が代替効果よりも大きければ，賃金の上昇が労働の減少をもたらすことになる。これは前者は賃金と労働供給量は正の関係をもつということであり，後者は賃金と労働供給は負の関係をもつことを意味している。これらを併せ持ったものが労働供給曲線となる。

図 5-4 を用いて確認しよう。左側の図は非労働所得を考慮に入れていないだけで図 5-3 と類似した図であり，右側の図は労働供給曲線を描いている。右側の図は縦軸に賃金率，横軸に労働供給を取ったものであり，賃金の変化による労働供給の変化を示している。労働供給が増加していくにつれ，それに対応する賃金率は働いた時間に対して追加的な所得の上昇をもたらす。この場合は点 A から点 B への動きで示され，家計の労働供給曲線は右上がりとなる。さらに所得が増加し，ある水準を超えると，家計はその時の追加的な所得を余暇の消費に向けることになると考えられ，そのとき労働供給は減ることになる。この場合は点 B から点 C への動きで示され，これは家計の労働供給曲線の右下がりの部分にあたる。以上の点から，家計の労働供給曲線は後屈的な曲線となることがわかる。

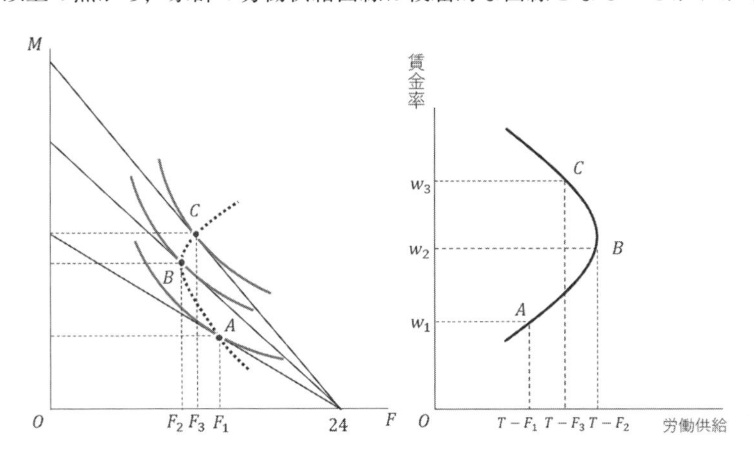

図 5-4　家計の労働供給曲線

2．企業の労働需要

(1)　利潤最大化と要素需要

家計は労働の供給者になるのだが，労働供給を考えるときは，企業の生産者行動を考える必要がある。企業は生産活動をする際にどれくらい労働などの生産要素の投入を行うべきかを考えるはずである。企業の要素需要について考えてみよう。企業は利潤を最大化するように生産行動を行うので，利潤最大化を実現するための要素投入量は企業の生産要素に対する需要となる。ここではまず利潤について整理しよう。利潤とは収入と費用の差であり，いまここでは，利潤をπ，産出物の価格をp，産出量をy，総費用を$C(y)$とし，財の価格と産出量を掛け合わせたものが収入であるため，利潤（π）は，

$$\pi = py - C(y)$$

と表せる。また，x_1とx_2という二つの生産要素を用いて生産行動をするとき，x_1の要素価格をW_1，x_2の要素価格をW_2とすれば，総費用の$C(y)$は固定費用である$\overline{C}$と可変費用$W_1x_1 + W_2x_2$の合計で表せるので，

$$C(y) = (\overline{C} + W_1x_1 + W_2x_2)$$

と表せる。この場合の企業の利潤関数は

$$\pi = py - (\overline{C} + W_1x_1 + W_2x_2)$$

と整理することができ，企業はこの関係にもとづいて利潤を最大にするような要素の投入量を決定すると考えられる。

利潤関数に対して要素投入量x_1と要素投入量x_2で微分し，

$$\frac{\partial \pi}{\partial x_1} = p\frac{\partial y}{\partial x_1} - W_1 = 0$$

$$\frac{\partial \pi}{\partial x_2} = p\frac{\partial y}{\partial x_2} - W_2 = 0$$

とおけば，

$$p\frac{\partial y}{\partial x_1}=W_1$$

$$p\frac{\partial y}{\partial x_2}=W_2$$

を得ることができる。この式について考えてみよう。左辺は各生産要素の限界生産力（生産要素を1単位増やしたときに産出量がどれくらい変化するか）に産出物の価格を掛け合わせたもの，つまり，生産要素の投入をもう1単位増やしたことから生じる追加的な産出物の価値のことであり，これは限界生産力の価値と呼ばれている。右辺は，各生産要素の価格であり，生産要素1単位当たりの費用と考えることができる。企業は利潤を最大化するように要素投入量を決定するが，そのための必要条件は，各要素の価値で表した限界生産力が各要素価格に等しいというものである。これは追加的な要素投入から企業が得る限界便益と限界費用との関係を示している。生産要素 x_1 の限界生産力を MP_1，生産要素 x_2 の限界生産力を MP_2 とすれば，$pMP_1 = W_1$ および $pMP_2 = W_2$ とそれぞれ表すことができる。

限界生産力の価値が要素価格に等しくなるところで各生産要素の投入を決定する。もしある生産要素に対して，要素価格よりも限界生産力の価値の方が大きい場合はどのように考えることができるか。これは生産要素の投入を増加させることに伴う収入の増加は費用の増加より大きいということなので，要素投入量を増やして生産を拡大すれば利潤が増えると考えられる。反対に，もしある生産要素に対して，要素価格の方が限界生産力の価値よりも大きい場合はどうであろうか。これは生産要素の投入を増加させることに伴う収入の増加は費用の増加より小さいということなので，このような場合は，要素投入量を減らして生産を縮小すれば利潤は増えることになると考えられる。

(2)　労働需要曲線

図5-5を用いて，生産要素が労働であるときを考えよう。いま，要素1を労働とし，横軸に労働の投入量を，縦軸に労働の価格である賃金率をそれぞれとる。図の曲線 D は労働の限界生産力価値を表しており，これが労働の需要曲線となる。いま，労働の価格が W_1^1 であるとき，その W_1^1 と労働の限界生産力価値の交点に対応する L_1 で労働の投入量を決定すれば利潤が最大になる。

もし労働の価格は一定であり，労働の投入量が L_0 であれば，労働の限界生産力価値は賃金率を上回っているため，$pMP_L > W_1^1$ という状況である。このとき，労働をさらに投入することにより労働の価格を超える限界生産力価値がもたらされるため労働の投入量を増やすことが利潤を増やすことになる。逆に，労働の投入量が L_2 であれば，労働の限界生産力価値は賃金率を下回っているため，$pMP_L < W_1^1$ であり，労働をさらに投入することによる限界生産力価値は労働の価格より小さいため，労働の投入量を減らす方が利潤を増やすことになる。結果的に，企業は労働の限界生産力価値が労働の価格である賃金率と一致するところで労働量の需要を決定するのである。

労働需要曲線はシフトするのだろうか。賃金率がたとえ一定であっても，労働の限界生産力が向上したり，労働を用いている産出物の価格が上昇したりすると，労働の限界生産力価値は増加することになる。このような場合，労働需要曲線は D から D' へと右側にシフトすることになり，結果的に労働需要は L_1 から L'_1 に増加することになる。たとえば，労働を投入して農産物を生産しているとしよう。労働の価格が W_1^1 で一定のとき，農産物の価格の上昇は労働の限界生産物価値を上昇させることになるため，労働需要曲線 D は右側の方の D' にシフトする。賃金率が一定であれば，利潤を最大にする雇用水準は L'_1 に増加することになる。また，農産物を労働と土地を用いて生産していると考えたとき，労働以外の生産要素である土地の供給量が増えたときはどうだろうか。新たな土地の購入から耕作地が増えたとすれば，これまで以上に農産物の生産は増えることになる。この場合の耕作地の増加は農産物の価格の上昇と同じ効果を示すことになり，結果的に雇用水準は増加すると考えられる。生産物市場の需要曲線と同様に

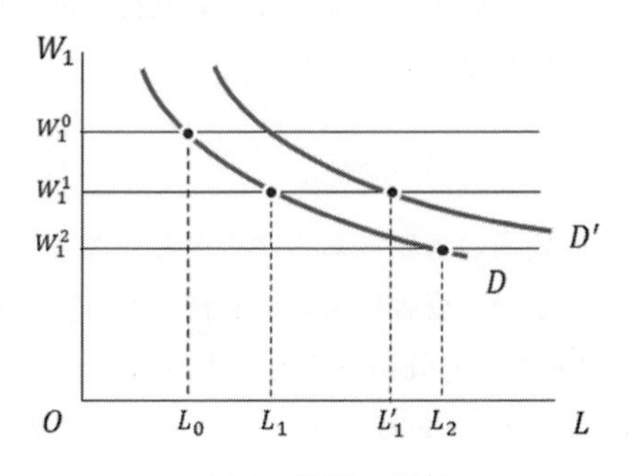

図 5-5　労働需要曲線

労働需要曲線においても，労働需要曲線に沿った動きと労働需要曲線のシフトは区別して考える必要がある。

3．労働市場の均衡

(1) 均衡賃金率の決定

前節までに，労働需要曲線と労働供給曲線について考えた。労働を供給するのは家計であり，労働を需要するのは企業である。さまざまな賃金率の水準において，各家計の労働供給量を足し合わせたものが市場での労働供給曲線となり，各企業の労働需要量を足し合わせたものが市場での労働需要曲線となる。本節では労働市場の均衡について整理していく。労働供給曲線は最終的には後屈的な曲線として描けることを確認したが，ここでは議論を簡単にするために，右上がりの労働供給曲線と右下がりの労働需要曲線を用いよう。

図5-6では労働供給曲線と労働需要曲線が描かれており，二つの曲線の交点である点Eが労働市場での均衡点となる。点Eに対応する労働の価格（賃金率）を均衡賃金率（W_E），労働の取引量（雇用量）を均衡労働水準（L_E）とそれぞれ呼ぶ。需要と供給の法則から考えると，市場での賃金率が均衡賃金率よりも低いときは，労働の需要量が供給量を上回っているため（超過需要の状態），このとき市場メカニズムにより賃金に上昇圧力がかかることになり，一方で，市場での賃金率が均衡賃金率よりも高いときは，労働の供給量が需要量を上回っているため（超過供給の状態，つまり失業の状態），賃金に下降圧力がかかることは容

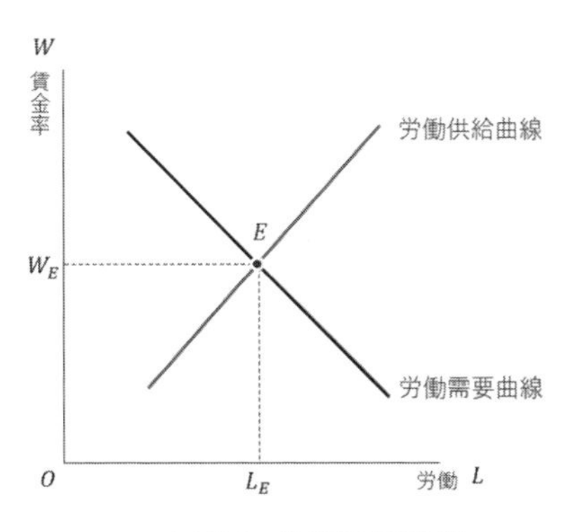

図5-6　労働市場の均衡

易にわかる。最終的には，労働の需要と供給が一致するところで均衡賃金率と均衡労働水準が決定されることになる。

(2) 労働市場と最低賃金制度

最低賃金制度が労働市場にもたらす影響を考えよう。最低賃金制度とは，最低賃金額以上の賃金を支払わなければならない，ある水準以下の賃金で労働者を雇ってはいけない，とする国が定めた制度のことである。このような制度がない場合，労働市場では需要と供給の関係から賃金率や労働量が決定されることになるであろう。

図5-7では縦軸に賃金率，横軸に労働者数をそれぞれとり，労働市場における労働需要曲線と労働供給曲線が描かれている。最低賃金制度がなければ，交点で均衡賃金率と均衡労働水準が決定されるとする。その状態のとき，W_E の均衡賃金率で働きたいと考える L_E だけの労働者がすべて雇用されるということになる。ここで政府による最低賃金制度が導入されたとする。これは，ある賃金水準以下での労働者の雇用を禁止することであるため，最低賃金水準がどの水準で決まるのかが重要となろう。もしこの制度により最低賃金水準が W_2 の水準に決められたとすれば，その最低賃金水準は均衡賃金水準より低い水準であるため（$W_E > W_2$），労働市場では均衡賃金率での取り引きが可能であるため影響を受けることはほぼないであろう。しかし，もしこの制度により最低賃金水準が W_1 の水準に決められたとすればどうであろうか。この場合，最低賃金水準は均衡賃金水準より高い水準であるため（$W_1 > W_E$），均衡賃金率での雇用が認められないため本来の均衡は実現しないこととなる。この賃金水準の差は W_1 の賃金水準では働きたいと思う労働者が増えることになり，労働の供給量は W_1 の賃金水準に対応する労働供給曲線に沿った L_{S1} になることになる。しかし，労働の需要側では W_1 の賃金水準ではこれまでのような雇用量を維持することは困難になり，雇える人数は減少することになり，労働需要は L_{D1} の水準に落ち込むことになる。

このような労働需要が労働供給を下回る場合，労働市場では超過供給の状態が生じることになり，需要と供給の差である $L_{S1} - L_{D1}$ の分だけ失業が発生することになる。このように，労働者を守ることを目的とした最低賃金制度の導入が試みられるとしても，失業を発生させ，労働者にとって必ずしも有益になるとは限

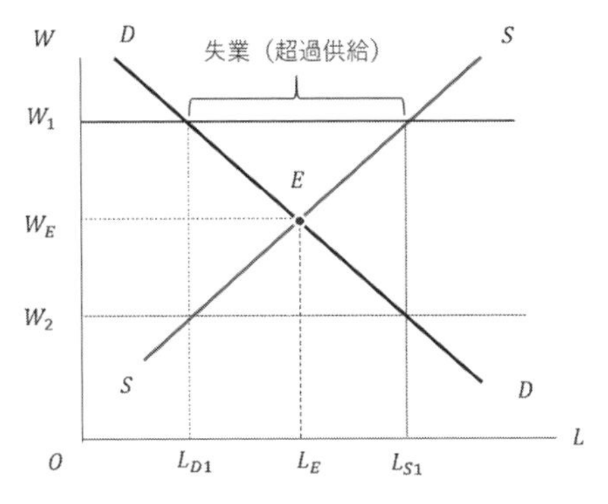

図 5-7　最低賃金制度

らないことがわかる。

このような賃金規制は本来の市場均衡での賃金水準に比べて賃金水準を釣り上げてしまうことになるため，運よく職を得た人にとっては良い制度のように思えてしまうが，この制度により失業した人にとっては非常に好ましくない制度である。このような場合，賃金が上がることによる経済への効果が雇用の減少による経済への効果を上回ることは考えにくく，これは望ましい制度ではないであろう。このような制度が効率的なものになるかどうかは，当該制度で設定される賃金率と均衡賃金率の水準に依存することになる。

第6章

市場均衡と市場の効率性

本章のねらい

- この章では，完全競争市場における市場の均衡と効率性の問題について概説する。
- 市場均衡における経済余剰について消費者余剰，生産者余剰，そして総余剰（社会的余剰）について考える。
- 効率性の基準としてパレート最適の基本的概念を理解し，パレート最適な資源配分の条件について考える。

1．完全競争市場と市場均衡

これまでに第3章と第4章では，財の価格を所与とし，制約条件のもと効用を最大にするような消費行動や利潤を最大にするような生産行動をとることを確認した。そこでは市場は完全競争であることを前提としていた。以下では，完全競争の意味をもう一度整理し，完全競争市場における需要と供給の均衡について確認しよう。

完全競争市場は以下のような特徴をもつ。一つ目は，各財の買い手と売り手が多数存在しているということである。これは市場に影響力を持つ人は誰一人存在しないことを意味し，あらゆる経済主体は市場で価格の変化だけに注目して，他の経済主体の行動を考慮せずに自らの意思決定を行っている。二つ目は，財の同質性である。これは財の製品差別化はないことを意味しており，経済主体は財の価格に注目して行動することになる。三つ目は，情報の完全性である。これは情報の非対称性はないことであり，市場に参加するすべての経済主体は取り引きする財やサービスの情報を完全に持っているということである。四つ目は，参入・

退出の自由である。これは経済主体が自分の意志で市場に参加するか，あるいは，退出するかどうかを決定できることを意味している。

完全競争ではこれらすべての条件を満たしていることを前提としている。市場に企業が一社しかいない市場や少数の企業が戦略的に行動している市場などは完全競争に当てはまらない。多数の生産者や消費者が行動している完全競争では，経済主体は市場において決定される価格を与件としてみなし，プライス・テイカー（価格受容者）として行動をするのである。

完全競争市場では多くの企業が財を生産し，多くの家計が財を消費している。これまでに確認した消費者行動の理論や生産者行動の理論では，個別の家計や企業の行動から需要曲線や供給曲線について考えたが，ここでは市場の需要曲線と供給曲線について考えてみよう。完全競争のもとではそれぞれの企業や家計は市場価格を所与として経済行動をとる。ある財の市場において価格のもとで供給量や需要量を決定する。市場での個々の企業の供給曲線を足しあげたものがその市場全体の供給曲線となり，市場での個々の家計の需要曲線を足しあげたものがその市場全体の需要曲線となる。これは第2章の図2-4で確認したように，縦軸に価格，横軸に数量をとれば，需要曲線は右下がりの曲線となり，供給曲線は右上がりの曲線となる。これら二つの曲線が交差するところで市場は均衡しており，その均衡点では需要量と供給量を一致させる均衡価格が決まり，消費者の需要量や生産者の供給量も同時に決まることになる。その価格のもとではすべての消費者が効用を最大にしているし，すべての生産者が利潤を最大にしている。

2．経済余剰

経済余剰と市場の効率性について考えていこう。経済活動を行っている消費者や生産者は市場価格のもとでさまざまな取り引きを行っている。市場取引から発生する利益を経済余剰という。ここでは自由な経済活動による経済主体への利益・メリット（経済余剰）はどのように表されるのかを確認していく。

(1)　消費者余剰

ある財の市場を考えるときに，消費者はその財の価格でどれくらい購入すれば満足度を高められるかを考えるであろう。その財に対していくら支払う意思があるかを示しているのが個人の需要曲線である。つまり，需要曲線はその財に対する支払意思額の軌跡である。市場需要曲線はその市場に参加するすべての消費者の最適な選択の結果を描いているため，市場需要曲線が示している価格は，その需要量で市場に参加する消費者が支払ってもいいと考える価格を表している。つまり，市場需要曲線はその市場で需要される財への支払意思額の軌跡に他ならない。

図 6-1 はある財に対する市場需要曲線を描いたものである。いま P^* が 500 円とすれば，市場に参加するあらゆる消費者はこの財一つに 500 円の支払いをするため，価格と需要量をかけた金額を実際に支払うことになる。これに対し，消費者がこの財の需要量に応じて最大限支払ってもいいと思っている価格は需要曲線より下の部分で表される。この財に対し 800 円まで支払ってもいいと思っていれば，それが支払意思額となる。この支払意思額の合計と実際の市場価格での支払額の合計の差の分が消費者余剰である。図 6-1 では支払意思額の合計は $AEXO$ であり，実際の支払額は P^*EXO であるので，消費者余剰は三角形 AEP^* の部分である。

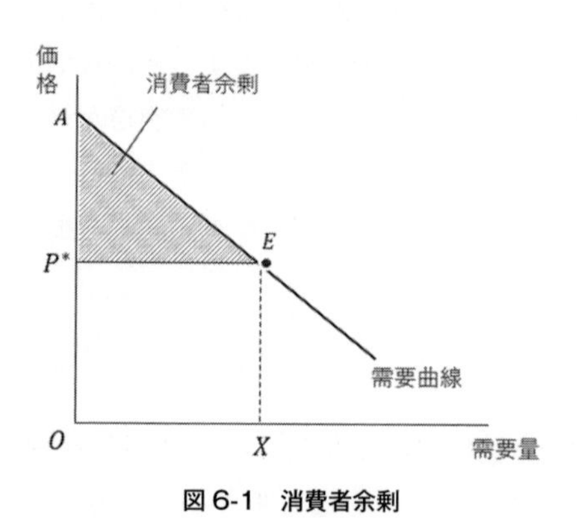

図 6-1　消費者余剰

(2)　生産者余剰

生産者余剰について考えよう。ある財の市場を考えるときに，ある生産者はその財の価格でどれくらい生産をすれば利潤を最大にできるかを考えるであろう。その財の価格は，その財を生産するときの費用を賄える最小限の金額であり，その財を生産する意思がある金額であることを供給曲線の価格は示している。市場供給曲線はその市場に参加するすべての生産者の最適な選択の結果を描いているため，市場供給曲線が示している価格は，その供給量で生産するときに生産者が最低でも受け取らなければならいと考える価格を表している。つまり，市場供給曲線はその市場で供給される財への受け取り意思額の軌跡に他ならない。

図6–2にはある財に対する市場供給曲線が描かれている。いまP^*が500円とすれば，市場に参加するあらゆる生産者はこの財1単位当たりに500円受け取ることになるため，価格と供給量をかけた金額が実際の収入となる。これに対し，生産者がこの財の供給量に応じて最小限受け取らなければ費用を賄えず生産できないと思っている価格は供給曲線より下の部分で表される。この財に対し300円受け取れば費用を賄うことができ生産できると思っていれば，それが受け取り意思額となる。この受け取り意思額の合計と実際の市場価格での生産・販売による収入の合計の差の分が生産者余剰である。図6–2では前者は$BEYO$であり，後者がP^*EYOであるので，生産者余剰は三角形BP^*Eの部分となる。

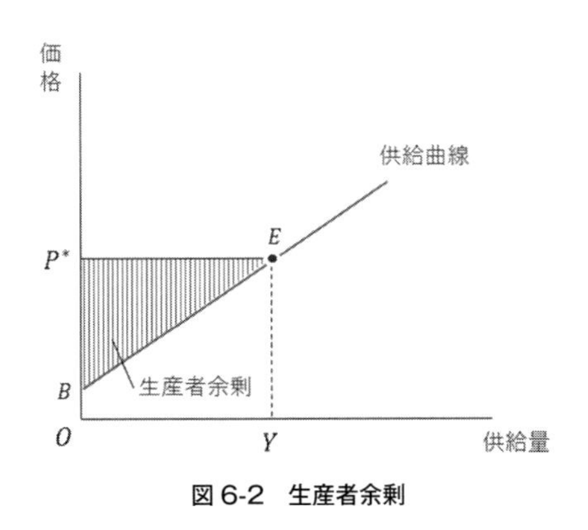

図6-2　生産者余剰

(3)　総余剰

市場需要曲線はその市場に参加するすべての消費者の最適な選択の結果を描いたものであることから，市場需要曲線が示す価格はその需要量で市場に参加する消費者が支払ってもよいとする価格を表している。同様に，市場供給曲線はその市場に参加するすべての生産者の最適な選択の結果を描いたものであることから，市場供給曲線が示す価格はその供給量で生産するとき，市場に参加する生産者が最低限受け取らなければならないとする価格を表している。これら市場需要曲線と市場供給曲線から消費者余剰と生産者余剰について整理をしてきた。次に総余剰について考えよう。消費者余剰と生産者余剰を合計したものが総余剰（社会的余剰）であるといえる。

図6-3では，市場需要曲線と市場供給曲線が描かれており，それらが交差するところで均衡価格と均衡取引量が決まっていることがみてとれる。これまでの議論をもとに考えると，均衡価格がP^*であり，均衡取引量がY^*であるとすれば，価格がP^*であるので需要曲線と供給曲線で与えられる数量のY^*まで消費者は購入し，生産者は生産・販売すれば，消費者余剰と生産者余剰は最大になることになる。この場合，消費者余剰は三角形AEP^*の部分で示され，生産者余剰は三角形BP^*Eの部分で示される。したがって，総余剰は三角形AEBで示される。

需要曲線はこの財を購入するすべての人が効用を最大にしていることを意味し，供給曲線はこの財を供給するすべての企業が利潤を最大にしていることを意味していることから，総余剰が最大になっているときには，すべての経済主体が最適な選択を行っているといえよう。また，ここでは扱っていないが，政府も経済主体の一つである。政府の得る利益は消費税などという形で市場に介入するときに生じることになる。政府介入による政府余剰は，政府収入と政府支出の差の分であり，税収が支出を上回れば政府余剰は正の値となるが，支出が上回れば政府余剰は負の値となる。政府余剰は最終的には公的サービスとして国民に還元されるが，政府の介入は経済余剰には損失を生むことになる。

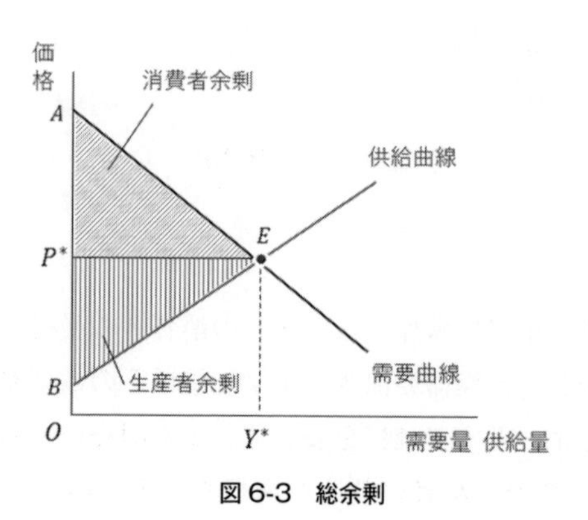

図6-3　総余剰

3．効率性の基準

(1)　パレート最適について

何が最適なのかという問いに対して経済学ではいくつかの基準があるが，ここではパレート最適について考えよう。現在の資源配分や産出物を社会の成員への分配を変化させたときに，他の成員の満足をも減少させずにある成員の満足を増加させることができるならば，社会的厚生は最大であるとはいえない。資源配分や分配の変化が他の成員の誰かを不利にすることなしに誰かを有利にすることはできない状況をパレート最適という。別の言い方をするならば，ある一方の状況を改善させるためには，他の状況を悪化させなければならい状態，または，他者を犠牲にすることなく厚生を改善する余地がないという状態のことをパレート最適と呼ぶ。パレート最適は，あくまで資源配分の効率性から社会的に望ましい状態を判断する基準であって，所得分配の公正という視点を同時に考慮に入れたものではない。

(2)　消費のパレート最適

どのような条件が満たされるときにパレート最適な資源配分となるのであろうか。ここでは二人の家計（A さん，B さん）と二つの財（x_1，x_2）を考え，二財を交換し合う状況を考えよう。図 6-4（A）は二人の主体の選好を示す無差別曲線が描かれており，O^A を A さんの原点とし，O^B を B さんの原点とする。横軸は x_1 財，縦軸は x_2 財をそれぞれ示しており，二人の主体と二つの財からなる交換経済のエッジワース・ボックス・ダイアグラムを描くことができる。点 C は二人の初期保有量を示しており，A さんの初期保有量は（w_1^A，w_2^A）であり，B さんの初期保有量は（w_1^B，w_2^B）である。ボックスの横の長さは二人が保有している x_1 財の合計量であり，縦の長さは二人が保有している x_2 財の合計量である。

図 6-4（A）ではそれぞれの主体の初期保有量が重なって表されている。初期保有の点よりも各主体が改善される領域はどの方向になるだろうか。無差別曲線は原点から離れれば離れるほど効用が高くなる性質をもつことから，A さんは点 C を通過する無差別曲線よりも右上の方の財の組み合わせがそれにあたり，B さんは点 C を通過する無差別曲線よりも左下の方の組み合わせがそれにあたる。

Aさんも B さんも共に改善される領域はどこになるであろうか。それは明らかにこれら二つの領域の重なった部分であるラグビーボール形の内側のところになる。二人の主体は双方に利益の出るように財の交換をし続けると，最終的には両主体の無差別曲線が接する点 E に至り，点 C と比べると点 E は A さんの無差別曲線は原点 O^A から右上の方に遠い位置になり，B さんの無差別曲線は原点 O^B から左上の方に遠い位置になることがわかる。つまり，点 C から点 E に移動すれば，両主体ともに効用を高めることができる。この点 E は，ここからどちらの方向に移動したとしても，もはや他の主体を悪くせずに改善されない配分であるためパレート最適である。

初期保有からのこの交換は両主体にとってより好まれる交換が存在しなくなるまで続けられる。その位置は二人の無差別曲線が接するところであり，そこでの配分をパレート効率的配分と呼ぶ。点 D や点 F についても点 E と同様のことが考えられる。両主体の無差別曲線の接するところはパレート最適であり，その点を結んだ線を契約曲線という。パレート効率的配分では，両主体の限界代替率が等しく，限界代替率は財の相対価格に等しいため，

$$MRS^A = MRS^B = -\frac{p_1}{p_2}$$

が成立する。これをパレート最適条件という。

また，図 6-4（B）は，パレート最適な点を結んだ契約曲線上を動いたときの両主体の効用の動きを表した効用フロンティアである。この効用フロンティア

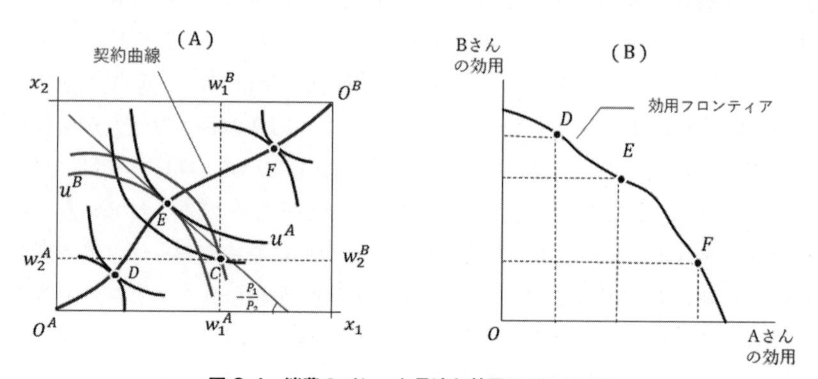

図 6-4　消費のパレート最適と効用フロンティア

はAさんとBさんの間で二つの財を配分したときに実現できる効用の組み合わせを表している。この曲線上の点は片方の効用が高くなれば，もう一方の効用は必ず低下することから右下がりの曲線になっている。形状が凸凹で示されているが，これは効用の絶対的な大きさそのものに意味がないという効用の序数性を表しているためである。

(3) 生産のパレート最適

消費のパレート最適の考え方は，生産要素の配分についても成立する。ここで，二つの企業（A社，B社）と二つの生産要素（労働，資本）を想定し，一定量の生産要素を企業間に効率的に配分し，パレート最適な資源配分が実現するときの条件について考えよう。図6-4（A）の二つの財を二つの生産要素に置き換えれば図6-5（A）のようにエッジワース・ボックス・ダイアグラムを描くことができ，無差別曲線を等量曲線に置き換え，そして初期保有量も踏まえれば生産のパレート最適を考えられる。企業Aと企業Bの等量曲線が接する点をつなぎ合わせると契約曲線が描け，この曲線上では片方の企業の財の生産量を減らすことなしにはもう一方の企業の財の生産量を増やすことのできない配分状況である。

消費の場合と同じように生産要素について考えると，企業の費用最小化行動によって，資源配分の最適性を確認することができる。企業は産出量一定の費用最小（あるいは費用一定の産出量最大）で最適投入量の決定，つまり生産方法の決定をする。そのときの企業の均衡条件は，技術的限界代替率，生産要素間の限界生産力比，生産要素価格比の三つが等しいというものである。企業間で技術的限界代替率が等しいということは，生産要素が企業間で効率的に配分されるために必要なことである。点d，点e，点fはその条件が成立するところであるのは消費のパレート最適のときと同じ解釈をすれば容易にわかる。その均衡条件は

$$MRTS^A = MRTS^B = -\frac{w}{r}$$

と表せる。

契約曲線は図6-5（B）の生産可能性フロンティアになり，それはエッジワース・ボックスの中のパレート最適の点をつなぎ合わせて描くことができる。横軸

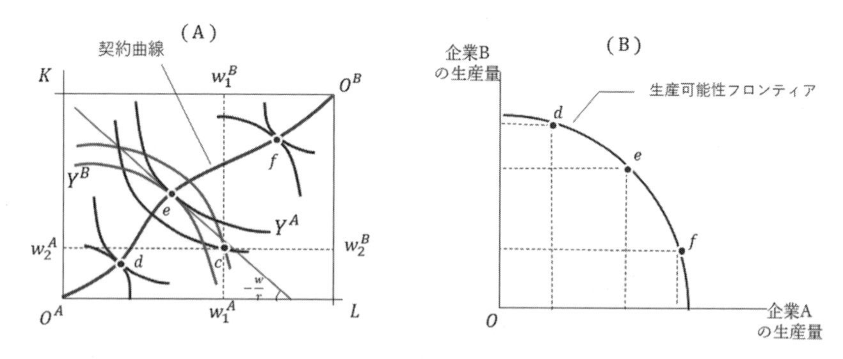

図 6-5　生産のパレート最適と生産フロンティア

には企業Aで生産された財の量を，縦軸には企業Bで生産された財の量をそれぞれ示しており，両企業にとって最適な労働と資本の配分から実現可能な二つの財の生産量を表している。生産可能性フロンティアは生産可能性領域の中の境界にある曲線のことであり，この線上の点はどこでも技術的限界代替率の均等が成立している。

生産可能性フロンティアと限界変形率について確認しよう。ここで二つの財を x_1 財と x_2 財としよう。生産可能性フロンティアが右下がりの曲線として描けるが，その意味するところは，x_1 財の生産量を多くすると，x_2 財の生産量を少なくせざるを得ないということである。経済にある資源は有限であり，一定量の生産要素しか存在していない。もし多くの生産要素を x_1 財の生産のために使うとすれば，もう x_2 財に配分できる生産要素の量は少なくなる。これが生産可能性フロンティアが右下がりの曲線となる理由である。

いま，x_1 財の生産量を1単位増やすとするとき，あきらめなければならない x_2 財の生産量のことを限界変形率（marginal rate of transformation：MRT）という。これは生産フロンティア上の点の接線の傾きで表される。限界変形率は，x_1 財の生産量を1単位減らし，その生産に使用された生産要素を x_2 財の生産に配分すれば，x_1 財の生産量はどのぐらい増やせるかということである。限界変形率は，ある財が他の財に変形される率を測ったものということになるが，ここでいう変形とは，他の財をより多く生産するために生産要素を移動する，というように理解できよう。x_1 財の生産量を Δx_1 だけ増やすときに減らさなければならない x_2 財の生産量を Δx_2 とすると，限界変形率は $\Delta x_2/\Delta x_1$ と示すことができ，これは生産可能性フロンティアの接線の傾きの絶対値になる。

⑷　消費と生産のパレート最適

消費と生産を含めた資源配分を考えよう。消費と生産が存在する経済において，片方の財ともう一方の財を交換するのにもう一つの方法がある。それは一つの財をより少なく生産し，もう一方の財をより多く生産するということである。消費の契約曲線上ではすべての点がパレート最適となることを確認した。しかし，生産を考慮に入れると消費の契約曲線上のすべてがパレート最適とは限らない。限界代替率と限界変形率が異なるときは，パレート最適ではなくなるからである。

この理由について考えよう。二つの財を x_1 財と x_2 財とする。限界代替率と限界変形率が異なるということは，ある主体が x_1 財を x_2 財と交換しようとする比率が，x_1 財が x_2 財へと変形される比率とは異なることになる。これはつまり，生産のパターンを変えることによって，その主体を改善する手段が存在するということを意味する。いま，限界代替率が1であるとき，それは1対1の比率で財を交換してもよいということである。同様に，限界変形率が2であるとき，それは x_1 財を1単位あきらめることによって x_2 財を2単位得ることができるということである。つまりこれは，x_1 財の生産を1単位減らすことが，2単位余分に x_2 財を生み出すことである。これはあきらかに重要な意味をもつことになる。なぜなら，その主体にとって，x_1 財の1単位と x_2 財の1単位は同等であるので，x_2 財を2単位得ることは明らかに改善される，ということを意味しているからである。そのような状態はパレート最適ではない。

限界代替率が限界変形率よりも大きい場合も同様にパレート最適にはならない。限界代替率が2であり，限界変形率が1としよう。限界代替率が限界変形率よりも大きいということは，たとえば，x_2 財の生産量を1単位減らすとすれば，x_1 財の生産量を1単位増やすことができることであり，したがって x_2 財の生産量を1単位減らすと，ここでの主体の x_2 財の消費量を1単位減らして，x_1 財の消費量を1単位増やすことが可能となる。一方，限界代替率が2であるため，x_2 財の消費量を1単位減らす場合，その主体の x_1 財の消費量を1/2単位増やせばこの主体の満足度を一定に保つことができる。しかし，x_2 財の消費量を1単位減らすと，x_1 財の消費量を1単位増やすことが可能なため，この主体の満足度は高まることになる。これらのことから，限界変形率と限界代替率が等しくなるとき，消費と生産の組み合わせはパレート最適な状態になる。

(5) 厚生経済学の基本定理

これまでの議論から，消費の契約曲線上の限界代替率と生産の契約曲線上の限界変形率が同じであれば，消費と生産の組み合わせはパレート最適な状態であるということがいえる。つまり，消費と生産の効率性の条件は，限界変形率と限界代替率が等しくなることであり，それは同時に相対価格とも等しくなるということで，そのときにパレート最適になるということである。

以上のことから，以下の二つの定理が導かれる。競争市場は必ずパレート効率配分を達成する，つまりそれは，競争均衡が誰かの効用を下げることなしには，他の誰の効用も上げることはできない状況であるということになる。競争均衡はパレート効率的である，というこのことを厚生経済学の第１の基本定理という。この定理が成立するには，経済が完全競争の状態にあり，また経済主体の経済活動による外部性などから市場の失敗が生じないという前提が必要となる。

厚生経済学の第１定理は完全競争市場均衡はパレート効率的であることを意味するが，そこで考える効率性は社会的に望ましいものであろうか。もし財の初期配分が片方の主体に偏っている場合，競争均衡で達成する消費配分はその主体の原点に近い点となろう。これは効率性であっても公平性の観点からは望ましいものとは言えないかもしれない。そのような場合，たとえば政府による課税や所得再分配政策により効率性や望ましい公平性を達成することが可能となる。これを厚生経済学の第２の基本定理という。それは以下のようにまとめられる。あるパレート効率的配分を達成するためには，初期保有配分が調整されれば市場調整メカニズムにまかせることが可能である。それはつまり，パレート効率的な資源配分は市場で実現が可能である，ということを厚生経済学の第２の基本定理という。この基本定理では課税や補助金などからの再分配が必要であるが，そのような政府の介入がなければ，厚生経済学の第２の基本定理は成立し得ない。

第7章

不完全競争市場と外部性

本章のねらい

- 価格支配力をもつ取引者が存在する不完全競争市場を解説する。
- 企業がある市場の供給を完全に独占している売り手独占企業の行動を分析し，独占の弊害を明らかにする。
- 製品が差別化されている複数の企業が存在する独占的競争を分析し，独占的競争市場の均衡の特徴を明らかにする。
- 市場の失敗について負の外部性と環境問題，公共財，自然独占の三つのケースを取り上げて，課税や当事者間交渉，そして産業規制などの市場の失敗を解決する方法について解説する。

1．不完全競争市場と独占

これまでの議論は完全競争を前提としている。完全競争は，①各財の買い手と売り手が多数存在，②市場の価格や財の特性について完全な情報をもつ，③各財の製品差別化がない，④企業の市場への参入・退出が自由である，という四つの条件を満たしているが，市場全体に影響を与えられるほど大規模企業が存在する場合，このような企業は価格を左右できる価格支配力をもつことになる。完全競争の四つの条件が満たされず，価格支配力を持つ取引者が存在するような市場を総称して不完全競争市場と呼ぶ。

不完全競争市場に少数の企業が存在する場合は寡占市場という。ある産業で財・サービスを供給する企業の数が少数に限定されており，それぞれの企業が価格支配力をある程度もっているが，同時に他の企業の行動によっても影響される状態を寡占といい，寡占のなかでも特に企業の数が二つに限定されている場合を複占という。

ある企業がその製品の唯一の生産者であり，その企業の製品が密接な代替財をもたないとき，その市場形態は独占である。この節では，企業がある市場の供給を完全に独占している売り手独占と，複数の企業が存在するが，それぞれ一定の価格支配力をもつ独占的競争の二つに注目してこれらの企業の行動を考えよう。

(1)　独占

ここで，売り手独占と買い手独占について見てみよう。売り手が1社しか存在しない独占は売り手独占である。JT タバコ販売，新技術開発による「特許独占」，鉄道や電力などの「地域独占」はその例である。買い手が独占者となる形態は買い手独占であり，例として，JT による国内葉タバコ生産農家からの煙草の買い取りや，企業城下町における労働市場，などが挙げられる。また独占市場では，JT，軍需産業のような需要と供給の双方に同時に成立する双方独占のケースもある。

また，自然独占についても見てみよう。ガス，水道，電力など巨額の固定設備を必要とする産業では，生産量が拡大するにつれて1単位当たりの費用が低くなる。このような産業が自由競争を行うならば，相対的に小規模な企業は平均費用が高くなることから競争の過程で淘汰され，最も大きな企業のみ独占企業として生き残る。これが自然独占である。

独占が形成される原因は，主要な資源がただ一つの企業に保有されること，政府が単一企業に排他的な権利を与えること，多数の企業による生産費用よりもただ一つの企業による生産費用が小さいといった自然独占などの参入障壁の存在が挙げられる。

独占企業は価格を与件とせず，自ら価格を決定することができる。つまり，独占企業は価格支配力をもっているプライス・メイカーである。

(2)　独占企業の行動

独占市場は，すべての経済主体が価格を与件として行動する完全競争市場とは正反対の市場状態であり，独占企業は自らの利潤を最大にするように価格と生産量を決定する。では，独占企業の行動を考察してみよう。

完全競争市場のもとでは，個々の企業は市場全体の中で十分に小さく，需要の制約を考慮する必要はないが，独占企業は自らしか供給主体が存在しないので，市場での需要の制約を考えなければならない。逆に言えば，この制約が考慮する限り，価格を自由に設定することもできる。企業が全体としてより多くの財を販売するためには，市場価格が下落して需要を拡大させる必要がある。これが需要の制約である。

売り手独占企業の利潤最大化について考えよう。利潤を π，総収入を TR，総費用を TC としよう。図7-1（A）のように，総収入（TR）曲線と総費用（TC）曲線が描かれている。価格が変数となったため，総収入（TR）曲線が上に凸となる緩やかなカーブの形状となる。生産量は y_M であるとき，総収入（TR）曲線上の M_A 点を通す接線と，総費用（TC）曲線上の M_B 点を通す接線が平行し，それらの接戦の傾きの大きさが一致する。利潤は総収入から総費用を差し引くものであり，この生産量 y_M のとき，総収入 TR と総費用 TC との差額が最大になり，利潤が最大となる。

M_A 点を通す接線の傾きの大きさが限界収入であり，M_B 点を通す接線の傾きの大きさが限界費用であることから，限界収入が限界費用と一致するところで利潤最大化が実現し，それに対応する生産量は y_M であると捉えられる。これを整

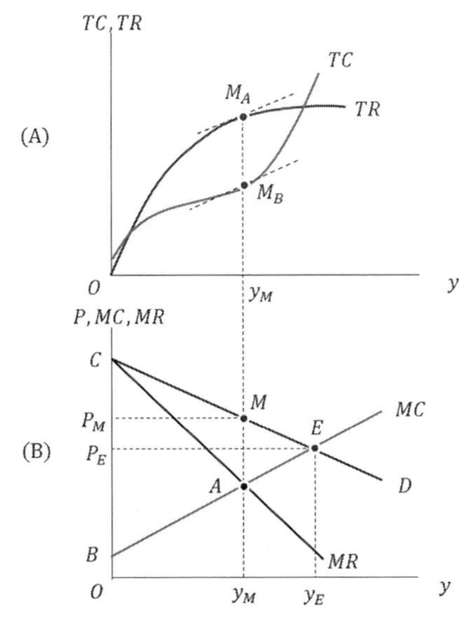

図7-1　独占企業の利潤最大化

理すると，次の式になる。

$$MC = MR$$

つまり，限界収入が限界費用と等しくなる。これが独占市場の利潤最大化条件となる。

図 7-1（B）は，縦軸に限界収入と限界費用をとり，横軸に生産量をとったものである。図 7-1（B）で示したように，需要曲線が右下がりであるとすれば，傾きは負になるから，限界収入曲線 MR が価格を決定する需要曲線 D の下に描かれている。限界収入曲線は右下がりであり，限界費用は右上がりである。限界収入曲線と限界費用曲線が点 A で交わり，この点 A に対応する産出量が独占企業の最適な生産量 y_M である。独占企業は，生産量 y_M を市場に供給し，この生産量に対する市場の需要は需要曲線上の点 M にあるので，点 M は売り手独占に対応する均衡点である。独占市場では，生産量 y_M が決まると同時に独占価格 P_M が決定されることになる。

独占企業は価格支配力をもっているプライス・メイカーである。独占企業は限界収入と限界費用が一致する点を選択して，供給量と価格を同時に決めている。したがって，供給曲線という概念は独占企業には当てはまらない。

完全競争と独占を比較してみよう。企業数について，完全競争の場合は無数であるが，独占の場合は一社のみとなる。企業の均衡の条件について，完全競争の場合は，価格＝限界費用となり，独占の場合は，限界収入＝限界費用となる。供給曲線については，完全競争の場合は右上がりとなるが，独占の場合は存在しない。そして資源配分の効率性について，完全競争の場合は満たされているが，独占の場合は生産が過少で，価格が過大となるため超過負担が生じる。

(3)　独占の弊害

完全競争の場合，市場は点 E で均衡し，生産量は y_E となる。図 7-2 の生産者余剰を確認しよう。完全競争のもとでは，企業の収入は四辺形 P_EEy_EO であり，可変費用は台形 BEy_EO に相当するから，企業の収入から可変費用を差し引いて，生産者余剰は三角形 P_EEB の面積となる。そのときの消費者余剰は三角形 CEP_E の大きさとなる。

独占の場合，企業は限界収入と限界費用が一致する利潤最大化条件のもとで生

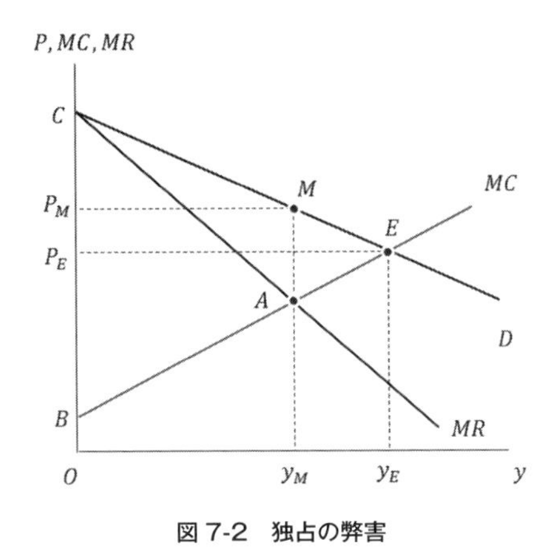

図 7-2　独占の弊害

産量を決定するわけで，独占状態にある企業の生産量は y_M となる。売り手独占の均衡に対応する点 M において，企業の収入は四辺形 $P_M M y_M O$，可変費用は台形 BAy_MO となるから，生産者余剰は台形 $P_M MAB$ の大きさとなる。消費余剰は三角形 CMP_M の大きさとなるため，完全競争状態と比べると，消費者余剰は小さくなり，独占により消費者が被った不利益は台形 $P_M MEP_E$ の面積となる。

総余剰を比較してみよう。競争市場の均衡点 E では，総余剰は三角形 CEB となる。売り手独占の均衡に対応する点 M では，総余剰は台形 $CMAB$ となる。完全競争状態と比較すれば分かるように，独占の場合の総余剰は三角形 EAM だけ小さくなる。

売り手独占の均衡に対応する点 M では，独占利潤は台形 $P_M MAB$ の面積となり，生産者余剰に等しく，独占利潤は最大となる。しかし，消費者余剰は価格の上昇によって減少し，総余剰も減少する。独占は，資源配分を歪め，社会に損失をもたらすことになる。これが独占の弊害である。図 7-2 で示した独占の弊害は三角形 EAM の面積である。この総余剰の損失は，独占の死加重，あるいはデッドウェイト・ロスと呼ばれる。

競争的市場において，すべての企業が結託し P_M 未満の価格で販売することを禁止するような価格カルテルが成立すれば，売り手独占の均衡が実現し，生産者余剰は拡大する。しかし，これにより消費者が被る損害は生産者余剰の増分より大きいので，カルテルは総余剰を減少させ，社会的には望ましくない。

(4)　製品差別化，価格支配力と独占的競争

同一の産業に属する企業の製品であっても，さまざまな点で異なっている場合があり，完全に同質であるとはいえない。スマートフォンやパソコンなど，各企業が異なった性能，デザイン，イメージの製品を供給している。ある企業Ａの製品が他の企業Ｂの製品と，性質・性能，イメージ，付帯サービスなどで異なっており，企業Ｂの製品よりも価格が高くてもこの企業Ａの製品を買う買手が存在する。自社製品を，品質，機能，イメージなどの点で競合他社製品とは異なっていることを消費者に知覚させ選好させるのが製品差別化である。

個々の企業の商品が差別化されているために，各企業は右下がりの個別需要曲線に直面するという意味で，価格支配力を持っているといえる。しかし，各企業は独立した市場を完全に独占しているわけではない。また，同種の商品が互いに代替品であるために，供給する企業間に競争的要因が作用している。このような不完全競争市場と完全競争市場の双方の性質をもっている状態を独占的競争と呼ぶ。

独占的競争は以下のような特徴が挙げられる。まず，独占的競争において，企業は多数存在している。「長期」的には市場に自由に参入できる。この点では，完全競争市場と同じであるが，財の同質性は成立しない。各企業の商品は差別化されているため，自社の商品に対してある程度の価格支配力を持つ。この点では独占企業と同じである。この独占的競争状態は，現実の経済を現しているといえる。

独占的競争市場の均衡は短期と長期に分けて分析する必要がある。ここでいう短期とは「新規参入」がまだ始まっていない状態を指している。ある企業が製品差別化によって，他の企業の類似した商品と性能やデザインが全く異なった商品を生み出したとしよう。新規参入がない状態，つまり短期では，この企業は独占企業と同じように価格支配力をもつことができる。したがって，企業の利潤最大化条件は，限界収入＝限界費用（$MR = MC$）となる。図7-3（A）で示したように，価格支配力をもつ企業は，独占企業と同様，限界収入曲線MRと限界費用曲線MCが交わる点Aで生産を行う。差別化された商品を生産している企業は，短期的には独占企業と同じように，独占的な利潤を得ることができる。この独占的な状態で発生した超過利潤がインセンティブとなり，代替性が大きい類似品を生産するのは可能であるから，やがて他の企業の参入が始まる。

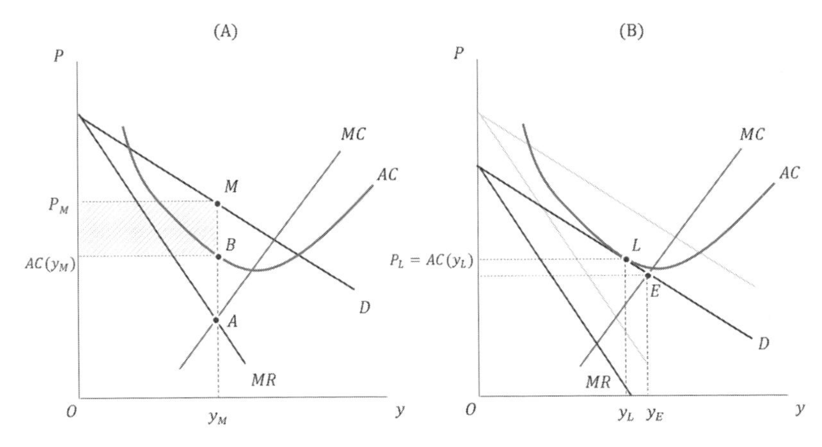

図 7-3　独占的競争

新規参入によって企業数が増えれば，市場全体の需要はより多くの企業が分け合うことになり，個々の企業の直面する需要量が減少し，需要曲線が左へシフトする。この需要の制約によって，限界収入曲線も左にシフトする。各企業の生産量は徐々に縮小し利潤も下がる。需要曲線は超過利潤がなくなるまで左へシフトしていくであろう。この参入の結果，長期的には図 7-3（B）で示される状態にたどり着く。利潤がゼロまで下がれば，新規参入が終了し，企業数が一定となる。この状態を長期均衡と呼ぶ。このとき，各企業は限界収入と限界費用が一致する点 y_E で生産する。長期均衡では，価格は平均費用と一致することになる。

独占的競争下の各企業の生産量 y_L は完全競争下の生産水準 y_E を下回り，独占的競争市場では，長期的には過当競争が生じ，資源の浪費が発生してしまう。

2．市場の失敗と政府の介入

(1)　外部性と市場の失敗

市場メカニズムが効率的な資源配分を実現するためには多くの条件を必要とする。たとえば，自然独占が発生した場合，市場で自由な競争が行われたとしても，独占均衡において実現する生産量は最適な水準を下回る。市場が効率的な資源配分の実現に失敗すること市場の失敗という。市場の失敗は，市場支配力や外部性の存在によって，規制のような公共政策無しには資源配分の効率性が満たされない現象である。市場の失敗の原因としては，不完全競争の他に，外部性，公共財などの存在が挙げられている。このような市場の失敗が起こっているときには，市場だけには任せず，政府が市場に介入することで，社会的な厚生損失を小さくすることが必要であろう。この節では，外部性，公共財，そして市場の失敗を解決する方法について考えよう。

ある経済主体（企業もしくは消費者）の活動が市場での取引を経ないで，他の経済主体に直接便益または損害を与える現象を外部性という。他の経済主体に良い影響を与える外部性を外部経済といい，他の経済主体に悪い影響を与える外部性と外部不経済という。また，金銭的外部性と技術的外部性の概念にも注意する必要がある。ある経済主体の経済活動が，価格を変化させることによって他の経済主体に影響を与えることを金銭的外部性と呼び，価格の変化を経由せずに直接発生するものであり，金銭的外部効果とは区別して，技術的外部性と呼ぶ。

(2)　環境問題のモデル

環境問題は典型的な外部性の例として扱われている。ここでは，単純な環境モデルを設定しよう。モデルの経済には，三種類の経済主体，都市住民，地域住民，企業が存在すると仮定し，ある企業がある地域に工場を立て，地域周辺の環境を悪化させながら財を生産し，この財を遠く離れた都市に販売するモデルを想定して，環境問題のモデルは以下のように設定する。

企業は Y 財を生産し，生産量を y，生産費を $C(y)$ とする。

都市住民は Y 財の消費量を y，満足度（効用）を $U(y)$ とする。企業から遠く離れた都市住民は環境汚染の被害は受けていない。

地域住民は Y 財を消費しないが，環境汚染の被害を受けている。その環境汚染の代償は，生産量1単位あたり t とする。企業の生産に伴って発生した環境汚染の代償は $t \cdot y$ である。

ここで，$C(y)$ を私的費用，$t \cdot y$ を外部費用，私的費用と外部費用の合計を社会的費用と呼ぶ。図7-4に示されたように，需要曲線は DD，企業の私的限界費用曲線は PMC で表している。PMC は Y 財の供給曲線である。この私的限界費用 PMC には環境汚染の代償が含まれていない。企業の私的限界費用 PMC に地域環境汚染の代償 t を上乗せたのは社会的限界費用曲線である。図7-4にある SMC は社会的限界費用曲線を表している。

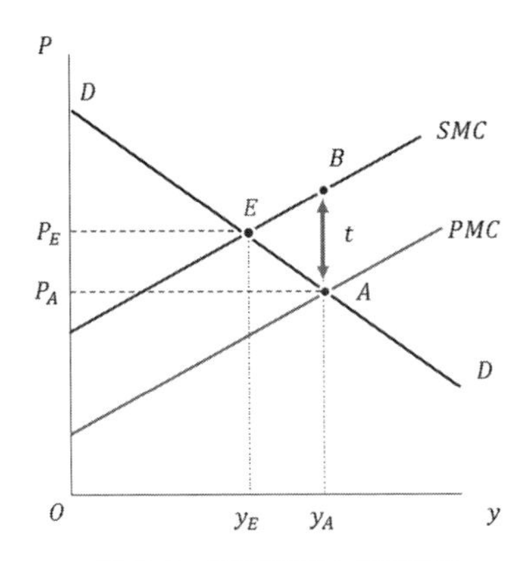

図 7-4　外部不経済と環境問題

完全競争の場合，企業は地域住民の負担する外部費用を考慮に入れずに行動した結果，都市住民の Y 財の需要曲線 DD と，企業の Y 財の供給曲線（私的限界費用曲線）PMC が交わる点 A，つまり，企業の私的限界費用と価格が一致したところで生産量を決定する。この完全競争均衡時の Y 財の生産量は y_A である。

地域住民の環境被害の負担を考慮した場合，私的限界費用 PMC に地域環境汚染の代償 t を上乗せた形で，つまり，企業の社会的限界費用と市場の需要が一致したところで生産量 y_E が決定される。図 7-4 から読み取れるように，完全競争下の均衡生産量 y_A は，地域環境汚染の代償 t を上乗せた場合の生産量 y_E より大きい。これは，市場均衡において地域住民の環境被害の負担を考慮せずに負の外部効果をもたらす財が過剰に生産されていることを意味する。生産量 y_A は明らかに適正ではない。このような負の外部性が存在する場合，私的限界費用と社会的限界費用との差を課税することで社会的な適正生産量を実現させることができる。この課税はピグー税と呼ばれている。

ピグー課税は，外部不経済を出す企業に対して，その外部費用を「課税コスト」という形で上乗せることで，市場機構のもとでも最適資源配分を実現させるものである。図 7-4 で示したように，本来の私的限界費用 PMC に t の大きさに相当する税負担分を追加し，企業にとっての限界費用を社会的限界費用 SMC に一致させることになる。ピグー税は，外部費用に相当する税を課すことにより，効率的な生産を実現し，資源配分の効率性を達成する確かな方法を提示したのである。

環境対策として課税のほかに当事者間交渉という方法がある。企業と地域住民の双方に環境を利用する権利がある。環境利用権の市場取引が可能になれば，環境利用に対する所有権がどのように設定されるかにかかわらず，外部性によって引き起こされた非効率性の問題は解決される。当事者間で交渉に費用がかからなければ，どちらに法的な権利を設定したとしても，当事者間での自発的な交渉は同じ資源配分の状況をもたらし，しかもそれは効率的になる。これが「コースの定理」である。コースはこの定理を主張したことで，1991年のノーベル経済学賞に輝いた。

コースの定理によれば，民間の経済主体の自主性に任せておくだけで，市場の失敗が解決できる。つまり，市場機構に問題があっても，当事者間の自発的交渉という新しい点を考慮することで，最適な資源配分が達成されるといい，政府の役割は小さくても十分であり，政府が介入しなくても，市場の失敗が回避できるという。これがコースの定理の経済学的な意義である。一方，当事者間で交渉をする場合に権利関係が確定している必要があり，また交渉それ自体に費用がかかることに留意する必要があると考える。

(3)　公共財とリンダールの方法

公共財は，消費における非競合性と排除不可能性から定義される。公共財は，ある人の消費が増加することによって他の人のその財・サービスに対する消費が減少しないという消費における非競合性と，ある特定の人を（たとえば受益に見合った負担をしていない理由で）その財・サービスの消費から排除することが技術的，物理的に不可能という排除不可能性の二つの性質を持っている。

公共財については，ただ乗りの問題が付きまとっている。ただ乗り（フリーライダー）とは，負担を伴わないで便益を受けるとのことである。公共財の負担を回避する行動の結果として，より小さい負担で，ある程度の便益が利用可能であれば，それもただ乗りとみなせる。私企業は公共財を適切に供給することはできない。社会的に必要な公共財が存在するならば，それらは政府のような非営利的存在によって供給されなければならない。

公共財の供給量はどの経済主体に対しても一定であると同時に，どの経済主体の需要量も供給量に等しく一定である。一方で，公共財に対して異なった欲求を持つ多様な消費者が，同一の費用負担を求められるならば，望ましい供給財の生産量について，意見の対立が生じるのは避けられない。より多くの公共財を望む者に対して，より大きな費用負担を求めることができるならば，公共財供給をめぐる意見の対立は解消されるかもしれない。リンダール（Erik Robert Lindahl, 1891-1960）は，政府が各消費者の効用関数を知らない場合でも，最適な公共財供給が正確に実現されるような方法を模索した。

リンダールは適正な所得分配が達成されているとの仮定の下で，政府が公共財の価格（費用の負担率）の提示と変更を繰り返すことにより公共財の需要が調整されていくという方法を提示した。具体的には，各消費者は自分が望ましいと考える公共財の生産量を正しく政府に申告する。消費者の意見が異なるため，政府はより多くの公共財を望む者の費用負担を引き上げるように費用の分担比率を改定する。この新しい分担比率のもとで，各消費者の望む公共財生産量を申告し直させ，望む公共財生産量が一致するまで，このような改定作業を繰り返すことになる。このリンダールの方法は公共財の効率的供給の達成が可能であると示唆した。

(4)　政府の介入

独占は必然的に厚生損失を発生させている。独占企業の行動が社会的に望ましくないとすれば，政府はそれに対してどのような対策を講じれば良いのであろうか。独占企業を多数の小企業に分割し，競争状態を回復させるのも一つの方法ではあるが，鉄道や，電力，ガスなどの，一企業ごとに巨額な固定費用を必要とする産業においては，多数の小企業に生産を分担させれば，全体として必要とする費用は却って高くついてしまう。このような産業では，独占企業の存在を容認しつつ，それを規制したり，公有化したりするのが一般的である。ここでは，これらの自然独占企業に対する規制について考えよう。

自然独占企業を規制するには，いくつかの方法があるが，ここで先ず，「限界費用価格形成原理」による規制を見てみよう。分析の便宜上，限界費用 MC を一定としよう。AC は平均費用，CD は需要曲線，MR は限界収入曲線とする。

独占企業が生産量を自由に決められるとすれば，限界収入と限界費用が一致するところで生産量 y_M が実現し，独占均衡点 M において価格 p_M が決まる。この独占価格は限界費用 MC を上回り，平均費用 AC よりも高くなっているため，独占企業は正の利潤を得ている。完全競争の場合，限界費用と需要曲線が交わる

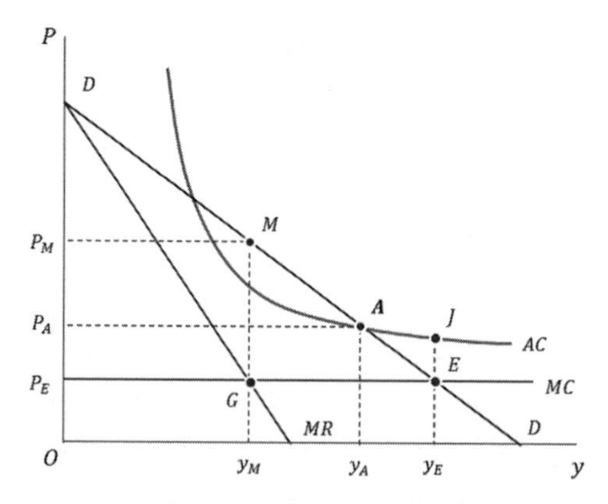

図 7-5　限界費用価格形成原理と平均費用価格形成原理

E 点で生産量 y_E が決まるので，独占の生産量 y_M は完全競争の均衡生産量より小さい。この独占による弊害を是正するために，市場の総余剰が最大になるように，価格と限界費用を一致させるような規制を加えれば，均衡生産量は y_E となり，総余剰は最大化される。このような考え方は「限界費用価格形成原理」と呼ばれる。

図 7-5 でわかるように，企業は規制されたことによって赤字が発生する。この赤字は規制当局によって補填される必要があり，それは，政府が企業に対して赤字補填のための補助金を与えることになる。

もう一つは，「平均費用価格形成原理」に基づく規制である。補助金が導入できない場合には，企業に赤字を強いる規制は実施できない。その次善の策として，規制当局は「平均費用以上の価格で生産物を販売することを禁止する」という規制を出すことになる。

図 7-5 において，需要曲線 DD と平均費用曲線 AC の交わる点 A で規制を加える。この点 A では，企業の収入と費用は同じ大きさとなり，企業の利潤はゼロになるが，負にはならない。それによって，企業が独立採算を可能にする範囲内で総余剰を最大化することになり，このような考え方は平均費用価格形成原理と呼ばれる。

自由に利潤を追求する企業は，生産費用を削減する誘因をもつ。規制を受ける企業では，価格や補助金が企業の費用条件を考慮したうえで，結果的に利潤を適当な水準に保つように設定されるため，費用削減の努力は必ずしも利潤拡大に結びつかない。結果として，企業が前もって損失は穴埋めされるということを理解されていれば，費用を最小にする誘因が乏しくなる。このような非効率性をX非効率性と呼ぶ。その対策として，プライス・キャップ制とヤードスティック競争の二つの方法がある。

技術進歩などにより企業の費用関数が日々に変化するなか，その時々の平均費用を調査して規制価格を改定し続けるのではなく，過去の実績などから予想される平均費用の変化率をあらかじめ定めておき，規制価格をその率に合わせて機械的に改訂しようとするのが，プライス・キャップ制の考え方である。たとえば，予想される平均費用の削減率が5%であれば，規制価格も年5%ずつ引き下げられる。したがって，企業が年5%以上の費用削減が実現できれば，その差はすべて企業の利潤となるので，費用削減のインセンティブが生まれる。

類似する複数の企業が規制を受ける場合，それぞれの企業の規制価格は，ライバル企業の費用条件をもとに決定される。これがヤードスティック競争である。規制を受ける企業がライバル企業以上の費用削減を達成すれば，その差額は費用を削減した企業の利潤となる。このように，電気やガスのような地域独占が行われている場合の公共料金の価格決定に競争原理を持ち込むことができる。

第Ⅱ部

マ ク ロ

第 1 章

マクロ経済学のとらえ方

本章のねらい

・この章では，マクロ経済学とはどのような学問かについて概説する。
・マクロ経済学における短期と長期，フローとストック，名目と実質などといった重要な概念について説明する。

1．マクロ経済学とは

(1) ミクロ経済学とマクロ経済学

経済学は通常，経済理論，経済史，経済政策の三つの領域で構成されている。経済理論の分野では，その分析方法によってミクロ経済学とマクロ経済学に分けられる。

ミクロ経済学は，経済を構成する主体である家計や企業の行動と個々の市場の動きを詳細に分析するものであり，家計の効用最大化，企業の利潤最大化，需要と供給による市場の均衡メカニズムや，市場の失敗などが中心的な課題である。ミクロ経済学は，とくに市場における価格の役割を重視することから，「価格分析」ともいわれる。

これに対して，マクロ経済学は，一国の経済全体を一つのものとして扱い，その全体の行動に注目し，失業，インフレーション，経済成長，貿易収支などの集計的な経済変数の動きを分析するものであり，一国の生産水準（GDP）はどのように決定されるのか，インフレーションやデフレーションをどのように説明するのか，なぜ失業が生まれるのか，為替レートの変動は貿易や国内経済にどのような影響をもたらすのかなど，私たちの生活に身近な問題を取り扱っているものである。マクロ経済学は，とくに一国の所得の分析を中心に置くことから，「所得分析」ともいわれる。

(2) 現代マクロ経済学の誕生

現代のマクロ経済学は，ケインズ（John Maynard Keynes, 1883-1946）が1936年に出版した『雇用・利子率および貨幣の一般理論』（以下では『一般理論』と略す）に端を発するものである。ケインズの『一般理論』刊行の背景には1930年代の世界経済の大不況があった。1929年10月24日（木曜日），ニューヨーク・ウォール街での株価大暴落の世界大恐慌を契機に，産出量は大きく減少し，大量失業が発生し，世界経済が大不況に突入した。

なぜ失業が生ずるのであろうか。その原因は何であるのか。古典派は賃金の引き下げによって雇用量が増大すると主張するのに対して，ケインズは，失業の原因は労働市場ではなく，別の所にあると考えた。ケインズ以前の古典派経済理論では，「供給が自らの需要をつくり出す」というセイの法則が理論の基礎となっていた。古典派経済理論では，「神の見えざる手」によって価格調整が行われることで需要と供給が一致するとされ，一国の生産水準は供給によって決定されると論じられている。これに対して，ケインズは，価格メカニズムが必ずしもうまく働くとは限らず，短期的には物価や賃金が硬直的であり，市場では需要と供給の不一致が価格ではなく，数量によって調整されると考えた。すなわち，ケインズは一国の生産水準を決定するのは総需要であると論じた。ケインズは『一般理論』において，「有効需要の原理」を提唱し，マクロ経済学の理論体系を構築すると同時に雇用増大策を提言した。この『一般理論』は，今日のマクロ経済学の礎となっているといっても過言ではない。

(3) ケインズ以降のマクロ経済学

ケインズの『一般理論』が発表された翌年の1937年に，ヒックス（John Richard Hicks, 1904-1989）はIS-LMモデルを発表し，『一般理論』を体系化した。1950年代に入ると，ケインズ経済学は黄金時代を迎えた。1960年代になると，ケインズ経済学が政策的体系として定着し，これまでに蓄積されてきた理論的成果の総合的な応用という性格を持った「新古典派総合」がサミュエルソン（Paul Anthony Samuelson, 1915-2009）によって提唱された。

1973年の第１次オイルショック以降，景気の後退と物価上昇が同時に進行するスタグフレーションが現れた。フリードマン（Milton Friedman, 1912-2006）を中心としたマネタリストたちは「ケインズ政策がスタグフレーションを引き起こした」として，ケインズ的総需要管理政策を批判し，政府の政策介入よりも市場経済の自動調整能力に委ねるのが望ましいと主張した。一方，レイヨンフーブッド（Axel Leijonhufvud, 1933-）は，『ケインジアンの経済学とケインズの経済学』（1968年）において，「ケインズの経済学」と「ケインジアンの経済学」とは別物であるとの見解を示し，機能不全を起こしているのは「ケインジアンの経済学」であると指摘した。

また，1970年代から80年代にかけて，フリードマンの影響を受け，マネタリストよりもさらに急進的な，ルーカス（Robert Lucas, 1937-）やサージェント（Thomas John Sargent, 1943-）らの「ニュー・クラシカル」（新しい古典派）によって「合理的期待形成仮説」が提起された。さらに，1980年代になると，供給サイドを重視するサプライサイド経済学が注目されるようになった。このような潮流の中で，ケインズ経済学にミクロ的な基礎付けをした「ニュー・ケインジアン」（新しいケインズ経済学）が誕生した。マンキュー（Nicholas Gregory Mankiw, 1958-）とローマー（Paul Michael Romer, 1955-）の「ニュー・ケインジアン」は，マネタリズムや新しい古典派の考え方を一部取り入れ，新古典派経済学の枠組みで価格や賃金の硬直性を導き，裁量的な財政・金融政策の有効性を示した。このように，マクロ経済学において政府が市場に介入すべきか否かに関わる論争が繰り広げられ，現在に至っている。

2．マクロ経済学のいくつかのコンセプト

(1)　短期と長期

マクロ経済学では，短期と長期の概念が区別されている。短期とは，需要と供給に不一致があったとしても賃金や物価が変化しない期間のことをいう。短期における需給不均衡の是正は価格調整によらず，数量調整に依存すると考えるべきである。

長期とは，需要と供給に不一致があった場合に，価格が変動し，それによって需要と供給が調節されるのに十分な期間を指している。長期においては，需要と供給の不一致（不均衡）が価格調整により解消し，すべての市場（財市場，資産

市場，労働市場）において，需要と供給の均衡が成立する。価格が変化することによって需要と供給が一致するように調整される。このような均衡状態を「長期均衡」という。

マクロ経済学における短期と長期は，歴史的時間としてではなく，抽象的な時間として捉えたものである。短期と長期を区別するもっとも重要なポイントは，価格が調整されるか否かであり，需要と供給が一致しない不均衡の状態における「価格調整の速度」もしくは「価格の伸縮性」である。

⑵　ストックとフロー

マクロ経済学のいろいろな変数を考えるとき，フロー（flow）とストック（stock）の概念を区別しなければならない。バケツで水を汲むことを例として考えると，1時間で汲んだ水はバケツ何個かがフローであり，現時点でバケツの水は何個あるかがストックである。フロートとは「ある一定期間の間に生じる量」であり，ストックとは「ある時点において存在する量」である。

一定期間に生み出されたGDP，消費，投資，政府支出，経常収支，財政収支などがフローの変数の代表例である。これに対して，マネーストック，政府債務残高，対外資産残高，資本総量，土地，株式などがストックの変数にあたる。

このように，マクロ経済変数においてはフローとストックを明確に区別している。そして，マクロ経済学では，マクロ経済変数のフローとフローの関係，ストックとフローの関係，ストックとストックの関係が取り扱われている。たとえば個人消費率，これは所得に対する消費支出の割合で表され，フローとフローの比率で示されているが，貯蓄残高と所得の比率である個人貯蓄率は，ストックとフローの比率で示されている。

⑶　名目と実質

マクロ経済学を理解するために，「名目」と「実質」の二つの重要な概念を区別する必要がある。

「名目」とは，ある経済指標を測定された時点の価格で評価したものを表している。これに対して，「実質」とは，ある時点の経済指標（名目値）を物価水準の変化を考慮して調整したものをいう。

例を用いて説明してみよう。花子さんのアルバイトの月給が，昨年までは

50,000円であったが，今年に入って，10%アップしたとする。花子さんの「名目」賃金は10%増えたが，賃金を受け取った花子さんの商品購買力は必ずしも昨年と比べて10%上昇したことを意味するわけではない。今年の物価水準が昨年よりも10%上昇したならば，物価上昇分を割り引いて，賃金の上昇分が相殺されてしまい，花子さんの購買力は変わらないことになる。もし今年の物価水準が20%も上昇したとすれば，賃金の名目値が10%増加しても財・サービスの購入可能量が減ることになり，「実質」賃金は昨年よりも低くなってしまうような事態が起きる。このような例からも明らかなように，経済現象を正しく捉えるには「名目」と「実質」を明確にして議論することが必要であろう。

(4) 静学と動学

経済現象を一般化あるいは抽象化して表現したものを経済モデルという。モデルのなかには二つあるいは二つ以上のマクロ経済変数が存在し，これらすべての変数が変動しないこと，あるいはこれらのマクロ経済変数に変動をもたらすような圧力が存在しないことを均衡という。

経済モデルは，時間とともに刻一刻と変化している現実の経済を単純化して描写している。動いている経済を「瞬間写真」におさめて，あたかも時間が止まったかのように考えて，経済構造を分析しようとする手法を「静学的アプローチ」という。これは，経済変数が与えられたとき，ある一定の条件のもとでその均衡値を求めるような分析，あるいは均衡状態だけに関心を限定した経済分析である。マクロ経済変数が変化し新しい均衡値が得られたとすれば，以前の均衡値と新しい均衡値を単純に比較することができる。このような分析を比較静学という。

これに対して，不均衡状態にある体系の動きを対象とした研究が動学である。時間の経過を明示的に取り上げ，一つの均衡から次の均衡に向かって移行する様子を分析する手法は「動学的アプローチ」である。「動学的アプローチ」においては，時間の概念が導入され，以前の経済状況と比較することが可能である。経済成長論は動学的分析を取り入れた経済理論である。

「静学的アプローチ」と「動学的アプローチ」は分析の目的によって使い分けられている。静学と動学のアプローチの違いをしっかり理解しておくことが大切である。

第２章

国民経済計算

本章のねらい

・この章では，付加価値，国内総生産（GDP）や国民所得の諸概念について，またGDPはどのように計算されているのかを説明する。

・家計，企業，政府といった経済主体から構成される経済のマクロ経済循環について解説し，国民経済統計における三面等価の原則について説明する。

・GDPデフレーター，物価水準の変化を表す指標である消費者物価指数や企業物価指数などの概念について解説する。

１．付加価値と国内総生産

⑴　国民経済計算

国民経済計算は，一国の経済の全体像を国際比較可能な形で体系的に記録することを目的としている。そのため，国連の定める国際基準である「国民経済計算」あるいは「国民経済計算体系」（System of National Accounts：SNA）にもとづいて，生産，消費，投資といったフロー面や，資産，負債といったストック面が体系的に記録されている。このように，国民経済計算は一国の経済状態を知るための多くの経済情報を提供している。現在の国民経済計算は，平成21年に国連において採択された国際基準（2008SNA）にもとづいて記録されている。

⑵　国内総生産（GDP）

ここではまず，国内総生産（Gross Domestic Product：GDP）がどのように定義されているか，そしてそれを計算する基本的な方法を説明しよう。

国内総生産（GDP）とは，ある一定期間（通常１年間）に，当該国内において生産されたすべての財・サービスの付加価値の合計をいう。ここでいう「当該国内」とは，ある国の領土から当該国に所在する外国政府の公館などを除いたものに，領土外に所在する当該国の公館などを加えたものであり，いわゆる政治的領土を指している。国内という概念は，その国内領土に居住する経済主体を対象として，主として生産活動に関連した概念となる。

「付加価値」とは，企業などの生産主体が生産活動によって作り出す生産物の産出総額から，その生産主体が国内企業や海外企業などの他の生産主体から購入した原材料，燃料，中間生産物などのすべての中間投入財額を差し引いたものをいう。

では，GDP はどのように計算されるのか。ここで，一つの例を用いて説明しよう。

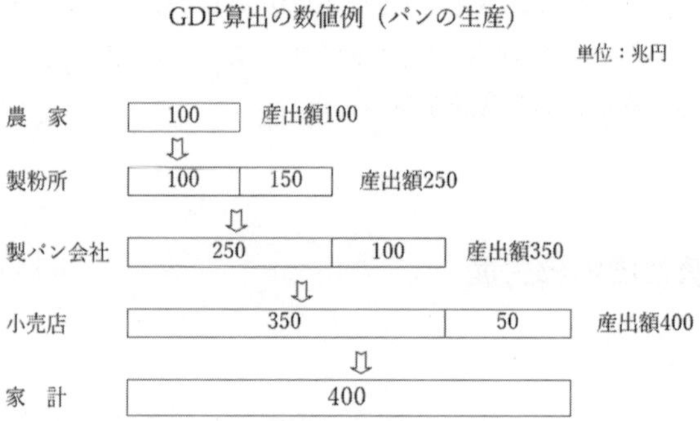

GDP算出の数値例（パンの生産）

単位：兆円

農　家　［100］　産出額100

⇩

製粉所　［100｜150］　産出額250

⇩

製パン会社　［250｜100］　産出額350

⇩

小売店　［350｜50］　産出額400

⇩

家　計　［400］

図 2-1　GDP 計算の仮設例

いま，ある経済が農家，製粉所，製パン会社，小売店から構成されているとしよう。農家は小麦を生産し製粉所に販売する。製粉所は農家からの小麦を原料に小麦粉を作り，小麦粉を製パン会社に販売する。製パン会社は製粉所から小麦粉を買いパンを焼く。出来上がったパンを小売店に販売する。そして，小売店はパンを消費者（家計）に売るという経済活動が行われていると想定する。

図 2-1 で示したように，まず，農家は小麦 100 兆円を生産し，これを製粉所にすべて売って 100 兆円の所得を得る。ここでは，簡便化するため，小麦を生産するには肥料や農薬などの中間投入を要しないとすれば，農家の付加価値は 100 兆円となる。次に，製粉所は，農家から小麦 100 兆円を購入し，小麦粉を 250 兆円生産する。この 250 兆円のうち，100 兆円は原材料の小麦粉であるから，製粉所

の付加価値は150兆円である。さらに，製パン会社は，製粉所から小麦粉250兆円を購入してパンを350兆円生産すると，製パン会社の付加価値は100兆円となる。そして，製パン会社は小売店に350兆円のパンを卸したとすれば，小売店は仕入れた350兆円のパンを400兆円で販売すると，販売額から仕入れ額を差し引いた額は小売店の付加価値である。小売店の付加価値は50兆円となる。

ここで注意しなければならないのは付加価値の計算である。各生産段階において二重に計算されないように中間投入額を差し引いたことに留意しよう。このような各生産段階で生み出された付加価値を合計すると，400兆円となる。これが，国内総生産（GDP）である。したがって，GDPは，総生産額からこれら中間財の投入額を差し引いたものとなる。すなわち，

GDP＝総生産額（1,100兆円）－中間財（700兆円）＝400兆円

である。

この仮設例では，最終生産物であるパンの産出額は400兆円であり，家計に販売した販売額と同額になっている。要するに，各生産段階で生み出された付加価値は最終的には家計によって消費されることになる。

2．国民所得の諸概念

(1)　国民総生産（GNP）と国民総所得（GNI）

国民総生産（Gross National Product：GNP）とは，ある一定期間において，国民によって新しく生産されたすべての財やサービスの（付加価値）の合計を指す。GNPは，かつては国の経済規模を比較するためによく利用されたが，日本では1993年から代表的指標としてGDP（国内総生産）が使われるようになり，以前ほど注目されなくなった。さらに，少子高齢化の進展に伴い，今後労働力人口の減少により国内総生産をベースとした高い経済成長は見込まれないが，対外資産から得られる利子や，配当などの所得が増えることによって，国民総所得をベースとした経済成長は持続可能であろう。国民総生産（GNP）に代わって国内総生産（GDP）が経済政策の目標となってきたが，2006年に経済産業省の産業構造審議会新成長政策部会がとりまとめた新経済成長戦略では，国民総所得（Gross National Income：GNI）を重視すべきであるという提言が出された。

国民総所得（GNI）とは，1990年代半ば以前に経済活動の指標として使われていた国民総生産（GNP）と基本的には同一のものであり，日本の国民経済計算（国民所得統計）では，2000年に大幅な体系の変更が行われた際に統計の項目として新たに設けられたものである。国民総所得（GNI）は，現在経済指標として多く使われている国内総生産（GDP）に「海外からの所得の純受取」を加えたものである。日米間の要素所得の受け取りをイメージしたGDPとGNP/GNIの関係概念は以下の図2-2で示している。

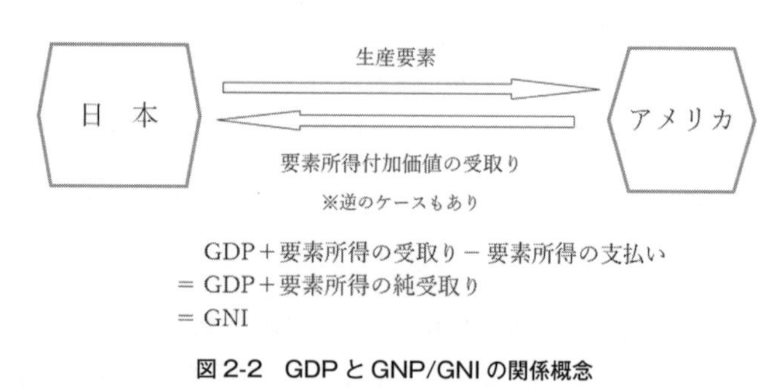

図2-2　GDPとGNP/GNIの関係概念

(2)「グロス」と「ネット」

純（Net）とは，生産をする際に使用する機械，工具，プラントなどの既存の資本ストックに対して，その使用料を控除した金額をさす。使用料について，会計上では減価償却というが，国民経済計算上では固定資本減耗という。

国内純生産（Net Domestic Product：NDP）とは，国内総生産から固定資本減耗を控除したものをいう。国内純生産（NDP）と国内総生産（GDP）の関係は，

国内純生産（NDP）＝国内総生産（GDP）－固定資本減耗

である。

国内総生産GDPや国内純生産NDPや国民総生産GNPなどは，すべての財・サービスの市場価格で評価されている。生産活動に参加した生産要素の純貢献の大きさを知るためには，国内純生産（NDP）や国民純生産（Net National Product：NNP）などから間接税を控除し，補助金を加算する必要がある。なお，国民純生産（NNP）とは，国民総生産（GNP）から，減価償却費（固定資

本減耗）を差し引いたものを指す。間接税から補助金を差し引いたものを純間接税と呼び，市場価格表示の国内純生産国（NDP）から純間接税を差し引いたものを，国内所得（Domestic Income：DI）と呼ぶ。要素費用で表示された国民所得（National Income：NI）については，

国民所得 NI（要素費用表示）
　＝市場価格表示の国民純生産国（NNP）－純間接税
国民所得 NI（要素費用表示）
　＝要素費用表示の国内所得（DI）＋海外からの純要素所得の受け取り

の関係が成立する。

3．マクロ経済の循環

(1) マクロ経済循環

マクロ経済循環について確認しよう。ここで，経済主体を，家計部門，企業部門，政府部門の三つに限定した単純化された経済循環モデルを想定しよう。図2-3のように，経済主体間での財・サービスと貨幣の流れを描くことができる。家計は労働，資本，土地などを生産要素市場に提供し，その対価として賃金，利子，地代などの要素所得（あるいは生産要素所得）を受取る。他方，企業は生産要素市場から家計部門が提供した労働，資本，土地などの生産要素を調達し賃金，利子，地代などを支払い，生産活動を行い，市場に財・サービスを提供する。

家計は，財・サービス市場から財・サービスを受け取り，受取った所得から消費支出として財・サービス購入の代金を支払う。企業は財・サービス市場に財・サービスを提供し，その対価を受け取る。このように，家計の消費支出が財・サービス市場を介して企業の方へ戻される。

家計所得の消費支出以外の部分は貯蓄として残り，企業に戻ることないが，これは循環からの「漏れ」であり，金融市場を介して循環に再注入することになる。企業は金融市場から融資を受け取り，企業の生産活動に必要な機械，設備，原材料などを他の企業から購入している。これが投資である。図2-3で読み取れるように，金融市場は「漏れ」と「注入」をリンクする役割を担っている。

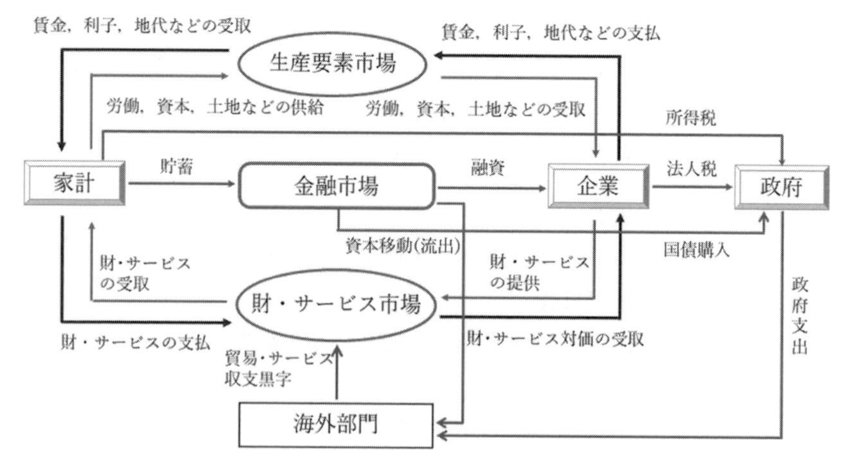

図 2-3　単純化されたマクロ経済循環

政府は，家計部門と企業部門から所得税や法人税などを徴収し，その収入で公共財の提供や所得の再分配などに資質する。これが政府支出である。海外部門を考慮に入れた開放経済モデルの場合，財市場において輸出超過になり，貿易・サービス収支が黒字になれば，金融市場では資本移動が始まり，資本は流出し，金融収支が赤字になる。

図 2-3 に示したように，家計，企業，政府の三つの経済主体間でモノとカネ（財・サービスと貨幣）が循環している。これがマクロ経済循環のイメージである。

⑵　三面等価の原則

国民所得測定法には，最終生産物・所得・支出の三つの面を捉えることにより三つの方法があるが，いずれの方法によっても同じ国民所得の値が得られている。つまり，生産面からみても，分配面からみても，支出面からみても，国民所得は等しくなっている。これが，三面等価の原則である。この三面等価の原則はマクロ経済循環の構造を理解するうえで重要な役割を果たしている。

①　生産面からみた国内総生産（GDP）

生産面からみた国内総生産（GDP）は，ある一定期間（通常 1 年間）に，当該国内において生産されたすべての財・サービスの付加価値の合計となる。

②　分配面からみた国内総生産（GDP）

これらの生産された GDP（付加価値の合計）は，家計，企業，政府のいず

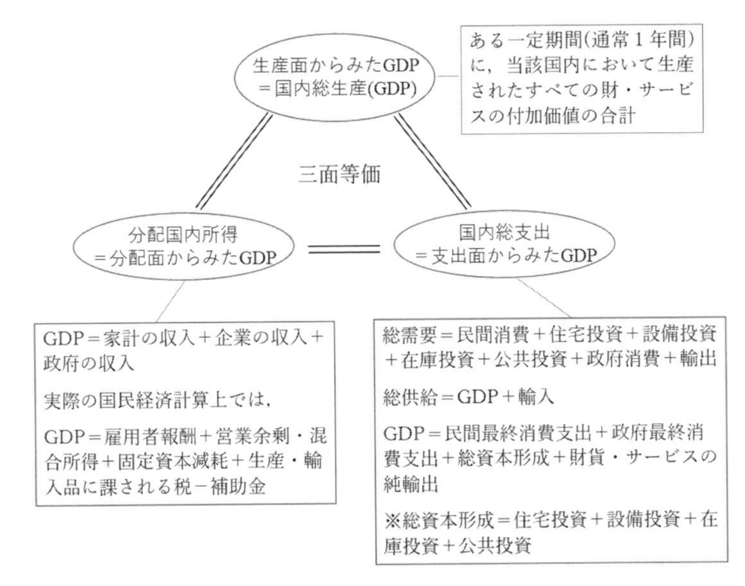

図 2-4　マクロ経済における三面等価

れかの部門に分配され，所得となる。図 2-4 で示したように，分配面からみた GDP は，家計の収入，企業の収入と政府の収入の合計となる。もっと詳しくみていくと，労働を提供した雇用者への分配分は，雇用者所得（93SNA 上の正式用語は，「雇用者報酬」）として，企業部門にはその利益である営業余剰（93SNA 上の正式用語は，「営業余剰・混合所得」）として，また一般政府に対しては純間接税（間接税－補助金：93SNA 上の正式用語は，「生産・輸入品に対する課税－補助金」）として分配されることが分かる。このように，GDP を分配面から捉えた場合，以下のようなに定義することができる。

GDP ＝雇用者所得＋営業余剰＋（間接税－補助金）＋固定資本減耗

③　支出面からみた GDP

各経済主体が受け取った所得は，何らかの形で支出される。これが，支出面からみた GDP であり，国内総支出（Gross Domestic Expenditure：GDE）と呼ばれている。また，支出面からみた GDP は，需要面からみた GDP とも呼ばれる。総需要は，民間消費，住宅投資，設備投資，在庫投資，公共投資，政府消費，輸出から構成され，総供給は国内総生産（GDP）に輸入を加えたものとする。住宅投資，設備投資，在庫投資，公共投資の4項目の合計を総資本形成として扱うと，国内総支出（GDE）は以下のようになる。

国内総支出
　＝民間最終消費支出＋政府最終消費支出＋総資本形成＋財・サービスの純輸出

このように，生産された付加価値の合計は，誰かの所得として分配され，そして需要され支出される。したがって，生産面からみたGDPと分配面からみたGDPと支出面からみたGDP（GDE）が常に等しくなる。この恒等関係を三面等価の原則という。

(3)　ISバランスと財政収支・貿易サービス収支

ここで，財・サービスの輸出入を導入して，三面等価の原則を見てみよう。国内総生産（GDP）をY，消費をC，民間投資をI，民間貯蓄をS，政府支出をG，租税をT，貿易・サービス収支をNX，輸出をEX，輸入をIMとする。一国の経済をマクロ的に捉えるとき，以下のようなバランス関係が必ず成立しなければならない。

$$Y + IM = C + I + G + EX \tag{2.1}$$

日本を事例に，単純化して考えよう。国内で生産できるものは国内で生産し，生産できないものは海外から輸入する。上式の左辺は，日本に対する財やサービスの供給を示している。消費を家計の財やサービスに対する需要，投資を企業の需要，政府支出は政府の需要，輸出を外国の日本製品に対する需要とすれば，上式の左辺は，供給された財・サービスの需要先を表している。生産されたり輸入されたりしたものは必ずどこかが引き取る。売れ残った財は企業の在庫投資，つまり企業の需要として考えればよいであろう。2.1式を整理すれば，以下2.2式のように書ける。

$$Y = C + I + G + (EX - IM) \tag{2.2}$$

この2.2式は支出面からみたGDPである。分配面からみたGDPは，

$$Y = C + S + T \tag{2.3}$$

となる。貿易・サービス収支を純輸出（$NX = EX - IM$）とすれば，2.2式と2.3式により，

$$C + S + T = C + I + G + NX \tag{2.4}$$

が得られる。2.4の両辺から消費Cを引き，整理すると次の2.5式を得る。

$$(S - I) = (G - T) + NX \tag{2.5}$$

この2.5式の左辺は，民間貯蓄超過を表し，右辺の第1項は財政赤字，第2項は貿易・サービス収支黒字を表している。この恒等関係をISバランス（ISバランス式）という。この式は，民間部門における貯蓄超過は，政府部門の財政赤字と海外部門の貿易・サービス収支黒字の和に等しいということを示している。これはまた，民間貯蓄超過と貿易・サービス収支がプラスの値ならば，財政赤字が生じていることを意味する。

(4) GDP統計の留意すべき事項

GDP統計における総需要と総供給は「約束事」によって常に等しくしただけで統計上の総需要と総供給が一致しているからといって，現実の経済が均衡状態，すなわち生産されたすべての財が計画どおりに売れる状態にあるわけではない。通常の国民経済統計上で「三面等価の原則が成立する」というとき，投資の中には，住宅投資，設備投資に加えて在庫投資が含まれている。つまり，消費財であっても，投資財であっても，売れ残って在庫になるや否や，統計上では「在庫品の増加」という投資財に分類が変わる。

この三面等価の原則をみる限りでは，生産されたモノが，売れ残ることなくすべて売りつくされているように思われる。しかし，現実には総供給が総需要よりも多く在庫が発生することもあれば，その逆に，総需要が総供給を上回り，手持ちの在庫を取崩すことも起こり得るであろう。三面等価の原則は，事後的な国民経済計算上での処理によって，恒等関係が成り立っているに過ぎない。

国内総生産（GDP）統計にあたっては，実際に市場で取引された財・サービスのみを市場価格で評価する。GDP統計はその年に生み出された財・サービスのみを計上する。そして，GDP統計は付加価値のみを計上する。これらはGDP統計の約束である。しかし，GDPの測定には，市場で評価できない経済活動も

存在している。たとえば，家計がスーパーマーケットでお米を買うとき，お米の市場価格で代金を支払うが，もしお米を生産する農家がお米を自家消費した場合，市場を経由して取引されていないため，市場価格をもって評価することはできない。お米を生産したのに，GDP の計算に含められないのであれば，GDP は過小評価されることになり，付加価値の生産が適切に評価されなくなる。この問題を解消するために，国民経済計算に取り込んだのが帰属計算という方法である。財・サービスの提供に際して，実際には市場でその対価の受け払いが行われなかったのにもかかわらず，それがあたかも行われたかのように擬制的に取引計算を行い，いわば「みなし」計算を行う。これが帰属計算であり，このような擬制的な価値を帰属価値という。

帰属計算の代表的なものとして，持ち家に係わる帰属家賃が挙げられる。借家に住んでいる人は，住宅サービスへの対価として家賃を支払うが，持ち家に住んでいる人は家賃の支払は生じない。しかし，借家であろうと，持ち家であろうと，住んでいる人は相応の住宅サービスを受けているわけで，持ち家から受ける住宅サービスの価値も GDP に計上する必要がある。したがって，持ち家の住人もあたかも家賃を支払ったかのように擬似して，帰属家賃を GDP の統計に加えることになる。

しかし，帰属計算は満遍なく行われているわけではなく，家庭内労働である家事・育児サービスは計上されていない。とくに女性の労働時間に占める家事・育児の割合が高いが，市場価値を測ることはできない。家事・育児サービスについて帰属計算を行わない根拠は理論的にはないが，推計上の困難からどの国でも正式に国民所得統計には取り入れられていないことに留意しよう。

4．物価水準

(1)　GDP デフレーター

国内総生産（GDP）は市場において取引された財・サービスを市場価格で評価されている。財の市場価格あるいは物価が上昇すると，人々の所得が変わらなければ，購入できる財の数が減ることになる。物価水準が上昇するということは，それだけ人々の購買力が低下することを意味する。名目 GDP あるいは名目賃金が二倍になったとき，物価も二倍になれば，所得水準は以前と変わらないことになり，私たちの購買力が実質的には何も変わらない。したがって，物価が変わるとき，その時点のGDP，つまり名目GDPだけでなく，物価水準の変化を考慮した実質GDPを正確に捉えることが必要であろう。

物価水準を測る指標には，最終財・サービス全体の価格変化を測るGDPデフレーター，消費財の価格変化を測る消費者物価指数，企業間で取引される財・サービスの価格の変化を測る企業物価指数がある。まずは，名目GDPと実質GDPの概念を確認しよう。名目GDPとは，GDPをその時の市場価格で評価したものであり，実質GDPとは名目GDPから物価の変動による影響を差し引いたものである。

では，仮設例を用いてGDPを計算してみよう。経済は衣，食，住の三つから構成されているとしよう。2019年を基準年次とする。2019年と2020年の衣料品，食料品，住居の生産量と価格はそれぞれが図2-5の通りとする。当該年次（t年）のすべての財の生産量に，その年の各財の市場価格をそれぞれ乗じると，各財の生産額が得られ，その生産額の和を計算したものは，当該年次（t年）の名目GDPとなる。設例で名目GDPを計算してみよう。

	2019年			2020年		
	19年価格	生産量	生産額	20年価格	生産量	生産額
衣料品	70	100	7,000	60	120	7,200
食料品	50	80	4,000	60	90	5,400
住　居	100	90	9,000	110	90	9,900
	名目GDP		20,000			22,500
	実質GDP		20,000			21,900
	GDPデフレーター		100			102.7

※2020年のGDPデフレーターは，小数点以下第2位以下を四捨五入している。

図2-5　GDP計算の仮設例

2019年の名目GDP ＝2019年の最終財・サービスの価値の合計
＝衣料品の価格×生産量＋食料品の価格×生産量＋住居の価格×生産量
＝衣料品の生産額＋食料品の生産額＋住居の生産額
$= 70 \times 100 + 50 \times 80 + 100 \times 90 = 7{,}000 + 4{,}000 + 9{,}000$
$= 20{,}000$

2020年の名目GDP ＝2020年の最終財・サービスの価値の合計
＝衣料品の価格×生産量＋食料品の価格×生産量＋住居の価格×生産量
＝衣料品の生産額＋食料品の生産額＋住居の生産額
＝60 × 120 ＋ 60 × 90 ＋ 110 × 90 ＝ 7,200 ＋ 5,400 ＋ 9,900
＝22,500

次に，実質GDPを計算してみよう。基準となる年の価格を用いて，比較年次（t年）で生産された財・サービスを評価することによって実質GDPを計算することになる。図2-5の仮設例では，2019年を基準年次とし，その年の価格，すなわち基準価格を用いて，t年の2020年の実質GDPを求める。

2020年の実質GDP ＝2019年の衣料品の価格×2020年の生産量＋2019年の食料品の価格×2020年の生産量＋2019年の住居の価格×2020年の生産量
＝70 × 120 ＋ 50 × 90 ＋ 100 × 90 ＝ 8,400 ＋ 4,500 ＋ 9,000
＝21,900

なお，2019年を基準年とし，t年の2019年の実質GDPを求めると，実質GDPは名目GDPと同一値になり，20,000という値になる。

あるt年の生産物iの生産量をQ_t^i，その年の市場価格をP_t^iとすれば，t年の名目GDPは，

$$\sum_i P_t^i Q_t^i = P_t^1 Q_t^1 + P_t^2 Q_t^2 + P_t^3 Q_t^3 + \cdots\cdots$$

と表せる。

また，t年の実質GDPの場合，そのt年の生産物iの生産量をQ_t^i，生産物iの基準年次価格をP_0^iとすれば，t年の実質GDPは，

$$\sum_i P_0^i Q_t^i = P_0^1 Q_t^1 + P_0^2 Q_t^2 + P_0^3 Q_t^3 + \cdots\cdots$$

と表せる。

GDPデフレーターとは，最終財・サービス全体の価格水準を測ったものであり，t年の名目GDPをその年の実質GDPで割ったもので定義されている。これは，t年に生産された財を，t年における価格で購入した場合の金額と，基準年次の価格で同じ量だけ購入した場合の金額の比率でもある。したがって，基準年

次の物価指数を 100 としたとき，比較年次の物価がどれほど変化しているかがわかる。上記の仮設例では，GDP デフレーター＝名目 GDP ／実質 GDP ＝ 22,500 ／ 21,900 × 100 ＝ 102.7 となる。GDP デフレーターは，以下の式で表すことができる。

$$\text{GDP デフレーター} = \frac{\sum_i P_t^i Q_t^i}{\sum_i P_0^i Q_t^i} \times 100$$

このような比較すべき時点の数量をウェイトとして計算した指数は「パーシェ指数」と呼ばれている。GDP デフレーターはパーシェ指数によって計算されたものである。

(2) 消費者物価指数

消費者物価指数（Consumer Price Index：CPI）とは，消費者が購入する消費財の小売価格とサービス料金の変動を示す指数である。一般には，個別品目ごとの基準時に対する価格比率を，消費支出額をウェイトにして加重平均して算出される。

ある生産物 i の比較年次 t 年の市場価格を P_t^i と，生産物 i の基準年次の生産量を Q_0^i とする。比較年次に，基準年次と同じ量を購入すると，その支出は，

$$\sum_i P_t^i Q_0^i = P_t^1 Q_0^1 + P_t^2 Q_0^2 + P_t^3 Q_0^3 + \cdots\cdots$$

と表せる。また，この生産物 i の基準年次の市場価格を P_0^i とし，基準年次の生産量を Q_0^i とすれば，この生産物 i の基準年次の価格で基準年次の価格で購入すると，その支出は，

$$\sum_i P_0^i Q_0^i = P_0^1 Q_0^1 + P_0^2 Q_0^2 + P_0^3 Q_0^3 + \cdots\cdots$$

となる。

比較年次の購入額が，基準年次と同じ量だけ購入した場合，どれだけ増加あるいは減少したかを，比較年次の価格をもとに計算する方法をラスパイレス方式という。消費者物価指数は，ラスパイレス指数で算出したものであり，以下のように，

$$CPI = \frac{\sum_i P_t^i Q_0^i}{\sum_i P_0^i Q_0^i} \times 100$$

と表すことができる。

このように，消費者物価指数は，生産量を基準年次に据え置いて，専ら価格の変動だけを浮き彫りにした指数であろう。CPI は総務省統計局で作成し毎月発表される。その指数品目は，家計支出上重要で，価格が継続して調査できる財・サービスが選ばれている。また，それらの品目は5年に一度見直され，時代にも対応している。

重要な物価指標として，もう一つ注目されたのは企業物価指数（Corporate Goods Price Index：CGPI）である。CGPI は消費者物価指数と同様に，ラスパイレス方式で計算されるものである。これは，企業間で取引される財の価格変動を表したものであり，2002 年までは卸売物価指数と呼ばれていた。この企業物価指数は，明治政府が「通貨価値の測定」を目的としてスタートしたものであるが，今日では日本銀行が，商品の需給動向を敏感に反映する取引価格の動向を調査し，景気分析あるいは金融政策を判断するための重要な材料の一つとして活用している。また，原材料費の変化が財・サービスの製造原価に影響し，それが小売価格に転嫁されるであろう。その意味で企業物価指数は消費者物価指数の変化に対して先行性を有しているといえる。

第3章

国民所得の決定理論

本章のねらい

- 総需要と総供給の概念を用いて，「短期」と「長期」それぞれの財市場における均衡調整を説明する。
- 消費，投資，政府支出の３つの部門から構成される最も単純なマクロ経済モデルを用いて，価格が変化しない「短期」における均衡国民所得決定のメカニズムを解説する。
- 乗数効果と乗数波及のメカニズムについて明らかにする。
- 「短期」のケインジアン・モデルにおける総需要管理について説明する。

1．財市場における調整

(1) 総供給と総需要

経済全体の総供給（Aggregate Supply：AS）を捉えてみよう。財市場で供給されている財・サービスを簡便化して国内で生産されたモノと輸入されたモノの2種類としよう。国内総生産（GDP）を Y，輸入を IM で表すと，その合計が，総供給（AS）≡国内総生産（Y）＋輸入（IM），すなわち，

$$AS \equiv Y + IM \tag{3.1}$$

と書ける。

総供給曲線とは，さまざまな財・サービスを提供している個々の企業の供給曲線を集計して，一本の供給曲線にてしまったものであり，物価水準と経済全体の産出量（供給量）の関係を示している。図3-1の AS 曲線のように，集計された物価水準に対して企業が供給したいと考える総産出量，すなわち総供給の大きさ

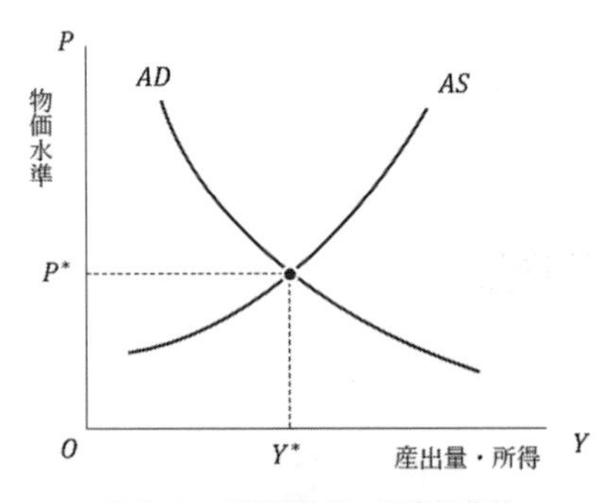

図 3-1　総需要曲線と総供給曲線

を示している。

個々の財・サービスに対する需要量の総計を総需要（Aggregate Demand：AD）と呼ぶ。家計の消費支出＝C，投資＝I，政府の財・サービスの購入（以下では，政府支出と呼ぶ）＝G，輸出＝EXとすれば，経済全体の総需要は，総需要（AD）≡消費（C）＋投資（I）＋政府支出（G）＋輸出（EX）のように定義される。それは以下の式，

$$AD \equiv C + I + G + EX \tag{3.2}$$

で表せる。

総需要曲線は個々の商品に対するすべての需要曲線を集計したものであり，それぞれの物価水準に対して，人々が買いたいと考える財・サービスの産出量の水準を，図 3-1 のようにAD曲線で示している。

マクロ経済の均衡が達成されたならば，総供給と総需要が一致することになる。閉鎖経済モデルあるいは封鎖経済モデルを想定した場合の均衡は，

$$Y = C + I + G \tag{3.3}$$

であり，開放経済モデルとして捉えた場合の均衡は，

$$Y = C + I + G + NX, \quad \text{ただし} \ NX = EX - IM \tag{3.4}$$

である。

上記のマクロ経済の均衡式は，経済活動の成果を記録したものであって，経済活動の当初から恒等関係が成り立っているわけではない。財市場において，総需

要と総供給が不一致，つまり不均衡状態が発生した場合，どのような調整メカニズムを考えれば良いのであろうか。

(2)「短期」と「長期」の財市場における調整

マクロ経済学では，「短期」と「長期」を歴史的時間としてではなく，抽象的な時間として捉えている。短期とは，需要と供給に不一致があったとしても賃金や物価が変化しない期間のことをいい，長期とは需要と供給に不一致があった場合に，価格が変動し，それによって需要と供給が調節されるのに十分な期間のことをいう。

総需要と総供給が一致する場合，生産された財は市場ですべて買われたわけであるから，調整は起こらないが，総需要が総供給を上回ったり，下回ったりした場合，価格が硬直的である「短期」と，価格が変動する「長期」の調整のプロセスが異なる。

価格が変動する「長期」においては，総需要が総供給を下回っている場合，財・サービスが過剰に生産されているわけであるから，価格が下落し生産された量がすべて売りつくされるように調整されるのであろうか。総需要が総供給を下回っている場合，価格が上昇し生産量が増えることになるのであろう。

一方，価格が硬直的である「短期」では，需要と供給に不一致があったとしても賃金や物価が変化しないため，価格調整の方法を採らず，供給量を減らすまたは増やす数量調整の方法を採る。財市場において，総供給＞総需要のような超過供給が生じた場合，意図せざる在庫が増加し，企業は計画した利潤を獲得できなくなるので生産量を減少させようとする。逆に，総需要＞総供給のような超過需要が発生した場合，意図せざる在庫が減少し，企業は意外な利潤を獲得するので生産量を増加させようとする。これが，価格を一定とした数量調整という方法である。

ケインジアン・モデルは，価格を一定とする「短期」において，需給不均衡の是正は短期的には価格調整によらず，むしろ数量調整に依存すると主張した。総供給と総需要が等しいならば，企業は計画した利潤を獲得でき，また家計も買いたい量だけ買うことができるので，在庫の変化は生じない。これが，財市場の均衡状態であり，この状態において均衡産出量あるいは均衡国民所得が決定されるという。

次節では，議論の単純化のために，海外部門を捨象した閉鎖経済モデルを用いて，財市場における均衡国民所得の決定と均衡調整メカニズムについて詳しく説明する。

2．財市場における均衡国民所得の決定

(1)　ケインズ型消費関数

短期のケインジアン・モデルにおいては，需要と供給の不一致は，価格調整ではなく，数量調整によって是正されると仮定する。総需要が社会全体の産出水準（均衡産出水準）を決定する。これが，ケインズの「有効需要の原理」である。ここではまず，総需要の構成要素の一つである消費需要について説明しよう。

消費と所得の関係について考えよう。一般に，所得水準が高まれば，消費額も増加し，消費は所得とプラスの関係にある。少し厳密にいうと，消費は家計の可処分所得に依存する。可処分所得とは，受け取った所得（Y）から税金や社会保険料など（T）を差し引いて，家計（個人）の意思で自由に使える所得のことを指す。消費と可処分所得の関係を，関数で表したものを「消費関数」という。

いま，消費を C，所得を Y，税金を T，可処分所得を $Y-T$ とすると，消費と可処分所得の関係を示す消費関数は，次の式で表せる。

$$C = c_0 + c_1(Y - T) \tag{3.5}$$

ここで，c_0 は「基礎消費」と呼び，可処分所得がゼロでも生存のために必要な消費額のことを指す。c_1 は限界消費性向（Marginal Propensity to Consume：MPC）である。可処分所得が追加的にわずかに増えた場合，それによって消費がどれくらい増えるかを示す割合は限界消費性向である。これは以下のように捉えられる。

$$限界消費性向 = \frac{追加的な消費}{追加的な可処分所得} = \frac{消費の変化分}{可処分所得の変化分}$$

限界消費性向は通常1と0の間の値をとる。所得が増えると消費が増えるが，所得の増加分のすべて，またはそれ以上を消費にまわすことは考え難い。一般に，可処分所得の増加につれて，消費の増加の度合いは次第に小さくなる。

一方，可処分所得に対する消費の割合のことを平均消費性向（Average Propensity to Consume：APC）という。すなわち，

$$平均消費性向 = \frac{消費}{可処分所得}$$

になる。所得増加分のうち，消費にまわさなかった部分は貯蓄に振り向けられることになり，それゆえ，可処分所得に対する貯蓄の割合が平均貯蓄性向（Average Propensity to Save：APS）として示されている。すなわち，

$$平均貯蓄性向 = \frac{貯蓄}{可処分所得}$$

さらに，可処分所得が追加的にわずかに増えた場合，それによって貯蓄がどれくらい増えるかを示す割合を限界貯蓄性向（Marginal Propensity to Save：MPS）という。すなわち，

$$限界貯蓄性向 = \frac{追加的な貯蓄}{追加的な可処分所得} = \frac{貯蓄の変化分}{可処分所得の変化分}$$

消費性向と貯蓄性向について整理すると，以下のような関係式が得られる。

$$平均消費性向 + 平均貯蓄性向 = 1$$

$$APC + APS = \frac{C}{Y - T} + \frac{S}{Y - T} = \frac{C + S}{Y - T} = 1$$

$$限界消費性向 + 限界貯蓄性向 = 1$$

$$MPC + MPS = \frac{\Delta C}{\Delta(Y - T)} + \frac{\Delta S}{\Delta(Y - T)} = \frac{\Delta C + \Delta S}{\Delta(Y - T)} = 1$$

以上で示した消費関数は，ケインズ型消費関数という。ケインズ型消費関数の三つの特徴についてまとめてみよう。

第１に，国民所得が仮にゼロであっても，最低生活費に相当する支出が必要となるから，消費支出はゼロとなりえない。そのため，消費関数は，横軸に国民所得，縦軸に消費支出を測ったとき，必ずプラスの切片をもつ。また，このときの

消費額を基礎消費という。

第2に，可処分所得水準が増加すれば，消費支出も増加する。したがって，可処分所得の増加分を$\Delta(Y-T)$，消費の増加分をΔCとしたとき，この所得の増加額に対する消費の増加額の割合$\Delta C/\Delta(Y-T)$を，限界消費性向という。この値は，通常，プラスであるから，消費関数は右上がりに描かれる。また，この値は0より大きく1より小さい。

第3に，所得水準が高まるにつれて，消費支出額は増加するが，貯蓄に振り分ける部分も増えてくるので，限界消費性向は逓減する。

議論を単純化するために，限界消費性向を一定と仮定すると，ケインズ型消費関数は，図3-2のような線形（一次同次関数）になる。

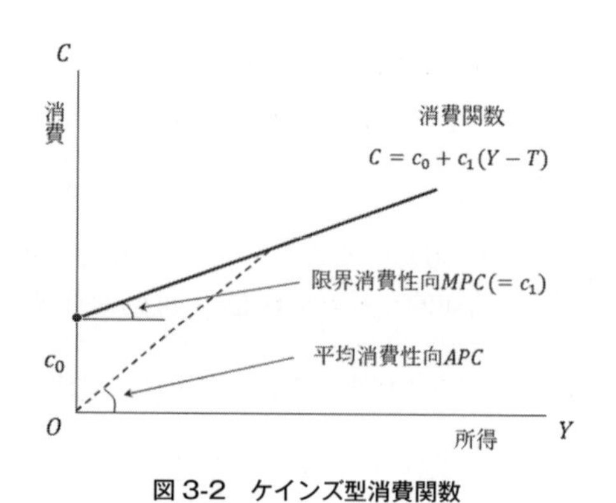

図3-2　ケインズ型消費関数

⑵　有効需要の原理と45度線分析

短期のケインジアン・モデルでは，国民所得の大きさは総供給ではなく，総需要に水準によって決まるわけである。古典派の「セイの法則」が供給はそれ自身の需要を創ると主張した。長期均衡では，労働市場，財市場，資産市場における需要と供給の不一致（不均衡）が価格調整によって解消されるという。これに対して，ケインズの「有効需要の原理」は，需要が供給を創りだすという考え方を提示した。

価格が変化しない「短期」において，国民所得の水準はどのように決定されるのかを分析しよう。いま，経済が消費Cと投資Iと政府支出Gの三つの部門からから成るとき，社会全体の総需要Y^Dが，

$$Y^D = C + I + G \tag{3.6}$$

で示される。

消費については，すでに示したケインズ型消費関数を仮定して，

$$C = c_0 + c_1(Y - T) \tag{3.5}$$

で表される。

投資については先ず，投資の限界効率の概念を確認しよう。投資の限界効率とは，追加的な投資から見込まれた収益率のことをいう。経済全体の投資の限界効率は，投資が増加するにつれて減少する傾向がある。それには，二つの理由がある。その一つは，短期的な要因であるが，投資財の需要が増加すると，投資財産業の側で収穫逓減の法則が働き，投資財生産の限界費用が増加し，その供給価格が上昇するからである。もう一つは，長期的な要因によるものである。投資が増加するにつれて，その産業において産出物の販売競争が激化し，産出物の価格を下落させ，その予想収益を次第に減少させるからである。企業は銀行から資金を調達して投資を行う場合，市場利子率の影響を受ける。投資は投資限界効率と市場利子率が一致するところで決定されることから，一般に，投資は利子率の減少関数であるといい，投資関数は図 3-3 のような右下がりの曲線が描かれる。

ここで，投資は国民所得水準の高さには関係なく，利子率が一定であると仮定すれば，投資はモデルの外で決定される外生変数となり，このような投資を独立投資という。この場合の投資は一定である。また，政府支出も一定と仮定する

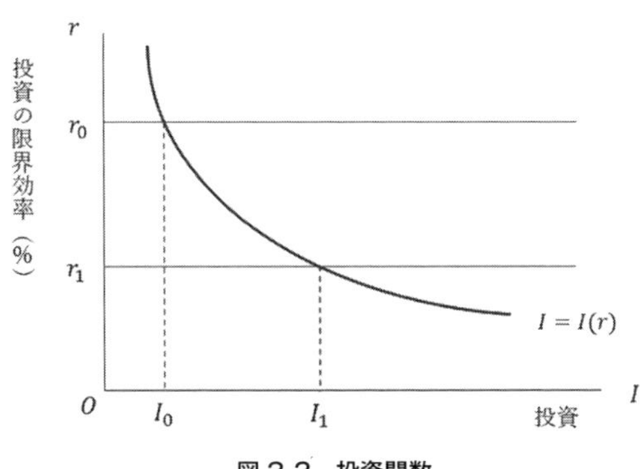

図 3-3　投資関数

と，総需要 Y^D の大きさは以下のように表される。

$$Y^D = c_0 + c_1(Y - T) + I + G \tag{3.7}$$

ただし，租税 T，投資 I，政府支出 G は一定である。

ここで，横軸に国民所得（あるいは総供給）Y，縦軸に総需要 Y^D を測ると，図 3-4 のように，総需要曲線が描かれる。

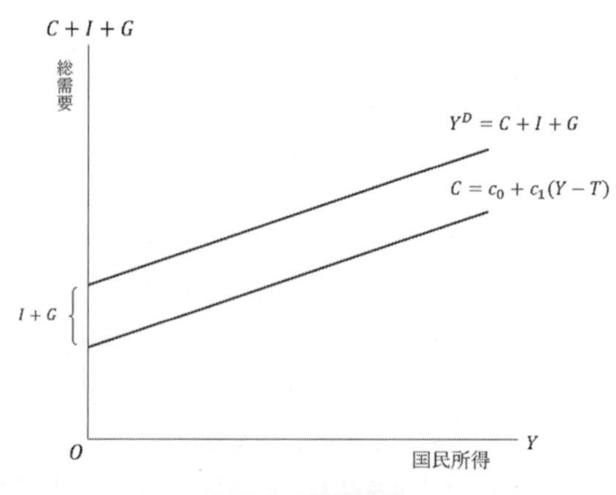

図 3-4　総需要曲線

財市場において，海外部門を考慮しない場合，総供給 Y^S は国内総生産によってまかなうことになる。三面等価の原則から分かるように，生産された付加価値は国民所得として分配されるわけで，総供給 Y^S の大きさは，

$$Y^S = Y \tag{3.8}$$

で表される。

総供給と総需要の大きさを比較するため，図 3-5 のように，原点から出発する 45 度線を書き加えよう。45 度線の特性から分かるように，45 度線上の点の縦軸と横軸で測った大きさは同じであることから，横軸に測った総供給（国民所得）Y を縦軸に読み替えられる。したがって，45 度線を用いて総供給と総需要の大きさの違いを高さの違いで比較することができる。

ここで，企業は社会全体の需要が点 J の高さまでしかないと予測し，総供給を Y_0 水準にしたとしよう。しかし，実際の総需要は点 A の高さであるため，線

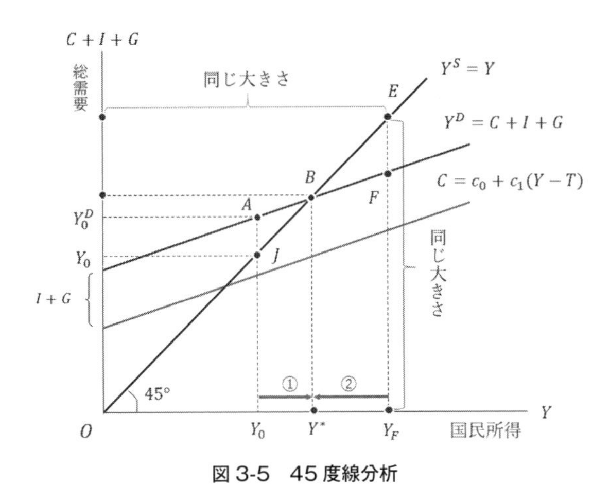

図 3-5　45 度線分析

分 AJ だけの超過需要が発生する。このような場合，意図せざる在庫の減少が起こり，企業は雇用量を増やし生産を増加させるので，国民所得は矢印①の方向へ増大するであろう。

また逆に，企業は社会全体の需要が点 E の高さまであると予測し，総供給を Y_F 水準にしたとする。しかし，実際の需要は点 F の高さまでしかなく，したがって，線分 EF だけの超過供給が発生するので，意図せざる在庫の増加が起こり，企業は雇用量を減らし生産を減少させるから，国民所得は矢印②の方向へ縮小する。

総供給が Y^* 水準であれば，財市場は点 B に位置し，総供給と総需要が等しく，財市場は均衡している。そのため，意図せざる在庫は変化せず，供給側の企業は計画した利潤を獲得することができ，また財・サービスの需要側の家計は予定した量を購入することができる。このように，財市場で超過需要が発生すれば，生産を増加させるように調整され，超過供給が発生すれば，生産を減少させるように調整される。このような調整のプロセスを経て，総需要（AD）と総供給（AS）が等しくなるところ（点 B）で，財市場の均衡が実現する。このときの国民所得水準を「均衡国民所得水準」と呼ぶ。

均衡国民所得水準 Y^* は，図 3-5 で示したように，総需要 Y^D と 45 度線で示した総供給水準 Y^S が交わった点 B で均衡が決定されるわけで，数学的には，以下のような数式展開になる。

$$総需要 \quad Y^D = c_0 + c_1(Y - T) + I + G$$
$$総供給 \quad Y^S = Y$$
$$財市場の均衡条件 \quad Y^D = Y^S$$

よって，以下のような国民所得均衡式が得られる。

$$Y = c_0 + c_1(Y - T) + I + G$$

均衡国民所得水準 Y^* をとしよう。この均衡国民所得水準 Y^* は総需要と総供給が等しくなるところに決まることから，

$$Y^* = c_0 + c_1(Y^* - T) + I + G$$

上記の方程式の Y^* について解くと，

$$Y^* = \frac{1}{1 - c_1}(c_0 - c_1 T + I + G)$$

これが，均衡国民所得の水準である。

このように，財市場において，総需要の大きさにちょうど総供給が一致するように調整が行われた結果，総需要（AD）と総供給（AS）が等しくなるところで均衡が実現し，均衡国民所得が決定される。財市場に不均衡が生じた場合，価格は変化しないで産出量という数量が調整される。このような調整メカニズムは，「有効需要の原理」と呼ばれるものである。

3．乗数効果

(1)　政府支出の増加と乗数

総需要と総供給が等しくなるところで，均衡国民所得が決定されるわけであるが，財市場が均衡していても，完全雇用とは限らない。完全雇用とは，労働需給の一時的なずれにもとづく摩擦的失業を除いたうえで，現行の実質賃金率で働きたいと思っている労働者がすべて雇用されている状態のことである。摩擦的失業を具体的に測定するのは困難であるが，たとえば，アメリカでは失業率4%以内の場合は完全雇用の状態と見られている。

財市場が均衡状態であっても，労働市場に失業が存在する経済を過少雇用均衡（あるいは不完全雇用均衡）という。労働者が現行の実質賃金率に不満で起こる失業ではなく，有効需要の不足ゆえに企業が雇用しようとしないため失業が生じる。ケインズは，この失業を「非自発的失業」と呼んでいる。ケインズはこの種の失業を重視し，その解消のための有効需要創出政策を提唱した。この種の失業はケインズ的失業ともいわれる。

経済が過少雇用均衡であれば，政府は何らかの政策を講じて景気を拡大させ失業を減少させる必要があると考える。それには，政府支出（あるいは公共投資）を増加させたり，所得減税を通して消費需要を刺激したりするのが一般的である。ここではまず，政府支出増加の効果について確認してみよう。

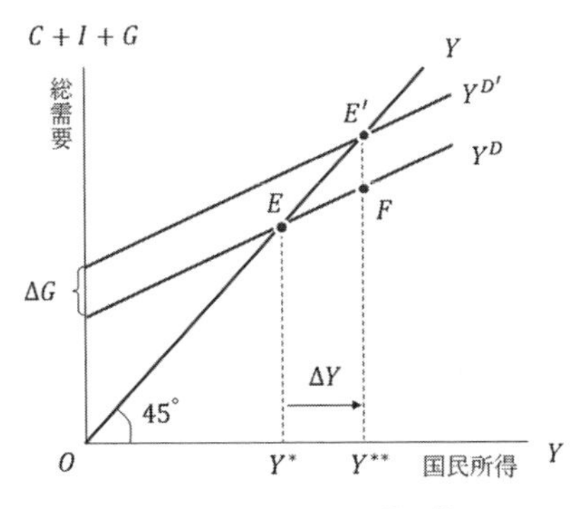

図 3-6　拡張的財政政策の効果

いま図 3-6 において，当初の経済は，総需要関数 Y^D のもとで，財市場が点 E で均衡する。消費関数は $C = c_0 + c_1(Y - T)$，政府支出は G，租税は T とする。このときの均衡国民所得 Y^* は，

$$Y^* = \frac{1}{1 - c_1}(c_0 - c_1T + I + G) \tag{3.8}$$

である。しかし，この経済は過少雇用均衡の状態にあり，失業者が存在するために，政府が拡張的財政政策として政府支出を ΔG だけ増加させたならば，そのときの総需要関数は，

$$Y^{D'} = c_0 + c_1(Y - T) + I + G + \Delta G$$

となるから，新しい総需要関数は図 3-6 で示したように，ΔG だけ上方にシフトする。そのため，財市場に超過需要が生じるので，財市場が均衡するためには，産出量は点 E' まで増やさなければならない。そのときの均衡国民所得を Y^{**} とすれば，

$$Y^{**} = \frac{1}{1 - c_1}(c_0 - c_1 T + I + G + \Delta G) \tag{3.9}$$

となるから，所得の増加分 ΔY は，(3.9) 式から (3.8) を差し引けば，

$$\Delta Y = \frac{1}{1 - c_1}\Delta G \tag{3.10}$$

が得られる。

上記の 3.10 式から，政府支出を ΔG だけ増加させれば，$1/(1 - c_1)$ 倍の国民所得の増加が見込まれる。この倍数を政府支出乗数という。c_1 は限界消費性向であることから，この政府支出乗数は 1 マイナス限界消費性向の逆数倍の国民所得を増加させることになる。1 マイナス限界消費性向イコール限界貯蓄性向であることから，この政府支出乗数は限界貯蓄性向の逆数倍の国民所得を増加させることがわかる。

公共投資 ΔI だけが増加した場合の国民所得を増加させる効果は，政府支出の増加による国民所得の増加と同じ方法で求められる。このときの乗数を投資乗数といい，政府支出乗数と全く同じように，$1/(1 - c_1)$ 倍の国民所得が増加することがわかる。

(2) 乗数の波及的プロセス

政府支出や公共投資など，モデルの外側から与えられる変数の値が 1 単位増えたとき，所得水準のようなモデルの内部で決定される変数がどれだけ増えるのかを示した比率は乗数である。政府支出や投資などの外生変数が，1 単位増加しただけで GDP が限界貯蓄性向の逆数分だけ増加するのは何故か，このような外生変数が，どのようなプロセスを経て所得という内生変数に影響を及ぼすのかについて考えてみよう。

いま，投資が ΔI 分だけ増加したとしよう。企業が投資財を購入したり，機械

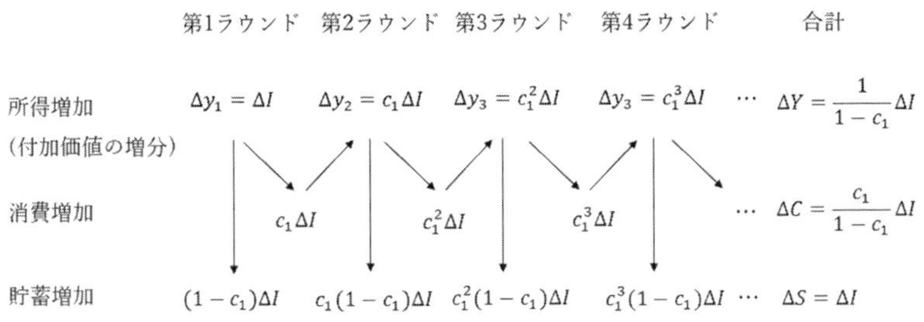

	第1ラウンド	第2ラウンド	第3ラウンド	第4ラウンド		合計
所得増加（付加価値の増分）	$\Delta y_1 = \Delta I$	$\Delta y_2 = c_1 \Delta I$	$\Delta y_3 = c_1^2 \Delta I$	$\Delta y_3 = c_1^3 \Delta I$	…	$\Delta Y = \frac{1}{1 - c_1} \Delta I$
消費増加	$c_1 \Delta I$	$c_1^2 \Delta I$	$c_1^3 \Delta I$		…	$\Delta C = \frac{c_1}{1 - c_1} \Delta I$
貯蓄増加	$(1 - c_1)\Delta I$	$c_1(1 - c_1)\Delta I$	$c_1^2(1 - c_1)\Delta I$	$c_1^3(1 - c_1)\Delta I$	…	$\Delta S = \Delta I$

図 3-7　乗数の波及プロセス

設備を発注したりして，生産活動を通して市場全体が ΔI 分に相応する付加価値が増加することになる。ここでは，第１ラウンドとして，ΔI 分の付加価値が増加して，この付加価値の増加分は必ず誰かの所得として分配されることになる。第１ラウンドの所得増加（付加価値の増分）を，$\Delta y_1 = \Delta I$ で表せる。分配される所得は，消費されるか貯蓄されるか，あるいは政府の税収になる。ここでは単純化するため，租税の部分を無視する。ここの第１ラウンドで分配された所得のうち，$c_1 \Delta I$ が消費にまわされ，$(1 - c_1)\Delta I$ が貯蓄として残される。消費の増分に等しい付加価値 $c_1 \Delta I$ は消費財の購入などで消費されたわけで，企業はその分を増産して対応することになる。これが第２ラウンドの付加価値の増加につながり，この所得増加（付加価値の増分）は，$\Delta y_2 = c_1 \Delta I$ になる。第２ラウンドでは，$c_1(1 - c_1)\Delta I$ の貯蓄は残されるが，消費された $c_1^2 \Delta I$ 分は，図 3-7 で示したように，第３ラウンドの付加価値の増加をもたらすことになる。

このような循環的なプロセスがつづき，消費増加を通して所得の増加に波及していくことがわかる。無限等比級数の和の公式を用いて，その累計を求めると，所得累積増加額は，

$$\begin{aligned}\Delta Y &= \Delta y_1 + \Delta y_2 + \Delta y_3 + \cdots + \Delta y_{n-1} + \cdots \\ &= \Delta I + c_1 \Delta I + c_1^2 \Delta I + \cdots c_1^{n-1} \Delta I + \cdots \\ &= \Delta I (1 + c_1 + c_1^2 + \cdots c_1^{n-1} + \cdots) = \frac{1}{1 - c_1} \Delta I\end{aligned}$$

消費累積増加額は，

$$\begin{aligned}\Delta C &= c \Delta I + c_1 \Delta I + c_1^2 \Delta I + \cdots c_1^{n-1} \Delta I + \cdots \\ &= c_1 (1 + c_1 + c_1^2 + \cdots c_1^{n-1} + \cdots) \Delta I = \frac{c_1}{1 - c_1} \Delta I\end{aligned}$$

貯蓄累積増加額は，

$$\Delta S = (1 - c_1)(1 + c_1 + c_1^2 + \cdots c_1^{n-1} + \cdots)\Delta I = \frac{1 - c_1}{1 - c_1}\Delta I$$

となることがわかる。

このように，GDPの増加額は，消費の増加額と貯蓄の増加額の和になっている。これは，GDPはかならず誰かに分配され，それは消費されるか，貯蓄されるかを意味するものである。政府支出や投資などの外生変数は，消費の増加を通して，そして循環的なプロセスを経て所得の増加に波及していく。これが乗数の波及的プロセスである。

(3)　所得減税

所得減税による所得増加の効果を考察してみよう。一国の経済は，消費 C，投資 I，政府支出 G から構成されると考え，国民所得を Y，税金を T，可処分所得を $Y - T$ とし，消費と可処分所得の関係を示す消費関数は $C = c_0 + c_1(Y - T)$ としよう。

完全雇用GDPを実現するために，税額 T から $T + \Delta T$ に変更したとすれば，消費関数は，

$$C = c_0 + c_1[Y - (T + \Delta T)] = c_0 + c_1(Y - T - \Delta T)$$

となり，減税を行うならば，家計の可処分所得は増加するから，消費需要が拡大することになる。

減税前の均衡国民所得水準を Y^* とし，その値は，

$$Y^* = \frac{1}{1 - c_1}(c_0 - c_1 T + I + G)$$

となる。

完全雇用GDP水準を Y_F とし，完全雇用を達成させる国民所得の均衡式は，

$$Y_F = c_0 + c_1(Y_F - T - \Delta T) + I + G$$

となり，完全雇用GDP（Y_F）は，

$$Y_F = \frac{1}{1 - c_1}(c_0 - c_1 T - c_1 \Delta T + I + G)$$

となる。減税により均衡国民所得が増加し，その結果，所得の増加分は，

$$\Delta Y = -\frac{c_1}{1 - c_1}\Delta T \tag{3.11}$$

所得減税が行われたならば，ΔT がマイナス（－）になり，所得は $-c_1/(1 - c_1)$ 倍の増加となる。このときの倍数を減税乗数あるいは租税乗数という。この 3.11 式の右辺にマイナスの符号が付いていることに注意しよう。減税の場合，ΔT がマイナスになり，国民所得は増加するが，増税になれば，ΔT がプラス（＋）になり，国民所得は減少する。また，政府支出乗数と比べて，減税乗数は限界消費性向分だけ減税乗数の値の方が小さいことがわかる。たとえば，限界消費性向 = 0.6 の場合，政府支出乗数の値は 2.5 であるが，減税乗数の値は 1.5 である。政府が 10 兆円の財政出動を打ち出し場合の経済効果（所得の増加）は 25 兆円であるのに対して，10 兆円規模の減税から得られる経済効果（所得の増加）は 15 兆円であることがわかる。

4．デフレギャップとインフレギャップ：総需要管理政策

政府支出の増加や所得減税によって国民所得が増加することがわかった。図 3-8 で示されているように，総需要の水準が Y_0^D，財市場が点 E で均衡した場合，均衡国民所得 Y^* が決定されるとしよう。経済のこの均衡状態は過少雇用均衡であれば，完全雇用を実現するために生産を拡大して雇用を創出しなければならない。完全雇用を保証する均衡国民所得水準（これを完全雇用 GDP あるいは完全雇用国民所得という）は Y_F であるならば，財市場では総需要が不足して，非自発的失業が生じる。図 3-8 で示された線分 BC は総需要不足の分であり，この完全雇用 GDP と総需要の差をデフレギャップという。この状態を解消するには，公共投資などの投資支出の拡大（あるいは政府支出の拡大）によって雇用拡大を実現する方策が求められている。

いま，経済が過熱の状態にあり，総需要の水準が Y_1^D，つまり完全雇用 GDP

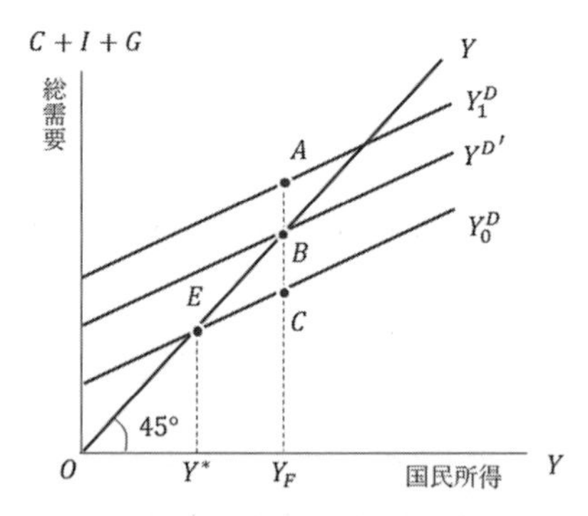

図 3-8　インフレギャップとデフレギャップ

を上回っていたならば，財市場に線分 AB だけ超過需要が生じる。これをインフレギャップという。このとき，完全雇用がすでに達成されたために，経済全体の生産性と効率性を向上させない限り，産出量の拡大は見込まれない。雇用量を増やす方法が採られるならば，賃金率が上昇し，それによって生産コストが上昇し，さらに物価も上昇し始めるであろう。このように，完全雇用が達成されると供給制約を受けることになり，物価上昇が起きることになる。このような完全雇用が達成された後の物価上昇の現象は真正インフレーションと呼ばれる。この場合は，財政や金融の引き締め策がとられるであろう。

このように，景気が悪化しデフレギャップが生じているときには，政府は，政府支出や公共投資の拡大，所得減税，金融緩和などの財政金融政策を発動して，完全雇用を達成させる水準 $Y^{D'}$ まで総需要を押し上げる必要がある。一方，景気が過熱してインフレギャップが生じているときは，政府支出の削減，公共投資の抑制，増税，または金融引締めなどの政策を施して，総需要を $Y^{D'}$ まで押し下げる必要があるであろう。これが総需要管理政策である。

第4章

貨幣市場の均衡と利子率

本章のねらい

・貨幣とは何か，貨幣の機能，そして貨幣供給（マネーストック）の基礎概念について解説する。
・信用創造について説明し，中央銀行によるマネタリーベースのコントロールとマネーストックの決定について解説する。
・人々はなぜ貨幣を保有するのかを解明し，貨幣需要関数を定式化する。
・流動性選好利子率論にもとづいて貨幣市場の利子率決定のメカニズムを明らかにし，マネーストックの変化と金融政策の関係，金融政策の目標と手段を解明する。

1．ストック市場におけるワルラスの法則

(1) ストック市場とは

ストック市場とは，人々が貨幣と貨幣以外の資産を交換するところであり，マクロ経済学においては，貨幣に対する需要と供給の出会う場としてモデル化される市場のことをいう。ストック市場は資産市場とも呼ばれている。資産は大まかに，貨幣，預貯金，債券などの金融資産と土地，住宅などの実物資産に区分される。また，金融資産は，利子を生まない貨幣と，国債や株式のような利子を生む資産に分けることができる。貨幣以外の資産（社債，国債，株式，住宅，土地など）をまとめて債券として扱えば，モデル化されたストック市場では，資産は貨幣と債券の二種類だけとなる。そして，貨幣が供給され需要される市場を貨幣市場とし，債券が供給され需要される市場を債券市場とする。これはあくまでも，簡便化のためである。

資産が貨幣と債券の二種類だけとする場合，債券を相対的に多く保有すれば，債券から得られる利子収入が増えることも期待できるが，債券価格が下落すれば，損失を被ることもあり得る。他方，貨幣を多く保有すれば，利便性を享受することができるが，利子収入は全く得られない。したがって，人々は自己の保有資産を，貨幣か債券のどちらかの形でどれだけ保有するかを選択しなければならない。資産は，収益性，不確実性（リスク），流動性，分割可能性の四つの特性をもつ。資産をどのような形で保有するかという意思決定を，ポートフォリオ選択（あるいは資産選択）という。

⑵　ストック市場におけるワルラスの法則

ストック市場は貨幣と債券の交換の場であるとすれば，貨幣市場と債券市場を同時に分析する必要があるが，実は，貨幣市場と債券市場はコインの表と裏の関係になっているため，貨幣市場だけに視点を向け分析するだけで，同時に債券市場の状況を把握することができる。

社会全体の資産総合計を W，物価水準を P とすれば，資産の実質的価値は W/P となる。この社会全体の資産は貨幣と債券に分配される。実質貨幣需要を L，実質債券需要を B とすれば，社会全体の資産の分配は，

$$\frac{W}{P} = L + B \tag{4.1}$$

となる。

経済全体の富に着目すると，ある時点の実質貨幣供給と実質債券発行残高の合計が経済全体の富を形成していると捉えられる。現金通貨，預金通貨の合計 M（マネーストック）を物価水準 P で割ったものを実質貨幣供給 M/P とし，実質債券発行残高を B^S とすれば，経済全体の富の形成の定義式は，

$$\frac{W}{P} = \frac{M}{P} + B^S \tag{4.2}$$

となる。

経済全体で形成された富は社会全体の資産として分配されるという意味で考えると，以下の式，

$$L + B = \frac{M}{P} + B^S$$

が得られる。上式を整理すると，以下の 4.3 式のようになる。

$$\left(L - \frac{M}{P}\right) + (B - B^S) = 0 \tag{4.3}$$

この（4.3）式において，実質貨幣需要が実質貨幣供給と等しいならば，債券に対する実質需要と実質供給も等しくなければならない。あるいは，左辺の第１項がプラスで貨幣市場に超過需要が生じたならば，第２項は同額のマイナス，すなわち債券市場は超過供給でなければならない。また，第１項はマイナスで貨幣市場が超過供給であれば，第２項の債券市場は超過需要となっていることがわかる。要するに，貨幣市場における超過需要（超過供給）は債券市場における同額の超過供給（超過需要）に等しいことを意味する。この関係を，資産市場におけるワルラスの法則という。このワルラスの法則が成り立っている限り，ストック市場を分析するにあたって，貨幣市場あるいは債券市場のどちらかを分析すればよいということである。それゆえ，以下では，貨幣市場だけに目を向けて分析しよう。

2．貨幣とは

(1)　貨幣の機能

貨幣とは，間接交換で交換手段として一般に使用され，人々の間を通用するようになった財貨のことであり，それゆえ「通貨」ともいわれる。交換が売買に形を変えた今日では，支払手段として役立つものが貨幣と考えられるようになった。具体的には鋳貨，紙幣，要求払預金がこれにあたり，また，それらと密接な代替関係にある定期預金も広義的な貨幣に含まれる。

貨幣は，主に一般的交換手段としての機能，価値尺度としての機能，富を貯蔵する手段としての機能の三つの機能を果たしている。第１の一般的交換手段としての機能とは，財・サービスの交換の媒介物としての役割を果たすという機能である。この機能は，厳密には支払い手段とは区別される。支払い手段としての機能とは，財・サービスの購入に対する支払い，あるいはより一般的には債務に対する弁済（清算）として，一般に受け入れられるという機能である。貨幣が，この機能を果たすには，自分が受け取った貨幣を他人が受け取ってくれるもの，さらに他人が受け取ってくれるからである。これが，「貨幣の一般的受領性」とよばれるものである。したがって，この機能は貨幣の本質的機能であり，交換を効率化するものである。

第２の価値尺度の機能として，貨幣はあらゆる財・サービスの交換価値＝価格を表現し，取引額や資産や負債を計算する共通の尺度となる。これが，貨幣の価値尺度手段あるいは計算単位手段と呼ばれる機能である。第３の富を貯蔵する手段としての機能とは，貨幣が将来において交換手段として使用されるとき，その間，貨幣は額面価値を持ち続けるという機能のことをいう。貨幣がこの機能を果たすとき，貨幣は金融資産の一つとして蓄えられるのである。その意味では，この機能を「資産機能」と呼ぶこともできる。

(2)　貨幣の種類とマネーストック

貨幣は，現金通貨，預金通貨，準通貨の三種類がある。現金通貨は，文字通り，現金のことであり，中央銀行券（日本銀行券）と補助貨幣（硬貨）を指している。現金だけが通貨ではない。預金（ただし，普通預金，当座預金などの要求払い預金）も，現金通貨と同様に，主に支払い手段として機能しているから，「通貨」の一つである。これが，「預金通貨」と呼ばれる所以である。また，人々は，貨幣を一定期間，銀行に預金すること，すなわち定期性預金を行うことによって，価値（額面価値）を維持しておこうとするため，定期性預金は，貨幣と同様に，価値の貯蔵手段として機能している。それゆえ，この預金も「通貨」の一つといえるから，定期性預金を「準通貨」（「貨幣に近い」という意味）と呼ばれている。

このように，現金通貨以外の各種の預金も貨幣として機能している。それゆえ，個人や一般法人（金融機関を除く）や地方公共団体などの通貨保有主体が保有する通貨量を集計すれば，人々の購買力あるいは資金力の大きさを知ることができる。この通貨の集計が，マネーストックである。なお，マネーストック，通貨量，貨幣量，貨幣供給量，通貨供給量などの用語はほぼ同義のものとして使われている。

マネーストックとは，非銀行部門が保有する通貨量（残高）のことであり，換言すれば，この部門の「購買力の大きさ」を表す重要な指標である。マネーストック統計では，M1，M2，M3，広義流動性の四種類がある。現金通貨と預金通貨の合計はM1である。これは，マネーストック集計で最も狭い意味の集計概念である。マネーストック統計は毎月公表されるが，その際，新聞などニュースで取り上げられるのはM1であることが多い。

マネーストック「M1」＝現金通貨＋預金通貨
ただし，現金通貨＝日本銀行券発行高＋貨幣流通高（硬貨）

マネーストック統計のM2は，現金通貨以外に，預金通貨，準通貨，譲渡性預金（Certificate of Deposit：CD，無記名で譲渡可能な大口定期預金）の預金額を合計したものである。ただし，預金の集計対象機関が，M1と異なり，ゆうちょ銀行，信用組合，農業協同組合，労働金庫などは除かれる。

マネーストック「M2」＝現金通貨＋預金通貨＋準通貨＋譲渡性預金（CD）
ただし，預金通貨，準通貨の発行者はゆうちょ銀行，信用組合等を除く

マネーストックM3であるが，これは現金通貨以外に，すべての預金取扱金融機関の預金通貨，準通貨，譲渡性預金を合計したものである。

マネーストック「M3」＝現金通貨＋預金通貨＋準通貨＋譲渡性預金（CD）
現金通貨以外に，すべての預金取扱機関の預金通貨，準通貨，譲渡性預金を合計したもの

また，M3にその他の金銭信託，投資信託，銀行発行普通社債，金融機関発行CD国債，外債を加えたものが広義流動性である。広義流動性はM3よりさらに広範囲な概念となる。

広義流動性：現金通貨＋預金通貨＋準通貨＋ CD ＋その他

マネーストックの区分およびその構成項目については，表4-1のように示されている。

表 4-1　マネーストックの内訳

マネーストックの区分	構成項目
M1	現金通貨＋預金通貨
M2	現金通貨＋預金通貨＋準通貨＋ CD
M3	現金通貨＋預金通貨＋準通貨＋ CD
広義流動性	現金通貨＋預金通貨＋準通貨＋ CD ＋その他

マネーストック構成項目	対象金融商品
現金通貨	日銀券＋硬貨
預金通貨	要求払預金－金融機関保有小切手・手形
準通貨	定期性預金＋据置預金＋定期積金＋外貨預金
CD	譲渡性預金
その他	金銭信託，投資信託，金融債，銀行発行普通社債，金融機関発行 CP，国債，外債

（注）M2 と M3 では通貨発行主体の範囲が異なる。M2 の場合は，日銀，国内銀行（除くゆうちょ銀行），在日外銀，信金，信金中金，農中，商中が該当する。M1 と M3 の場合は日銀と全預金取扱機関が該当する。
（出所）日本銀行 HP より作成。

3．貨幣の供給

(1)　貨幣の供給と信用創造

マネーストックの構成項目で大きな部分を占めるのは，預金通貨と準通貨である。預金通貨と準通貨は，銀行に預けられているため，預金という貨幣の供給には銀行が大きく関与している。現金通貨の主な発行主体は中央銀行（日本の場合は日本銀行）であるが，預金通貨を取り扱っているのは民間銀行であり，民間銀行は貸出をすることによって預金を増やすことができる。民間銀行も大きな役割を果たしている。

預金は家計や企業にとっては資産であるが，銀行にとっては負債である。企業は，借入金や資本金で資金を調達し貸方に計上するが，その調達した資金を設備や預金として保有し借方に計上する。表 4-2 で示されたように，企業にとって運用手段である預金は借方に計上されることになる。

街中にある民間銀行を市中銀行とも呼び，ここで，市中銀行は預金によって資金を調達するとしよう。預金は銀行にとっては調達手段なので，貸方に計上されるが，その調達した資金を貸出や証券投資などで運用する。表 4-2 のように，資

表 4-2　企業と銀行のバランスシート（貸借対照表）

企業のバランスシート				銀行のバランスシート			
（借方）			（貸方）	（借方）			（貸方）
預金	100	借入金	90	貸出金	90	預金	100
設備	100	資本金	110	証券投資	30	資本金	20

金運用は借方に計上される。

市中銀行は貸出を実行することによって預金を創り出すことが可能になる。銀行のこの預金を創り出す機能を信用創造と呼ぶ。貨幣量の大半を占める預金通貨は，銀行の与信行動によって創り出されるものであるが，銀行がむやみに貸出を増やして，預金通貨を作り出せるものではない。預金者の要求払いへの対応にともなって，預金の一部が外部に流出する。要求払いとは，顧客から要求があり次第，直ちに現金化され，かつ，小切手や口座間振替などの手段により，預金形態のまま第三者に支払うことができる種類の預金である。預金通貨を D，現金通貨を C，現金流出率（現金・預金比率）を cc とすると，預金に対する現金の流出は，$cc = C/D$ で表される。

また，銀行は預金の流出に備えて預金の一定額を中央銀行に準備預金として預けなければいけない。このような準備預金制度が設けられているため，民間銀行は法定準備率の制約を受けているわけである。法定準備率とは，民間銀行が預金者の預金払い戻しによる現金通貨支払い請求に備えるため，預金に対して一定の現金準備を保有していなければならないその預金残高に対する現金準備の比率のことをいう。法定準備率は，預金準備率，支払準備率，準備率ともいう。預金通貨を D，準備金を R，支払準備率を re とすれば，$re = R/D$ となる。

民間銀行の信用創造について，視点を銀行の業界全体に広げて考察してみよう。民間銀行は，個々の銀行に関連するかぎり，預かった預金以上に貸出をすることはできない。しかし，多数の銀行を一つの組織として見るならば，このことが可能であり，これが銀行の信用創造と呼ばれる現象である。ここで，銀行業全体を一つの組織として捉えた場合の預金総額はどうなるかを考えよう。

いま，A 銀行の行員が 100 万円の預金を集めてきたとしよう。この 100 万円を貸出せずにそのまま自行に保管するとすれば，銀行のバランスシート上では，本源的預金 ΔD_0 の 100 万円と過剰準備 ΔR_0 の 100 万円がそれぞれ負債（貸方）と資産（借方）に計上されるが，A 銀行が法定準備率 $re = 10\%$ のもと，B 銀行

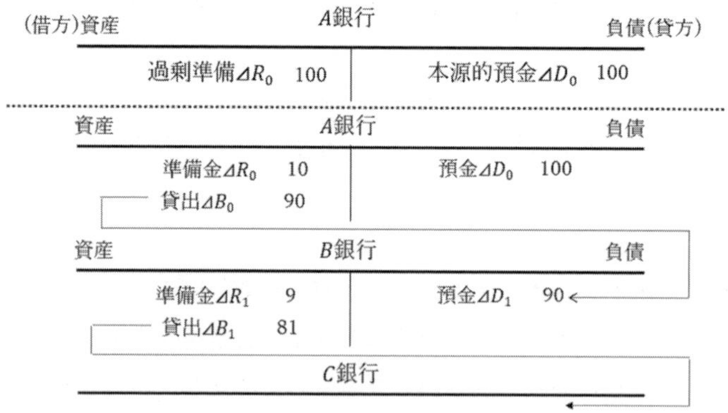

(借方)資産	A銀行	負債(貸方)
過剰準備$\varDelta R_0$　100		本源的預金$\varDelta D_0$　100

資産	A銀行	負債
準備金$\varDelta R_0$　10		預金$\varDelta D_0$　100
貸出$\varDelta B_0$　90		

資産	B銀行	負債
準備金$\varDelta R_1$　9		預金$\varDelta D_1$　90
貸出$\varDelta B_1$　81		

C銀行

図 4-1　銀行の信用創造

に貸出を行うとすると，A 銀行の準備金 ΔR_0 は 10 万円となり，B 銀行への貸出 ΔB_0 は 90 万円となる。図 4-1 のように，今度は B 銀行が A 銀行から与信された預金 ΔD_1 を C 銀行に貸出を行う。同じ法定準備率 $re = 10\%$ のもと，B 銀行は準備金 ΔR_1 の 9 万円を残して，貸出 ΔB_1 の 81 万円を C 銀行に貸し出す。C 銀行もまた同様に次の銀行への貸出を行う。このように，A 銀行，B 銀行，C 銀行のような預金，貸出，預金，貸出の連鎖は以下のように表せる。

$$\Delta D_0 = \Delta R_0$$
$$\Delta D_1 = \Delta B_0 = (1 - re)\Delta D_0$$
$$\Delta D_2 = \Delta B_1 = (1 - re)\Delta D_1 = (1 - re)^2 \Delta D_0$$
$$\Delta D_3 = \Delta B_2 = (1 - re)\Delta D_2 = (1 - re)^3 \Delta D_0$$
$$\vdots$$
$$\vdots$$

本源的預金を含めて，銀行全体として創出された預金の総額 ΔD は，

$$\Delta D = \Delta D_0 + \Delta D_1 + \Delta D_2 + \cdots = \Delta D_0 + (1 - re)\Delta D_0 + (1 - re)^2 \Delta D_0 + \cdots$$

となり，無限等比級数の公式を適用すれば，

$$\Delta D = \frac{1}{1 - (1 - re)} \Delta D_0$$

$$\Delta D = \frac{1}{re}\Delta D_0 \tag{4.4}$$

として表せる。この4.4式から，法定準備率が小であるほど預金創造は大になることがわかる。

(2) 中央銀行と準備金制度

中央銀行とは，通貨の独占的発行権を与えられた銀行であり，一国の金融制度の中心的機関として，金融政策の運営にあたっている銀行である。中央銀行は銀行の銀行というべき存在である。日本の日本銀行，アメリカのFRB（Federal Reserve Board），イギリスのイングランド銀行，欧州のECB（European Central Bank），中国の中国人民銀行が中央銀行にあたる。

民間銀行は，日本銀行に口座をもち，日本銀行は民間銀行から当座預金を受け入れている。このために日銀に開設されている口座を「日銀当座預金」といい，これを略して「日銀当預」と呼ぶ。そして，民間銀行間の決済は「日銀ネット」（正式には「日本銀行金融ネットワークシステム」）と呼ばれるオンライン処理ネットワークで結ばれている。そのため，A銀行の預金からD銀行の預金への振替が行われる場合は，A銀行の日銀当預からD銀行の日銀当預に数字を振り替えることによってなされるわけで，中央銀行が民間銀行の資金の流れをすべて把握する仕組みとなっている。

中央銀行は，民間の金融機関に対して貸し出しを行う際に適用される基準金利を通して，対民間金融機関の貨幣供給をコントロールしている。この貸出基準金利は公定歩合と呼ばれたが，日本銀行は2006年8月11日に「公定歩合」に関する統計の名称変更を行い，以後は公定歩合という名称は使わず，「基準割引率および基準貸付利率」と呼ぶこととなっている。また，中央銀行は準備預金制度を通して，信用創造に影響を与えている。準備預金制度については，すでに触れたように，これは金融機関に対して受け入れている預金の一定比率（準備率）以上の金額を中央銀行に預け入れることを義務づける制度のことである。法定準備率と預金創造は反比例間にあるため，準備預金制度の下で，中央銀行が法定準備率を引き上げれば，民間の信用創造の力が抑えられることになる。このように，中央銀行は銀行への資金供給を通じて，民間銀行の貸出行動に間接的または直接的に影響を与えることができる。

(3) マネタリーベースのコントロール

マネタリーベース（Monetary Base）とは，中央銀行が供給する通貨であり，下記式で表されるように，現金通貨（C）と中央銀行当座預金（R）を合わせたものとして定義される。マネタリーベースは，ハイパワードマネー（High-powered Money）とも呼ぶ。ここで，ハイパワードマネーをHとすると，以下のように，

$$H = C + R$$

となり，中央銀行が直接にマネタリーベース（あるいはハイパワードマネー）をコントロールできる。

中央銀行のマネタリーベース（あるいはハイパワードマネー）を管理する手段は公開市場操作である。公開市場操作とは，中央銀行が手形や債券などを不特定多数の顧客に対して売買することをいう。公開市場操作には，主にマネタリーベース（あるいはハイパワードマネー）を吸収する売りオペと，マネタリーベース（あるいはハイパワードマネー）を供給する買いオペの二つのオペレーションがあり，景気を刺激することを目的として使われているのが買いオペである。

(4) 信用乗数

マネーストックMを現金通貨のうち実際に流通している分（流通通貨）と預金通貨を合わせた金額と定義すれば，

$$M = C + D$$

となる。マネタリーベース（あるいはハイパワードマネー）Hは流通通貨Cと，銀行手元保有現金と預り金（この量をRで表わす）を合わせたものとすれば，

$$H = C + R$$

と表せる。

ここで，現金・預金比率$C/D = cc$，支払準備率：$R/D = re$と書けば，

$$H=\left(\frac{C}{C+D}+\frac{R}{C+D}\right)M=\left(\frac{C/D}{C/D+D/D}+\frac{R/D}{C/D+D/D}\right)M$$

$$=\left(\frac{cc}{cc+1}+\frac{re}{cc+1}\right)M$$

$$H=\left(\frac{cc+re}{cc+1}\right)M \tag{4.5}$$

と表せる。4.5 式を変形すると，

$$M=\left(\frac{cc+1}{cc+re}\right)H \tag{4.6}$$

となる。$m=(cc+1)/(cc+re)$ とすれば，4.6 式は，

$$M=mH \tag{4.7}$$

と変形できる。この 4.7 式は中央銀行がマネタリーベース（あるいはハイパワードマネー）H を決めることができれば，その m 倍のマネーストックが供給されることを意味する。このマネーストックとマネタリーベースの間の倍率 m を信用乗数と呼ぶ。この信用乗数 m は，金融政策を議論する際の一つの重要な論点となっている。

４．貨幣の需要

(1)　貨幣の取引需要

ケインズは『一般理論』において，貨幣のことを流動性（Liquidity）と呼んでいる。すでに説明したように，資産は利子を生む債券と利子を生まない貨幣の二種類に分けられている。人々が利子を放棄してまで貨幣を進んで保有しようとする積極的な欲求のことを流動性選好という。債券を保有すれば，当然，利子収入が得られるはずであるが，利子収入を放棄してまで貨幣を保有する理由は何なのであろうか。人々の貨幣に対する需要は二つあって，一つは取引需要，もう一つは資産需要である。

ここでは先ず，貨幣の取引需要について見てみよう。貨幣の取引需要は，貨幣

保有の予備的動機と取引動機にもとづくものである。予備的動機とは，不意の支出を必要とする偶発事に直面した際の損失や困惑を回避したり，有利な購入をする思いがけない好機に備えたりするために貨幣を保有しようとする動機であり，取引動機とは，日常の取引時に発生する債務に対して，できる限り速やかに清算し，取引を円滑にするために，貨幣を保有しようとする動機である。一般に，取引需要による貨幣保有の大きさは，ほぼ人々の所得水準に比例している。経済全体でみた場合は，取引需要による貨幣保有はほぼGDP水準の増加関数であると考える。

(2)　貨幣の資産需要

次に，貨幣の資産需要について見てみよう。貨幣の資産需要は，貨幣保有の投機的動機にもとづくものである。投機的動機とは，資本の利益を得ようとする目的で貨幣を保有しようとする動機である。投機的動機は，不確実性のもとでいかにして資本利得を獲得し，いかにして資本損失を回避するかという投機活動のために貨幣を保有しようとするものである。

ケインズは，社会全体の資産を，利子の生まない「貨幣」と，それを保有することから利子の発生する「債券」とに分類した。人々が資産を貨幣で保有するか債券で保有するかは，人々が資本利得を得ようとしたり，逆に資本損失を回避しようとしたりすることでもある。言い換えると，このような人々の行動は，貨幣を投機活動として保有しているのである。この動機にもとづく貨幣保有は，まさに貨幣を価値の貯蔵手段として機能させているのである。この資産保有手段としての貨幣の機能に対応する貨幣需要が資産需要にあたる。

債券の利回り（収益）が高くなると，貨幣保有の機会費用が大きくなり，債券の利回り（収益）が低くなると，貨幣保有の機会費用が小さくなる。機会費用とは，ある行動を起こすときに失われる他の機会からの収益のことを指す。貨幣保有の機会費用とは利子率のことである。また，人々は貨幣を多く保有するポートフォリオ選択をすれば，債券の保有が少なくなり，債券を保有することによって獲得できる利子が失われる。したがって，貨幣保有と利子の獲得はトレードオフの関係にあるのが明らかであろう。

(3) 債券価格と利子率の関係

債券価格の変化は貨幣の資産需要に影響を与えるのであろうか。一般に，債券価格が安いときには利子率は高く，債券価格が高いときには利子率は低くなっているから，利子率が高いほど貨幣需要は少なく，利子率が低いほど貨幣需要は多くなるといわれるが，なぜ債券価格と利子率は相反する動きをするのであろうか。ここで一歩踏み込んで，債券価格と利子率の関係について確認しよう。

債券価格が十分安く，将来に値上がりするであろうと思うときには，人々は貨幣を保有しないで債券を持ちたがるであろう。逆に，債券価格が高く，将来値下がりするのではないかと思うときには，人々は債券を保有しないで貨幣を持ちたがると考える。

いま，債券の額面価格が A 円，元本に対して永久に年率 α（%），年 αA だけの確定収入を永久に支払うが元本の償還はしない，つまり永久確定利付公債（たとえば，コンソール債）について考えてみよう。

債券を購入することによって，毎年得られる利子収入（確定利子収入）は αA 円となる。ただし，市場利子率を r（%）とする。ところで，債券を購入し1年後に得られる αA 円は，現在の αA 円と同じ価値をもつのであろうか。1年後に得られる αA 円は，市場利子率が r（%）とすれば，現在価値になおすと，

$$\frac{\alpha A}{1+r}$$

となる。

また，2年後の αA 円は，

$$\frac{\alpha A}{(1+r)^2}$$

となる。これが割引現在価値の考え方である。この公債の利子収入を割り引くときの市場利子率を「割引率」と呼ぶ。割引現在価値とは，将来の利子収入の流れを割引率で割り引いて，現時点に置き換えた値のことである。

利子を永久に受け取るときの利子収入の流れの割引現在価値 B は，1年後の利子収入の割引現在価値，2年後の利子収入の割引現在価値，……n 年後の利子収入の割引現在価値の合計なり，以下のように，

$$B = \frac{\alpha A}{1+r} + \frac{\alpha A}{(1+r)^2} + \frac{\alpha A}{(1+r)^3} + \cdots\cdots$$

となる。等比級数を用いて，上式を書き換えれば，

$$B = \frac{\alpha A}{r} \tag{4.8}$$

と表すことができる。

この永久確定利付公債の割引現在価値 B は，市場での投資家の裁定取引を通じて，その債券の市場価格（あるいは債券相場）P と等しくなり，債券の現在価値，すなわち債券価格と同じものである。その結果，上式の分子は常に一定額であるから，債券価格 P と市場利子率 r とのあいだには，以下のようなことが明らかになる。

(a)　利子率が上昇すれば，債券価格は低下する。

(b)　利子率が低下すれば，債券価格は上昇する。

このように，債券相場 P と市場利子率 r とは反比例関係にある。市場利子率が下落すると，投資家は近い将来に利子率が反騰するとの期待を抱き，資本損失を回避するために，債券を売却して貨幣の需要を強める傾向があり，貨幣の資産需要は増える。逆に，市場利子率が上昇すると，投資家は近い将来に利子率が下落することを予想して，資本の利得を見込んで，貨幣を手放し，債券の購入を増加する傾向があり，貨幣の資産需要は減る。したがって，貨幣需要は債券価格の変化ではなく，利子率の変化と関連付けることができる。貨幣の資産需要は利子率が低いほど大きく，利子率が高いほど小さくなる。貨幣の資産需要は利子率の減少関数である。

(4)　貨幣需要関数

以上で述べたように，貨幣需要は貨幣の取引需要と貨幣の資産需要に依存する。取引動機と予備的動機にもとづく貨幣需要をあわせて取引貨幣需要といい，取引貨幣需要関数を L_1 とすれば，L_1 は，基本的には国民所得 Y の大きさに比例すると考えられるので，図 4-2（A）は貨幣の取引需要を示している。式で表すと，次のように示される。

$$L_1 = kY \tag{4.9}$$

投機的動機にもとづく貨幣需要は，貨幣の資産需要あるいは流動性選好と呼ばれる。貨幣の資産需要関数を L_2，市場利子率を r とすれば，流動性選好曲線 L_2 は図 4-2（B）のように示される。これはケインズによって「流動性選好」として定式化されたものであり，式で表すと，4.10 式のように書ける。

$$L_2 = L_2(r) \tag{4.10}$$

貨幣需要関数は，取引貨幣需要関数 L_1 と貨幣の資産需要関数 L_2 を合計したものであり，以下のように，

$$L = L_1(Y) + L_2(r) \tag{4.11}$$

で表せる。より一般的な形で表すと，4.12 式のように書ける。

$$L = L(Y, r) \tag{4.12}$$

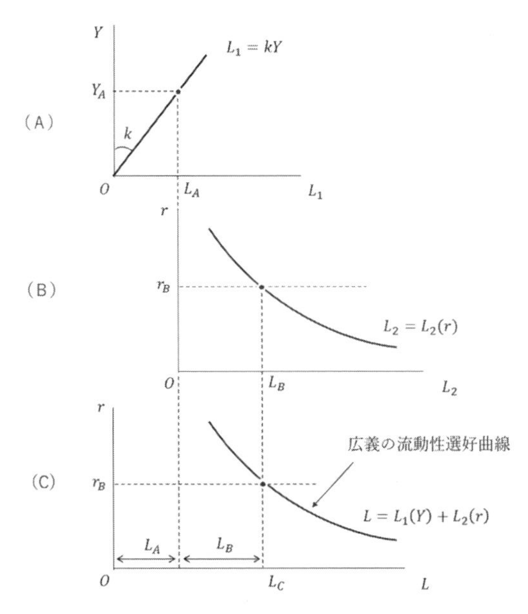

図 4-2　貨幣需要と広義の流動性選好

つまり，貨幣需要関数Lは，所得Yの増加関数，利子率rの減少関数として表わされ，これが広義の流動性選好関数である。

図 4-2（A）では，縦軸を国民所得Y，横軸を貨幣需要，とりわけ貨幣の取引需要L_1を測って，貨幣の取引需要関数$L_1 = kY$が描かれている。国民所得が$Y = Y_A$のとき，所得水準に対する取引貨幣需要がL_Aに決定される。図 4-2（B）では，縦軸に利子率r，横軸に貨幣の資産需要L_2が測られ，貨幣の資産需要（流動性選好）$L_2 = L_2(r)$が描かれている。市場利子率が$r = r_B$のとき，貨幣の資産需要がL_Bである。ある一定の利子率（$r = r_B$）のもとで，貨幣の取引需要L_Aと貨幣の資産需要L_Bを合わせると，それが貨幣需要L_Cとなり，図 4-2（C）から読み取れるように，$L_C = L_A + L_B$である。広義の流動性選好は，図 4-2（C）のように描かれている。

5．貨幣市場の均衡と利子率の決定

(1)　均衡利子率の決定

貨幣市場の利子率はどのように決まるのであろうか。利子率は人々の流動性選好（貨幣需要)）とマネー・サプライ（貨幣供給）とが均衡するところで決定されるという。これが，ケインズの『一般理論』で提唱された「流動性選好利子率論」である。

いま，マネーストックをM，貨幣需要量をL，市場利子率をr，国民所得をYとしよう。マネーストックMはいくつかの要因によって変動するが，ここでは当初，マネーストックMは一定であると仮定しよう。

貨幣需要関数Lは，所得Yの増加関数，利子率rの減少関数として表わされ，

$$L = L(Y, r) \tag{4.12}$$

と表せる。

また，貨幣の供給については，中央銀行がマネタリーベース（あるいはハイパワードマネー）Hを決め，その信用乗数m倍でマネーストックが供給され，4.7式のように表せる。

$$M = mH \tag{4.7}$$

実質的な貨幣需要との均衡を考慮する場合，実質貨幣供給量を求める必要がある。マネーストック M を物価水準 P で割ると，実質貨幣供給量 M/P が得られる。したがって，貨幣市場における需給均衡の条件は，

$$\frac{M}{P}=L(Y,r) \tag{4.13}$$

となる。

そこで，物価水準 P と所得 Y が一定であり，マネーストック M が中央銀行のコントロールの下にあるのであれば，利子率 r が決定される。図 4-3 に示されたように，均衡利子率は r_0 となる。

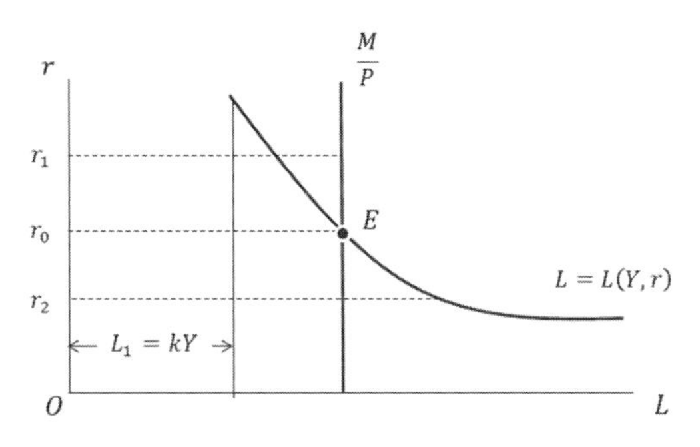

図 4-3　貨幣市場における均衡利子率の決定

もし利子率が図 4-3 のように，均衡利子率 r_0 以上の水準の r_1 まで上がったとすると，貨幣市場では超過供給が生じているから，過剰な貨幣は敬遠され債券が買われるようになれば，債券価格が上昇し利子率は下落する方向へ向かう。また逆に，利子率が均衡利子率 r_0 以下の水準の r_2 まで下がると，貨幣市場では超過需要が発生し，債券が売却され，債券価格が下落し利子率が上昇することになる。結局，利子率水準 r_0 では超過需要と超過供給が発生しないため，貨幣市場の均衡が実現される。

(2)　マネーストックの変化と利子率

流動性選好（曲線）を所与とし，マネーストックの変化について考えてみよう。マネーストックが増加したならば，図 4-4 で示したように，利子率は r_0 から r_2 に低下することがわかる。

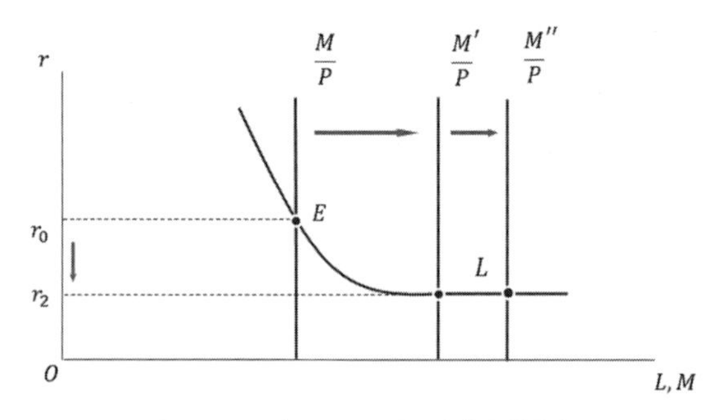

図 4-4　マネーストックの変化と利子率

ところで，貨幣需要が利子率に対して無限大に反応するならば，流動性選好曲線は横軸に対して平行な直線になる。この現象が，「流動性のわな（あるいは流動性トラップ）」と呼ばれるものである。

したがって，貨幣市場が流動性のわなに陥った状況下にあれば，そのときにさらにマネーストックを M/P' から M/P'' に増加させたとしても，利子率は r_2 以下には低下しない。これは，金融緩和政策の限界を意味する。

(3)　金融政策の目標と手段

最後に，金融政策の目標と手段についてまとめよう。金融政策の目標は主に，物価の安定，持続的な経済成長，為替相場の安定，国際収支の均衡が揚げられる。これらの政策目標を達成させるために，三つの政策手段が用いられた。

一つ目の政策手段は公定歩合（2006 年から「基準割引率および基準貸付利率」に名称変更）の変更である。これは貸出政策とも呼ばれるものである。日本はかつて，日本銀行が民間金融機関に貸出を行う際に適用される基準金利である公定歩合が中心的な政策手段であったが，金利の自由化が進み，公定歩合と預金金利との直接的な連動性が薄れた。1990 年に入って，バブル崩壊し，最悪の経済状況となった。長引く不況のなか，1999 年 2 月，日本銀行は短期金利の指標である無担保コール翌日物金利を史上最低の 0.15% に誘導することを決定した。当時の速水優日銀総裁が「ゼロでも良い」と発言したことからゼロ金利政策と呼ばれるようになった。これにより，銀行は超低利で短期資金を調達できるようになったため，公定歩合が次第に形骸化した。

二つ目の政策手段は公開市場操作である。これはマネタリーベース（あるいはハイパワードマネー）を操作することで，マネーストックをコントロールする手段である。この政策手段には，国債の買入れを中心とした「買いオペ」と，国債の売却や手形の売出しなどの「売りオペ」がある。日本銀行は，これらの操作を行うことによって，中央銀行の資産を調節して，マネタリーベース（現金通貨発行高と日銀当座預金）をコントロールすることになる。また，2001年から，「日銀による新規国債引き受け」の容認論も現れた。

表4-3 中央銀行のバランスシート（マネタリーサーベイ）

資産	負債
対外資産	マネタリーベース
政府向け信用	現金通貨発行高
預金取扱機関向け信用	日銀当座預金
その他金融機関向け信用	対外負債
その他部門向け信用	政府からの信用
	その他負債（純）

（出所）日本銀行HPより作成。

三つ目の政策手段は支払準備率操作である。これは，金融機関に対して受け入れている預金の一定比率（法定準備率）以上の金額を中央銀行に預け入れることを義務づける「準備預金制度」にもとづいて，その比率を変更し，金融機関の貸出資金量を調節する政策であり，信用乗数mの値を制御して信用創造の力をコントロールする政策手段である。日本銀行の潤沢な資金供給により，準備預金額は法定準備額をはるかに超過する「過剰準備」が常態化している。日本の場合，法定準備率は準備預金制度対象債務や市中銀行の規模によって異なるが平均すると0.7％程度となっている。近年，日本銀行の潤沢な資金供給により，準備預金額は法定準備額をはるかに超過する「過剰準備」が常態化している。法定準備率は1991年10月を最後に変更されていない。

第5章

IS-LM モデルと財政金融政策

本章のねらい

・財市場の均衡を表すIS曲線と，貨幣市場の均衡を表すLM曲線を導出する。
・財市場における国民所得の決定と，貨幣市場における利子率の決定を同じ国民所得と利子率の体系に入れて，IS-LMモデルを用いて財市場と貨幣市場の同時均衡を分析する。
・IS-LMモデルを使って，財政金融政策の効果を明らかにする。

1．IS-LM モデル

これまで，第3章の国民所得の決定理論において国民所得水準が財市場における需給が一致するところで決定されることと，第4章の流動性選好利子率論において貨幣市場における需給が一致するところで利子率が決定されることを解明した。しかし，実際には，国民所得水準は，貨幣の需給によっても影響されるし，利子率の水準も財市場における需要と供給にも依存する。

したがって，国民所得と利子率の同時的決定を論じるためには，国民所得決定論（有効需要の原理）と，流動性選好利子率論を統合し，財市場と貨幣市場の同時均衡を分析する必要がある。財市場と貨幣市場の同時均衡を分析する場合，もっともシンプルで基礎的な方法はIS-LM分析である。このIS-LM分析は，ノーベル経済学賞に輝いたイギリスのヒックス（John Richard Hicks, 1904-1989）が，ケインズの『一般理論』刊行後のわずか1年後の1937年に，『エコノメトリカ』という学術誌に発表した手法である。ヒックスは，IS-LM分析を駆使することによって，「ケインズ学説」と「古典派学説」の理論的相違を明らかにした。この章では，先ず，財市場の均衡を表わすIS曲線から説明しよう。

(1) 財市場の均衡と IS 曲線

一国の経済は，消費 C，投資 I，政府支出 G，貿易・サービス収支 NX からなるとしよう。Y は国民所得水準，Y_W は外国の所得水準，e は為替レート，r は利子率，T は租税とすれば，消費関数は $C = C(Y)$，投資関数は $I = I(r)$，輸入関数は $IM = IM(Y - T, e)$，貿易・サービス収支は $NX = NX(Y - T, Y_W, e)$，のように表せる（開放経済モデルについては第6章を参照）。ここでは，投資関数 $I = I(r)$ は利子率の減少関数，つまり，利子率が低下すると投資は増加し，利子率が上昇すれば投資は減少すると捉える。

マクロ経済モデルを単純化された封鎖経済モデルと仮定すると，$NX = NX(Y - T, Y_W, e) = 0$ となり，以下のように，総需要 Y^D は，$Y^D = C(Y) + I(r) + G$ となる。

財市場の均衡は総需要 Y^D と総供給 Y^S が一致するところで決定することから，$Y^D = Y^S$ が財市場の均衡条件となり，財市場の均衡条件は下式のようになる。

$$Y = C(Y) + I(r) + G \tag{5.1}$$

総需要 Y^D と総供給 Y^S によって財市場は図 5-1 で示したように，当初 E_0 で均衡するとしよう。利子率は $r = r_0$ のもとで当初の均衡国民所得が Y_0 に決定される。このときの総需要水準は Y_0^D とすれば，総需要は，

$$Y_0^D = C(Y_0) + I(r) + G$$

と表せる。

いま，利子率が r_0 から r_1 に低下したとする。利子率の低下は投資を増大させるから，利子率が r_1 に低下したならば，総需要も増加する。それゆえ，総需要は図 5-1（A）で示したように，$Y_1^D = C(Y_1) + I(r) + G$ まで上方にシフトする。そのため，財市場に超過需要が生じるので，財市場が均衡するには産出量は点 E_1 まで増加しなければならない。その結果，新しい均衡国民所得は Y_1 になる。

このようにして，利子率が r_0 のもとで当初の均衡国民所得が Y_0 に，また，利子率が r_1 のもとで新しい均衡国民所得が Y_1 に決定される。このような E_0 と E_1 の二つの組み合わせを表したものが，図 5-1（B）である。この図 5-1（B）の横

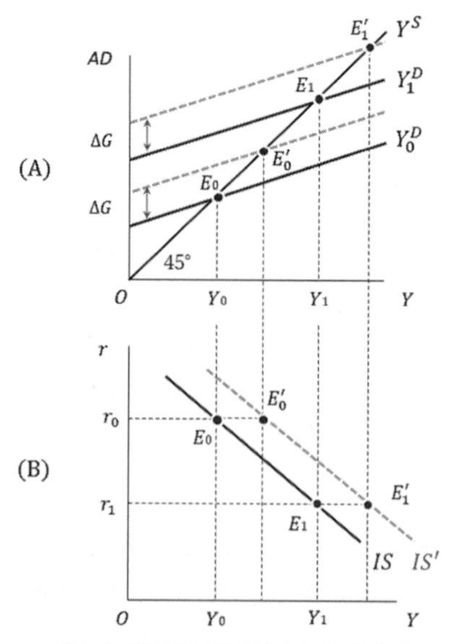

図 5-1　財市場の均衡を表わす IS 曲線

軸には国民所得 Y，縦軸には利子率 r が測られ，財市場における国民所得と利子率の関係は右下がり曲線のように描かれている。これが IS 曲線である。

政府支出 G を外生変数として扱うと，IS 曲線は政府支出の増加（ΔG）によって，右上方へシフトすることになる。IS 曲線は，主に，以下の三つの特徴がある。

① IS 曲線は，右下がりである。
② IS 曲線の傾きは，投資の利子感応度に依存する。
③ IS 曲線は，政府支出の変化や貿易・サービス収支の変化によってシフトする。

(2)　財市場の均衡調整

財市場の均衡を達成する利子率と国民所得の組み合わせは $E_0(Y_0, r_0)$ であるとしよう。利子率 r_0 が不変で，国民所得が増えて，もし財市場が図 5-2 で示した点 E_3 にあったならば，この時の $Y_1 > Y_0$ となり，総需要の大きさに比して産出量が多いので，財市場に超過供給が生じる。そこで，財市場が均衡するためには，利子率が r_0 のもとで，産出量が点 E_0 に向かって減少しなければならない。

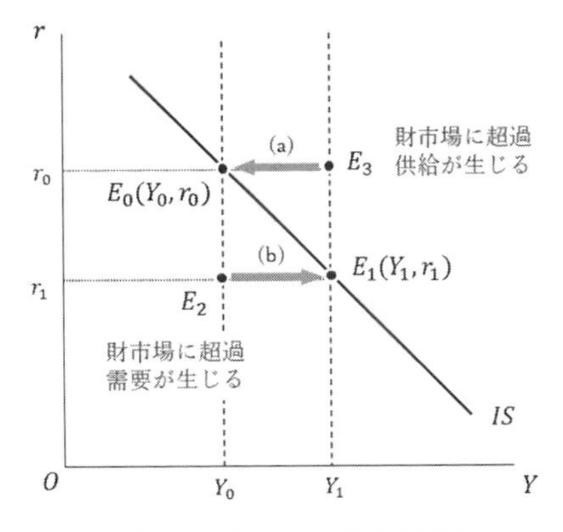

図 5-2　財市場における均衡調整

この不均衡状態とその調整過程については，図 5-2 の矢印（a）で示されている。

財市場の均衡を達成する利子率と国民所得の組み合わせは $E_1(Y_1, r_1)$ であるとしよう。利子率 r_1 が不変で，国民所得が増えて，もし財市場が点 E_2 にあったならば，この時の $Y_1 > Y_0$ となり，総需要の大きさに比して産出量が少ないので，財市場に超過需要が生じる。そこで，財市場が均衡するためには，利子率が r_1 のもとで，産出量が点 E_1 に向かって増加しなければならない。この不均衡状態とその調整過程については，矢印（b）で示されている。

(3)　貨幣市場の均衡と LM 曲線

次に，LM 曲線を導出しよう。LM 曲線とは，貨幣市場の均衡をもたらすような利子率と国民所得の組み合わせが描き出す曲線のことである。前章の「流動性選好利子率論」で説明したように，利子率は人々の流動性選好（貨幣需要）と貨幣供給が均衡するところで決定される。

貨幣需要関数を一般的な形で表すと，$L = L(Y, r)$ となる。マネーストック M と物価水準 P は所与であるとき，実質通貨供給量は M/P となる。貨幣市場の均衡条件は，$M/P = L$ となり，貨幣市場の均衡条件は下式のようになる。

$$\frac{M}{P} = L(Y, r) \tag{5.2}$$

貨幣需要関数 L は貨幣の取引需要関数 $L_1 = L(Y)$ と，貨幣の資産需要関数 L_2

$= L(r)$ の合計である。貨幣の取引需要関数は，所得 Y の増加関数であることから，$L_1 = kY$（k は貨幣需要の所得に対する感応度を表す）のように定式しよう。また，貨幣の資産需要関数は利子率 r の減少関数として表わされることから，$L_2 = kY - hr$（h は利子率に対する感応度を表す）のように定式できる。したがって，LM 曲線の方程式は以下のような定式化した形で表せる。

$$\frac{M}{P} = kY - hr$$

実質貨幣供給量を所与とし国民所得は既知とすれば，国民所得の変化に応じて利子率が変化することがわかる。図 5-3（A）において，横軸にマネーストック（貨幣供給量）M と貨幣需要量 L，縦軸に利子率 r を測った座標軸が描かれている。この図（A）において，国民所得が Y_0 として与えられたときの貨幣需要関数を $L_0 = kY_0 - hr_0$ とする。点 E_0 において貨幣市場が均衡するから，利子率が r_0 に決定される。

今度国民所得 Y が Y_1 に増加したとしよう。このときの貨幣需要関数は $L_1 = kY_1 - hr_1$ となり右上方にシフトする。そのため，実質貨幣供給量が一定ならば，貨幣市場に超過需要が生じるから，利子率は貨幣市場が均衡する点 E_1 において，利子率が r_1 に決定される。

こうして国民所得が Y_0 のもとで当初の利子率が r_0 に，また，国民所得が Y_1 のもとで利子率が新たに r_1 に決定される。図 5-3（B）にある $E_0(Y_0, r_0)$ と

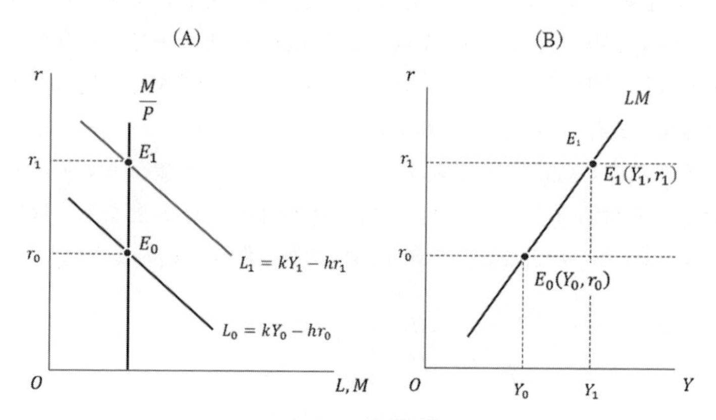

図 5-3　貨幣市場の均衡を表す LM 曲線

$E_1(Y_1, r_1)$ は，このような利子率と国民所得の組み合わせであり，横軸に国民所得 Y，縦軸に利子率 r が測られている。図5-3（B）のように，貨幣市場が均衡しているときの国民所得と利子率の組合せである点 E_0 と点 E_1 を通る右上がりの曲線が描かれている。これが，LM曲線である。

このLM曲線は右上がりの傾きをしている。なぜならば，国民所得が増加した場合を考えてみよう。国民所得が増加したならば，取引貨幣需要が増加し貨幣市場に超過需要が生じるので，貨幣市場が均衡するためには利子率は上昇しなければならないからである。また，利子率が上昇した場合についても考えてみよう。利子率がなんらかの理由で r_0 から r_1 まで上昇したとしよう。そうすると，貨幣に対する資産需要が減少する。貨幣需給均衡式の右辺が左辺より小さくなってしまい，貨幣市場の均衡が維持できなくなる。貨幣市場を再び均衡状態に戻すためには，利子率上昇による資産需要減少分を補うだけの取引需要を増やさなければならない。要するに，所得 Y をその分，Y_1 まで増やす必要がある。

このように，LM曲線は，右上がりである。LM曲線の傾きは，所得に対する貨幣需要の感応度 k と，利子率に対する貨幣需要関数の感応度 h に依存する。また，LM曲線は実質貨幣供給量の変化によってシフトする。

流動性のわなにおけるLM曲線はどのような形状になるのかを見てみよう。すでに触れたように，流動性のわなとは，市場利子率が十分低く，そして利子率がある水準において貨幣需要が無限大にある現象である。流動性のわなに陥っている場合，国民所得が増加しても，利子率は変化しないので，LM曲線は横軸に平行な直線で描かれる。これはLM曲線の特殊なケースとして挙げたものである。

(4) 貨幣市場の均衡調整

図5-4のように，もし貨幣市場が点 E_2 にあったならば，マネーストックが貨幣需要を上回る。貨幣市場では，貨幣需要に比べて利子率が高く，貨幣市場に超過供給が発生する。貨幣市場の均衡を達成するには，E_0 点に向かって利子率が低下しなければならない。このことは，図の矢印（c）で示されている。

もし，貨幣市場が点 E_3 にあった場合，貨幣需要に比べて利子率が低く，貨幣市場に超過需要が生じるので，貨幣市場が均衡するためには，利子率は点 E_1 に向かって上昇しなければならない。このことは，図の矢印（d）で示されている。

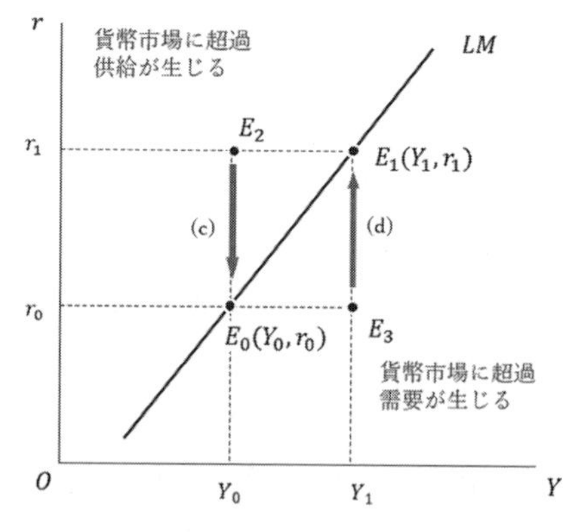

図 5-4　貨幣市場の均衡調整

(5)　財市場と貨幣市場の同時均衡

これまで，財市場の均衡と貨幣市場の均衡をそれぞれ説明してきたが，両市場は存在し相互に依存しているから，財市場と貨幣市場が同時に均衡する状態を分析する必要がある。では，財市場の均衡を表すIS曲線と貨幣市場の均衡を表すLM曲線を一つの図に入れて，両市場の相互依存関係を分析しよう。

図5-5に示されるように，右下がりIS曲線と右上がりLM曲線はEで交点をもつことになる。この交点は，IS曲線上にあると同時にLM曲線上でもあるから，財市場で均衡し貨幣市場でも均衡している点としてとらえる。この交点Eが両方の市場が同時に均衡していることを示している。そこで，国民所得と利子率は，この交点Eにおいてその均衡値が決定される。このときのY^*が均衡国

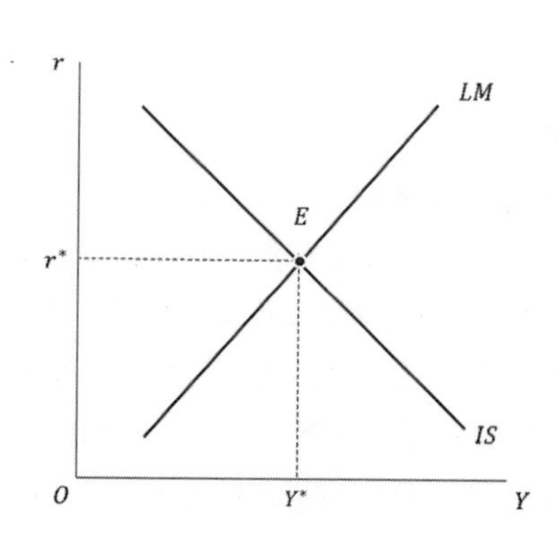

図 5-5　財市場と貨幣市場の同時均衡

民所得，r^*が均衡利子率となる。先の5.1式で示した財市場の均衡式 $Y = C(Y) + I(r) + G$ と，5.2式で示した貨幣市場の均衡式 $M/P = L(Y, r)$ との連立方程式を解くと，均衡解（Y^*, r^*）が得られる。このように，二つの未知数である国民所得と利子率を同時に決定するという形での一般化が行われた。これが，IS–LM曲線による国民所得と利子率の同時決定理論と呼ばれるものである。

(6)　労働市場との関係

財市場と貨幣市場の同時均衡によって，均衡国民所得 Y^* と均衡利子率 r^* が決定される。しかし，このときの均衡国民所得 Y^* が，完全雇用を実現する国民所得水準 Y_F に一致する保証はなく，労働市場では非自発的失業の存在は十分あり得る。図5-6に示したように，もし完全雇用GDP水準 Y_F が，Y^* より高い水準であるならば，労働市場には非自発的失業が存在するであろう。しかし，このように労働市場に非自発的失業者が存在していても，財市場は均衡状態であるから，雇用は増加しない。このような状態を過少雇用均衡（あるいは不完全雇用均衡）という。ケインズは，過少雇用均衡の発生要因は有効需要の不足にあるとし，非自発的失業の解消のための有効需要創出政策を提唱した。

有効需要が不足して非自発的失業が存在するとしたら，企業は利潤を確保するため，賃金を切り下げ，コストを抑えようとするであろう。生産コストが低下すれば，製品価格の引き下げも可能になり，物価水準も下がる。価格が下がれば需要は増え，有効需要の不足が解消される。これが古典派の考え方である。つまり，完全雇用を達成するような自動調整メカニズムが経済に内在しているとい

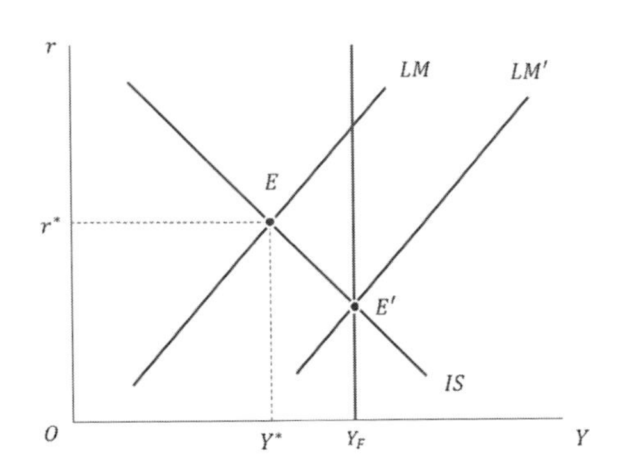

図5-6　過少雇用均衡と物価調整

う。

IS–LM分析においては，物価水準の下落は，実質貨幣供給量M/Pの増加を意味するものであるから，貨幣市場では，超過供給が発生する。貨幣市場が均衡するためには，利子率が変わらないときは，所得が増加しなければならない。図5–6で示したように，LM曲線はLM'へシフトして，均衡点がEからE'点へ移動し，完全雇用が達成されることになる。

物価や賃金は下がらなければ，あるいは硬直的であれば，LM曲線はシフトしない。その場合，完全雇用を実現させるには，政府は景気拡大策を行う必要があり，公共投資などの政府支出の増加や減税，あるいは金融緩和などの政策が必要であろう。

2．財政金融政策の効果

(1)　IS-LM曲線と財政金融政策

賃金や物価が短期的に十分な需給調整能力をもたないとすれば，総需要の不足は市場の自動調節にまかせておいても解消されないであろう。その場合，もし経済が失業や不景気の状態にあれば，裁量的な経済政策が正当化され，政府の財政出動などの景気対策が求められる。また，物価水準が硬直的で変わらない場合でも，金融当局が名目貨幣供給量（マネーストックM）を増加させる政策をとれば，実質貨幣供給量M/Pを，まったく同じように増加させることができる。

したがって，金融緩和政策は，古典派における物価下落と同じ効果を経済にもたらしうるわけである。公共投資や減税などの財政政策も，金融政策とともに発動することができる。ただし，その場合には，LM曲線が移動するのではなく，IS曲線が右上方に移動することになる。

①　財政政策

景気を刺激する財政政策は政府支出を引き上げることで行われる。政府が公共投資の増加のような拡張的財政政策を実施すると，このような財政政策はIS曲線を右上方にシフトさせる。一方，政府の財政緊縮，投資の減退，輸出の減少によって，IS曲線は左下方シフトする。

②　金融政策

景気を刺激する金融緩和政策は，中央銀行が名目貨幣供給量を増加させること

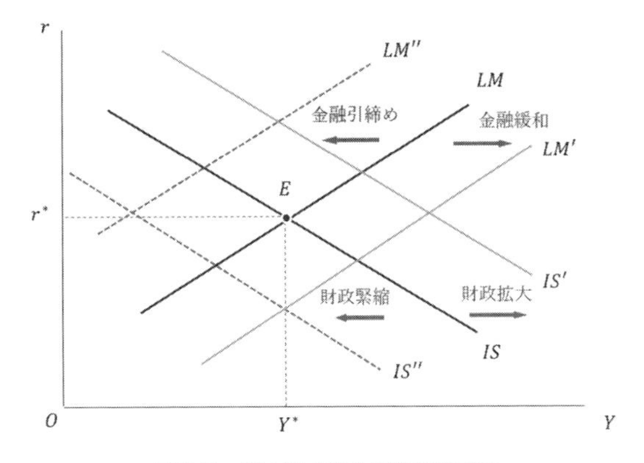

図 5-7 IS-LM 曲線と財政金融政策

で行われる。物価水準が一定と仮定すれば，金融緩和政策を実施することによって，LM 曲線は右下方にシフトし，市場の利子率が下落する。市場では，投機的動機にもとづく貨幣需要が大きくなる一方，投資が活発化して，国民所得が拡大する結果が生じる。逆に，金融の引き締め政策は LM 曲線を左上方にシフトさせ，国民所得の減少と市場利子率の上昇をもたらすことになる。

(2) 拡張的財政政策とクラウディングアウト効果

財政政策の諸手段として，主に政府支出（あるいは財政支出）の変化，租税政策，財政赤字または黒字の三つが挙げられる。政府支出や公共投資の拡大のような拡張的財政政策が実施されると，IS 曲線は右上方にシフトする。図 5-8 から読み取れるように，政府支出の増加によって国民所得が増加するが，利子率も上昇する。このとき，もし利子率が変わらなければ，貨幣市場では不均衡となり，貨幣に対する超過需要が発生するので，貨幣市場の均衡調整の結果，利子率が LM 曲線に沿って上昇することになる。利子率が上昇した結果，政府支出の増加による需要創出効果の一部分は打ち消されてしまう。この現象のことを「クラウディングアウト」と呼んでいる。

完全雇用 GDP 水準は Y_F であるとしよう。利子率が一定であれば，政府の支出が増加すると，政府支出乗数倍だけ国民所得を増加させ，Y_0 から Y_F まで増加し，完全雇用は達成されると考える。しかし，利子率が r_0 から r_1 に上昇すると，それが民間投資を減少させてしまい，投資の減少は乗数効果を阻害するこ

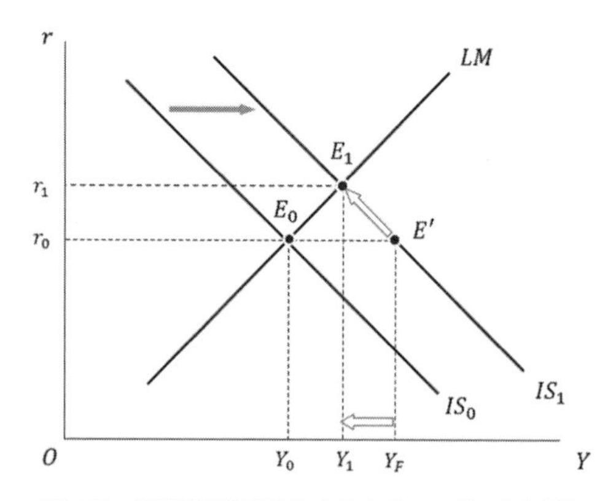

図 5-8　拡張的財政政策とクラウディングアウト効果

とになる。図 5–8 で示したように，国民所得は減少し Y_F から Y_1 まで押し戻される。その結果，経済は新しい均衡点 E_1 に到達するが，均衡国民所得水準は Y_1 にとどまり，完全雇用は実現できない状態となる。

(3)　金融政策の効果

前章では，金融政策の目標と手段について説明したが，ここでは，IS–LM モデルを使って，金融政策の効果を明らかにしよう。

マネーストックを増加させるような金融緩和政策が実施されたとしよう。いま，図 5–9 において，当初の経済が，IS 曲線と LM 曲線との交点 E_0 において均衡しており，均衡国民所得は Y_0，均衡利子率は r_0 にあるとする。ここで中央銀行がマネーストックを ΔM だけ増加させたならば（ただし，物価 P は不変とする），LM 曲線は LM_0 から LM_1 へ右下方にシフトする。マネーストックの増加は，次の二つのステップを経て，国民所得の増加をもたらす。第 1 ステップとして，マネーストックの増加によって，人々は貨幣を他の資産（たとえば債券）に変えようとする。これが，ポートフォリオ選択である。ポートフォリオ選択の結果，債券価格が上昇，すなわち利子率の r_0 から r_1 への低下が生じる。第 2 ステップでは，利子率の低下は，投資を増加させ，それによって総需要が増加し生産量が増大する。その結果，国民所得が Y_0 から Y_1 に増加する。こうして，金融緩和は国民所得の増加と利子率の低下をもたらすわけである。

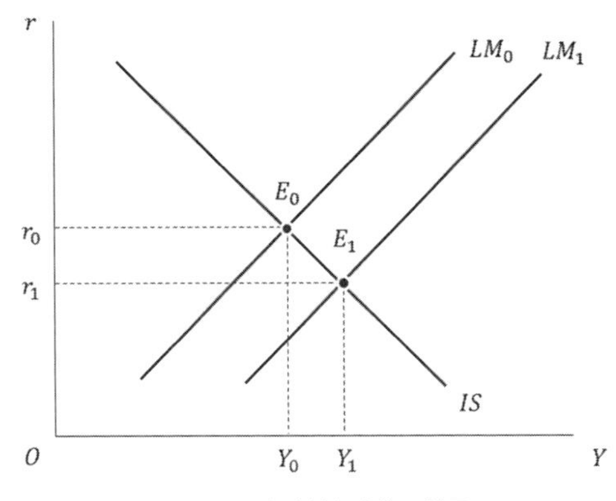

図 5-9　金融緩和政策の効果

(4)　サミュエルソンの「新古典派総合」

拡拡張的な財政政策だけを行うとクラウディングアウト効果が発生し，その効果を十分に発揮することができない。そこで，このクラウディングアウト効果を打ち消すように金融政策を行うことが必要であろう。

いま，図 5-10 において，当初の経済は均衡し点 E_0 にあるとする。ここで，拡張的財政政策の実施によって政府支出 ΔG を増加すると，IS 曲線が IS_0 から IS_1 にシフトしたならば，クラウディングアウト効果が発生するので，新しい均衡は点 E_1 に移動する。そこで，このクラウディングアウト効果を打ち消すように，中央銀行がマネーストック ΔM を増加させるような金融緩和政策を行った

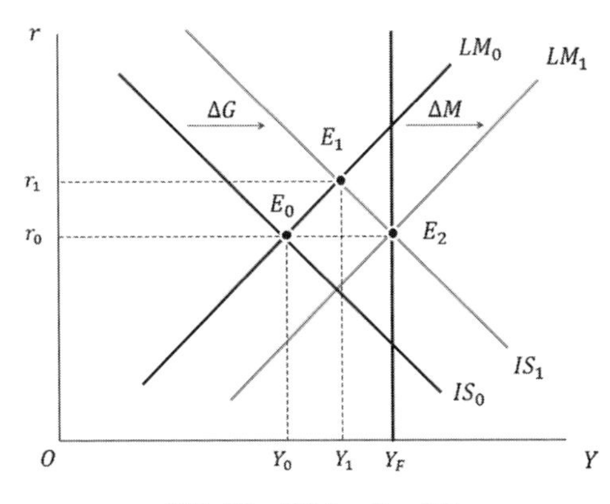

図 5-10　ポリシーミックス

ならば，その結果，利子率は r_0 に戻り，国民所得は Y_F まで増加する。このような財政政策，金融政策を同時に行うことを「ポリシーミックス」と呼んでいる。

クラウディングアウトを避けながら完全雇用を達成しようとするなら，財政政策と金融政策を適度に組み合わせること必要となる。この考え方は，ノーベル賞経済学者のサミュエルソン（Paul Anthony Samuelson, 1915–2009）らによって，「新古典派総合」と呼ばれ，1960 年代までは全盛をきわめた。

⑸ 「流動性のわな」における財政金融政策の効果

いま経済が「流動性のわな」に陥って，図 5–11（A）が示すように，当初の IS 曲線と LM 曲線の交点 E_0 で均衡しているとしよう。次に，政府が政府支出を ΔG だけ増加させたならば，IS 曲線は IS_0 から IS_1 へシフトし，新しい均衡点は E_1 に移動し，国民所得は Y_0 から Y_1 に増加する。クラウディングアウト効果は全く生じることはなく，政府支出の増加の効果が存分に発揮され，拡張的財政政策が有効に機能しているといえる。

一方の図 5–11（B）においては，マネーストックの増加は LM_1 のように，LM 曲線の右上がりの部分だけを右方にシフトさせるので，均衡点は全く変化しない。そのため，利子率は低下しないので国民所得も変化しない。したがって，流動性のわなが生じているとき，マネーストックを増加させても，貨幣は退蔵されるだけであって，金融緩和政策はその効果を発揮できず，全く無効である。

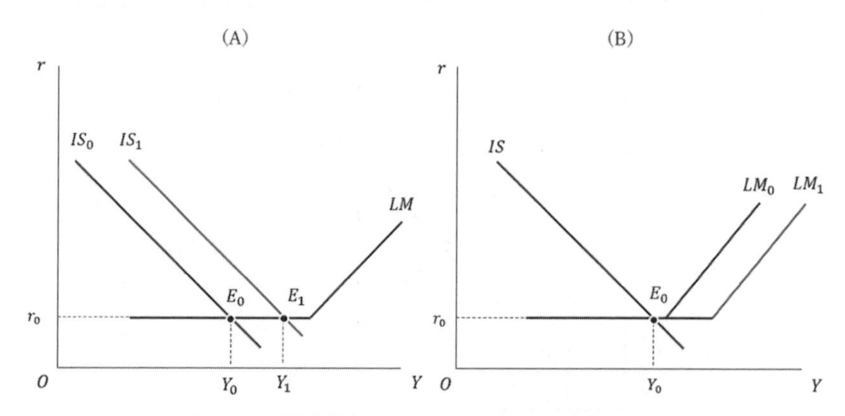

図 5-11　「流動性のわな」における財政金融政策の効果

第6章

開放経済モデルと経済政策の効果

本章のねらい

- 国際収支の構造，外国為替や外国為替制度といったオープンマクロ経済を扱うための基礎概念や知識について説明する。
- 対外経済取引を考慮に入れて，これまでのIS-LMモデルを拡張して，マンデル＝フレミング・モデルを導出する。
- マンデル＝フレミング・モデルを使って，固定相場制と変動相場制のもとでの経済政策の効果を分析し，政策効果の相違点を明らかにする。

1．国際収支の構造と外国為替制度

(1) 外国為替相場と外国為替制度

経済のグローバル化が進むなか，経済活動は国境を越えて急速に拡大するとともに，直接投資や証券投資を含む国際資本移動が活発化している。グローバル化時代下の経済を捉えるには，開放体系下のオープンマクロ経済モデルが必要である。この節では，まずオープンマクロ経済を扱う際に必要とする外国為替と国際収支の構造の基礎知識について説明しよう。

ここではまず，外国為替相場の概念を説明しよう。外国為替相場は通常，1ドル何円で表示されている。これは自国通貨建て為替レートと呼ばれ，自国の通貨単位で測った外国通貨の価値のことを意味する。1ドル110円の相場から1ドル120円に変わったとすれば，1ドルを得るには10円分より多く出さないといけないので，円は減価になり，それを円安という。逆に相場が1ドル100円に変わった場合，円は増価になり円高になる。

続いて外国為替制度について考察してみよう。戦後の外国為替制度は固定相場制から始まり，IMF 体制，あるいはブレトンウッズ体制と呼ばれるものである。この体制では，IMF を中核機関としながらも，米ドル本位制ともいわれたように，アメリカの経済力に大きく依存したシステムであった。ブレトンウッズ体制の下で，米ドルが基軸通貨となり，金とドルの交換レートは，1 オンス 35 ドルで固定される。そして，IMF 加盟国は金あるいはドルに対して自国通貨の平価を定めた。この交換レートは，IMF 平価と呼ばれ，為替相場は固定され，加盟国はそれを維持することが義務づけられた。当時の円ドルレートは 1 ドル = 360 円で固定されていた。

固定相場制では，為替平衡操作が欠かせない。具体的には，各国は国際収支が逆調，つまり，赤字の状態が持続すると，自国通貨の価値（いわば IMF 平価）を維持するため，外国為替市場で不足する外貨を外貨準備からとり崩して，また，必要に応じ金も外貨に換えて供給する。つまり，市場介入する義務がある。したがって，外貨準備が不足してくると，IMF はその国に対して必要となる短期資金を貸付けるとともに，政策上の節度を義務づける。そして国際収支が好転し，外貨が市場で余るようになり，自国通貨が IMF 平価を上回って強くなるとともに，通貨当局は市場から，余った外貨を買い上げて外貨準備を回復し，また IMF からの借入金を返済する。これが，為替平衡操作である。

固定相場制のもとでは，流動性のジレンマという矛盾を抱えている。流動性のジレンマは，「トリフィンのジレンマ」とも呼ばれる。特定の国の通貨を基軸通貨とする国際通貨体制においては，基軸通貨の供給と信用の維持を同時に達成できないというジレンマ（矛盾）をいう。これはブレトンウッズ体制（金ドル本位制）において，1960 年に経済学者のロバート・トリフィン（Robert Triffin, 1911–1993）が，一国の通貨を国際通貨として使用する制度の問題点を指摘したことに由来したものである。

1960 年代にアメリカの国際収支の悪化によってドル流出が続き，各国では「ドル不安」からドルを金に交換するようになり，アメリカの金準備は半減していた。アメリカの金保有量の減少によってドルへの信頼はさらに低下し，やがて 1971 年 8 月 15 日，ニクソン大統領はドル金の交換停止の声明を発表した。この「ニクソン・ショック」は，固定相場制の崩壊を意味するものだった。固定相場制を復活しようとしたスミソニアン合意はあったが，1973 年 3 月には再びドル不安が起こり，この合意も一瞬のうちに崩れ去り，ドル本位制に終止符が打たれた。1973年以降，変動相場制への移行が始まり，やがてIMF協定第二次改正（1978年4月発効）により変動相場制が定着し現在に至る。

市場原理が働く変動相場制のもとで，外国為替相場は金利水準，国民所得，物価水準とともに国際収支を含むマクロ経済の調整過程で決定されるものであるが，変動為替相場制を採用している主要国の中央銀行は為替相場の激しい動きには日常的に市場介入を行っているわけで，現在の通貨制度は「管理された変動相場制」とも呼ばれている。

(2)　国際収支の構造

一国の対外経済活動を記録したものは国際収支表である。国際収支表とは，IMF標準的なルールにもとづいて対外経済活動を体系的にまとめ，複式簿記方式で記録したものである。IMF国際収支マニュアル第6版（BPM6）にもとづいた国際収支表は，表6-1で示したように，経常収支，資本移転等収支，金融収支の三大項目に分類して対外取引を体系的に記録したものである。

経常収支は，貿易・サービス収支，第一次所得収支，第二次所得収支から構成

表6-1　国際収支表の構造

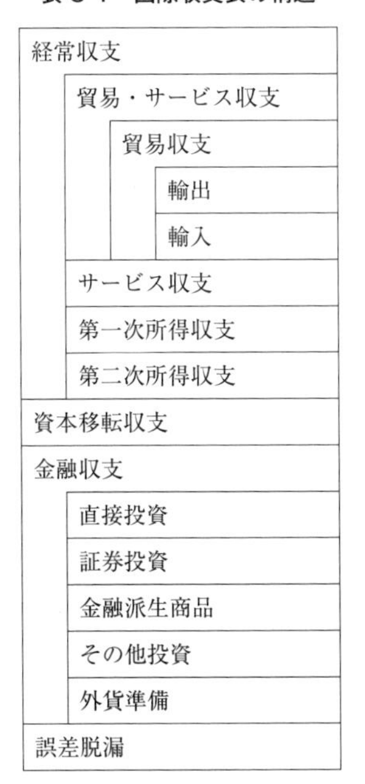

経常収支			
	貿易・サービス収支		
		貿易収支	
			輸出
			輸入
	サービス収支		
	第一次所得収支		
	第二次所得収支		
資本移転収支			
金融収支			
	直接投資		
	証券投資		
	金融派生商品		
	その他投資		
	外貨準備		
誤差脱漏			

される。貿易・サービス収支は輸出入代金の支払を示している。第一次所得収支は，対外金融債権・債務から生じる利子・配当金等の収支状況を示したものである，主に直接投資収益（親会社と子会社との間の配当金・利子等の受取・支払），証券投資収益（株式配当金及び債券利子の受取・支払），その他投資収益（貸付・借入，預金等に係る利子の受取・支払）が計上されている。第二次所得収支は，居住者と非居住者との間の対価を伴わない資産の提供に係る収支状況を示したものであり，官民の無償資金協力，寄付，贈与の受払等が計上されている。

資本移転等収支は，対価の受領を伴わない固定資産の提供，債務免除のほか，非生産・非金融資産の取得処分等の収支状況を示している。

金融収支は，直接投資，証券投資，金融派生商品，その他投資および外貨準備の合計であり，国際資本の流入や流出の流れを示す投資収支などを記録したものである。金融収支は，金融資産にかかる居住者と非居住者間の債権・債務の移動を伴う取引の収支状況を示している。

国際収支の構造でとらえた均衡は，

経常収支＋資本移転等収支＋誤差脱漏＝金融収支

という関係式が成立する。

ここで，輸出と輸入の海外部門を加えたオープンマクロ経済について考えてみよう。消費をC，民間投資をI，民間貯蓄をS，政府支出をG，租税をT，貿易・サービス収支をNX，輸出をEX，輸入をIMとする。貿易・サービス収支NXは，輸出EXと，輸入IMの差額とすれば，

$$(S-I)=(G-T)+NX$$

という関係が得られる。

すでに第2章で説明したように，このISバランス式は，民間部門における貯蓄超過は，政府部門の財政赤字と海外部門の貿易・サービス収支黒字の和に等しいということを表している。この式をさらに変形すると，

$$(S+T)-(I+G)=NX \tag{6.1}$$

となる。6.1式の左辺は，国内全体の貯蓄超過を表している。このとこから，国内全体の貯蓄超過はつねに貿易・サービス収支黒字に等しいことがわかる。

ここで，ISバランスと資本勘定について考えてみよう。国際収支の均衡をよりシンプルに捉えよう。ここで，単純化のため，資本移転等収支を捨象して，経常収支を単純化の形で貿易・サービス収支 NX として捉え，さらに，貿易・サービス収支 NX を純輸出（$NX = EX - IM$）とする。

貿易不均衡が発生したとしよう。輸出が超過して，外国から受け取った外貨が輸入に支払う外貨より多くなったとき，外貨資金が外国から自国へ流入し，貿易・サービス収支が黒字となる。貿易・サービス収支が黒字の場合，外国から受け取った外貨は外国債券の購入や対外投資に使われたりするため，資本の流れで見れば，資本移動が始まって，自国から外国へ資金が流出し，対外資産が増加するので，金融収支は黒字になる。したがって，財市場取引の資金の流れを示す貿易・サービス収支と国際資本市場の資本の流れを示す金融収支は常に一致しているという。金融収支を CF と書くと，貿易・サービス収支と金融収支の関係は，

$$NX = CF \tag{6.2}$$

のように，極めてシンプルに捉えられる。ここで，6.1式を書き直すと，

$$(I + G) - (S + T) = -CF \tag{6.3}$$

という関係式が成立する。6.3式の左辺が国内全体の投資超過，右辺は金融収支赤字を表している。この式から，財市場における国内全体の投資超過が生じるならば，国際資本市場においては，自国への資本流入が発生し，金融収支が赤字となることがわかる。

2．マンデル＝フレミング・モデルの導出

(1)　財市場の均衡と *IS* 曲線

財市場では，総需要と総供給が等しくなるように国民所得水準が決定される。国民所得を Y，消費を C，民間投資を I，政府支出を G，租税を T，貿易・サービス収支を NX とおくと，オープンマクロ経済における国民所得均衡式は，

$$Y = C + I + G + NX \tag{6.4}$$

となる。

外国の所得水準を Y_w，外国為替レートを e とすれば，輸出関数は $EX = EX(Y_w, e)$，輸入関数は $IM = IM(Y - T, e)$，貿易・サービス収支は $NX = EX - IM$，のように表せる。

輸出は為替レートの変動によって影響をうけ，外国の需要の大きさ，もっと厳密には外国の所得水準（Y_W）に依存される。それに対して，輸入は為替レートと自国の可処分所得（$Y - T$）に左右される。貿易・サービス収支を一つの式，$NX = NX\ (Y - T,\ Y_W,\ e)$ にまとめると，IS 曲線は，

$$Y = C(Y - T) + I(r) + G + NX(Y - T,\ Y_W,\ e) \tag{6.5}$$

6.5 式のように表せる。

(2)　貨幣市場の均衡と LM 曲線

貨幣市場の均衡は LM 曲線で表わされるが，LM 曲線は固定相場制と変動相場制の下では異なった形をとる。LM 曲線は，

$$\frac{M}{P} = L(Y, r) \tag{6.6}$$

のように書ける。

固定相場制のもとでは，中央銀行は自国通貨と外国通貨の需給のアンバランスに対応する分の外貨を，いつでも要求に応じて売ったり，買ったりしなければならないため，マネーストック M は政策によって決められる外生変数ではなく，モデルの中で決定される内生変数である。

一方，変動相場制のもとでは，為替レートが通貨と通貨の間の需要と供給が調整されるように外国為替市場で決定されるため，中央銀行には固定相場制の場合のような外国通貨を売ったり買ったりする義務はない。したがって，変動相場制においては，マネーストック M は政策によって決めることのできる外生変数である。

(3)　資本移動と利子率の決定

ここではまず，小国という概念について触れておきたい。「小国」とは，自国の経済規模が世界全体の中で占める割合が無視できるほど小さく，自国のマクロ

経済の変化が世界に何の影響を与えることができない場合をいう。

続いて，資本移動と利子率の決定について見てみよう。国内外の金利（利子率）格差によって資本移動が発生する。r は自国利子率水準，r_W は外国あるいは世界利子率水準としよう。自国利子率水準 r は，世界の利子率水準 r_W より高い場合，つまり，$r > r_W$ の場合，資本が流入し，逆に，自国の利子率水準 r は，世界利子率水準 r_W より低い，$r < r_W$ の場合，資本が流出することになる。また，自国通貨安の場合，為替レートが輸出有利に働き，貿易・サービス収支が黒字になれば，外国から受け取った外貨は，外国の債券の購入や対外投資に使われ，対外資産が増加し，金融収支が黒字になる。自国通貨高で貿易・サービス収支収支が赤字になった場合，外国から自国に資本が流入することになり，金融収支が赤字になる。

自国利子率 r は世界利子率 r_W と等しくなる場合，つまり，$r = r_W$ の場合，資本移動がなくなる。このとき，貿易・サービス収支収支が金融収支と等しくなり，国際収支は均衡する。国際収支を BP とすれば，国際収支均衡は，$BP = 0$ と表せる。

自国経済が小国モデルと仮定した場合，資本移動が自由な世界において，自国利子率 r がつねに世界利子率 r_W に等しくなる。つまり，

$$r = r_W \tag{6.7}$$

となる。国内利子率 r は世界利子率 r_W より低い場合は，資本が流出し，国内利子率 r は世界利子率 r_W より高い場合は，資本が流入することになる。

国際収支均衡を表す BP 曲線について，資本移動が完全に自由な場合，自国利子率が世界利子率と異なる場合，利子率の低いところから資本が流出するので，自国利子率が世界利子率と乖離したとしても，資本移動を通じて同一水準に引き寄せられ，自国利子率 r はつねに世界利子率 r_W と等しくなり，国際収支均衡（$BP = 0$）を表す BP 曲線は水平な直線となる。

変動相場制のもとでは，マネーストック M は政策によって決定できる外生変数であり，

$$BP = NX(Y - T,\ Y_W,\ e) - CF(r - r_W) = 0$$

となるが，固定相場制のもとでは，マネーストック M が内生変数であるため，e

$= e^*$（為替の固定相場を e^* とする）のとき，

$$BP = NX(Y - T, Y_W, e^*) - CF(r - r_W) = \Delta M$$

となる。

財市場，貨幣市場，国際収支の同時均衡は，図 6-1 のように捉えている。これが，マンデル＝フレミング・モデル（MF モデル）である。このマンデル＝フレミング・モデルは，以下の三つの方程式，

財市場の均衡を表す IS 曲線：

$$Y = C(Y - T) + I(r) + G + NX(Y - T, Y_W, e) \tag{6.5}$$

貨幣市場の均衡を表す LM 曲線：

$$\frac{M}{P} = L(Y, r) \tag{6.6}$$

国際収支均衡（$BP = 0$）：

$$r = r_W \tag{6.7}$$

から構成される。

このように，マンデル＝フレミング・モデルは IS–LM モデルを拡張したモデルである。固定相場制のもとでは，為替レートが固定され，$e = e^*$ となり，国民所得 Y，利子率 r，マネーストック M はモデルの内生変数となり，変動相場制のもとでは，為替レート e が自由に変動し，国民所得 Y，利子率 r，為替レー

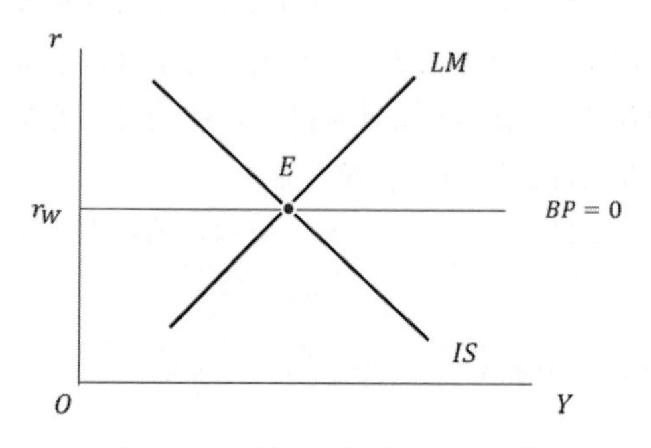

図 6-1　マンデル＝フレミング・モデル

トはモデルの内生変数となる。

3．固定相場制下のマンデル＝フレミング・モデルと経済政策の効果

(1)　固定相場制下のMFモデル方程式

マンデル＝フレミング・モデル（MFモデル）を使って，オープンマクロ経済を検討してみよう。まず，固定相場制下のMFモデル分析においては，物価水準は変わらないものとし，自国を「小国」と想定する。固定相場制のもとでは，為替レートが固定されている。ここで，$e = e^{*}$とする。財市場の均衡は6.8式のように表され，モデルは以下の三本の均衡式から構成する。

$$Y = C(Y - T) + I(r) + G + NX(Y - T, Y_W, e^{*}) \tag{6.8}$$

$$\frac{M}{P} = L(Y, r) \tag{6.6}$$

$$r = r_W \tag{6.7}$$

国民所得Y，利子率r，マネーストックMはモデルの内生変数であるから，方程式は三つあるため，ちょうどこれらの変数を決定することができる。

(2)　固定相場制下の所得決定

資本移動が完全に自由である「小国」モデルにおいて，自国の利子率が世界利子率と均衡する。固定相場制のもとでは，自国利子率と世界利子率の不均衡は，マネーストックの変化を通じて，LM曲線がシフトすることによって解消される。自国利子率が高すぎた場合，世界利子率より高い水準にあるから，金利差（利鞘）を求めて世界の資本が流入してくる。その結果，自国の中央銀行には大量の外国通貨が持ち込まれることになる。中央銀行は固定為替相場制のもとでは，持ち込まれた外国通貨はすべて責任をもって対応しなければならない。つまり，外国為替レートを維持する義務を負っている。

円高圧力がかかった場合を例としよう。中央銀行（日銀）は市中銀行（町中の民間銀行）に対して，外貨（たとえばドル）を買い取って円を売るとする。このドル買いによって円高を阻止するが，マネーストックは増加する。つまり，市場では円の貨幣供給量が増加する。このような中央銀行対市中銀行の直の取引によ

る介入を「不胎化しない介入」という。

しかし，円が過剰に市場に供給されることによって物価が不安定になり，インフレの懸念が生じかねない。この場合，日銀がドルを買い取った円換算分の金額に等しい手持ち債券を売却したとすれば，その分だけのマネーストックが中央銀行に吸収され，結局，マネーストックが変化しないことになる。このような中央銀行が自国通貨と外貨を交換する際に生じたマネーストックの変化分を相殺させるために行われたオペレーションのことを「不胎化した介入」または「不胎化政策」という。

このような不胎化した介入を継続して実行するのが困難である。投機的な資金が大量にかつ急激に自国に流れ込んできた場合，あるいは貿易・サービス収支の不均衡が長期に及んだ場合，中央銀行はそれによって生じてくる巨額のマネーストックを相殺できる相応な量の債券を保有するのが現実的ではない。一般的に，固定相場制においては，不胎化政策は短期的には可能であるが，長期にわたって取り続けることは難しいと考える。

固定相場制下の国民所得の決定について考えてもよう。図 6-2 のように，初期の均衡点は E_0 点にあるとする。自国利子率が高すぎる場合，つまり，世界利子率より高くなると，利鞘を求めて資本が流入し，自国通貨の需要が高まり，自国通貨高の圧力がかかってくる。中央銀行は固定レート維持のため，外貨の買い取りを行い，マネーストックが増加する。貨幣市場においては超過需要が発生し，マネーストックが増加すれば，LM 曲線は内外の金利差がなくなるまで右下方へシフトし，均衡点は E_1 点にまで移動する。このような貨幣市場の利子率調整のプロセスを経て国民所得の拡大がもたらされる。

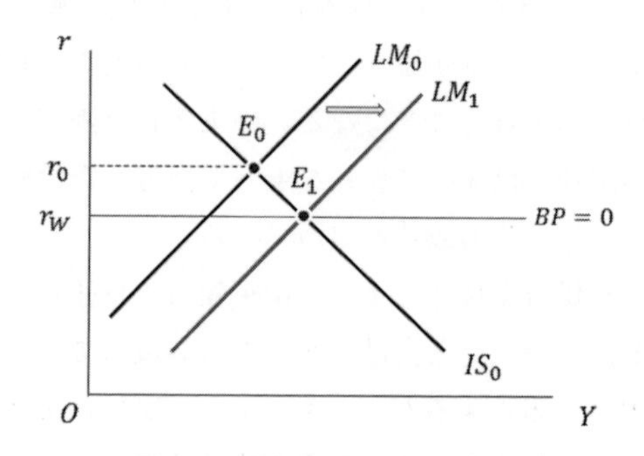

図 6-2　固定相場制下の所得決定

このように，固定相場制のもとでは，自国利子率と世界利子率の不均衡は貨幣市場のマネーストックの変化を通じてLM曲線をシフトさせ，国民所得が決定されていくわけである。

(3) 財政政策の効果

財政政策の効果を考えよう。図6-3で示したように，当初，経済はIS曲線とLM曲線の交点E_0で均衡し，国民所得はY_0とし，利子率はr_0に決定されているとしよう。また，世界利子率r_Wはr_0にあるとする。拡張的財政政策が実施された場合，IS曲線はIS_1にシフトするが，LM曲線はシフトしない。このとき，クラウディングアウト効果が発生するため，また利子率はr_0からr_1に上昇する。経済はE_1点に移動し，国民所得はY_1までしか増加しない。

資本移動が完全に自由である場合，資本は利子率の高いほうへ流れるため，外国から自国に資本が流入し，外国為替市場には自国通貨高圧力が加えられることになる。固定相場制の下では，為替相場を維持するには，中央銀行は外国為替市場への介入する必要がある。このときの介入は外貨買い介入である。

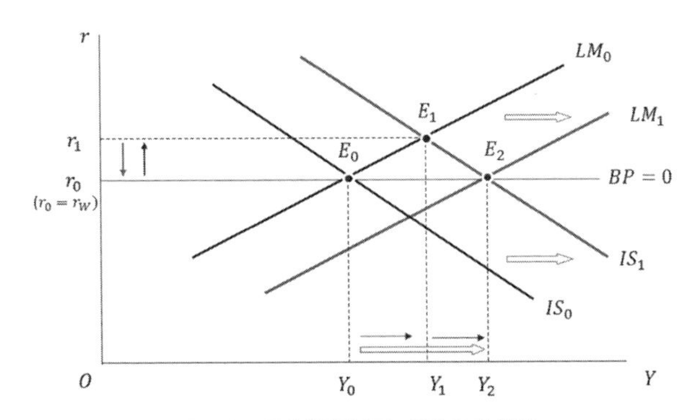

図6-3　固定相場制下の財政政策効果

この介入によって，外貨準備は増加するが，同時に自国内のマネーストックMが増加するので，LM曲線がLM_0からLM_1にシフトする。このプロセスは利子率水準が元の位置に戻るまで持続するため，自国経済は新しい均衡点E_2でふたたび均衡する。図6-3で示したように，自国経済は，自国の利子率と外国の利子率が等しくなる交点E_2に移動し，国民所得はY_2に増加する。したがって，固定相場制下の拡張的財政政策は有効である。

固定相場制下の「機関車論」が取り沙汰されている。「機関車論」とは，世界経済が不況に陥った時，貿易黒字国が内需を拡大し，機関車としての役割を果たすべきという主張である。拡張的財政政策の実施によって，内需が拡大されれば，輸入が増え，それが自国のみならず海外の景気を浮揚させる効果があるといってよい。

(4)　金融政策の効果

金融緩和政策が発動されると，図 6-4 で示したように，LM 曲線は右下シフトし，利子率の低下を招く。自国利子率が世界利子率より低くなれば，それによって資本流出が始まり，自国通貨安圧力が生じてくる。中央銀行は為替レートを維持するため，外貨売り介入を実施する。その結果，外貨準備高は減少し，マネーストックが減少する。LM 曲線は，利子率水準元に戻るまで左上シフトするので，LM 曲線は結局，もとの位置に戻り金融政策の効果が消されてしまう。したがって，固定相場制下の金融政策は無効である。

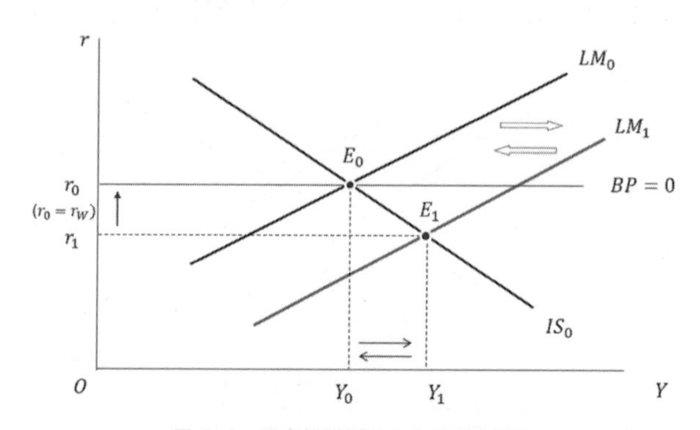

図 6-4　固定相場制下の金融政策効果

(5)　為替レートの変更と保護貿易政策

固定相場制のもとで，「奥の手」としては自国通貨の切り下げという方法を用いて経済を活性化させることは可能である。通貨が e_0 から e_1 に切り下げたことによって，自国製品の国際競争力が上昇すると，輸出が増加し貿易・サービス収支は改善する。図 6-5 に示されたように，IS 曲線は $IS_0(e = e_0)$ から $IS_1(e = e_1)$ に右上シフトし，財政政策と同じ効果が得られる。通貨の切り下げによって，経

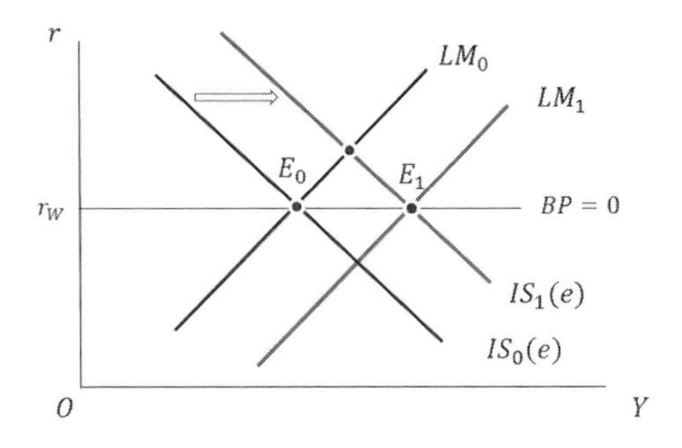

図 6-5　固定相場制のもとでの為替レートの切り下げ効果

済が活性化し，新しい均衡点に移り国民所得が増加するが，ここで注意すべき点がある。このような通貨の切り下げは，近隣窮乏化政策とも呼ばれ，両大戦間期の通貨の切り下げ競争は，世界経済を混乱させた歴史的な教訓があった。

保護主義的な貿易政策が取られた場合についても考えよう。輸入規制や関税率の引き上げ，非関税障壁の設定などの代表的な例で考えよう。これらの政策が発動されると，財市場では輸入が減少し，貿易・サービス収支が改善する。これらの変化によって，IS 曲線は図 6-5 と同じように，$IS_0(e)$ から $IS_1(e)$ に右上方にシフトし，自国利子率が上昇する。その結果，資本が流入し，マネーストックが増加するため，LM 曲線が右下方にシフトしていき，経済は新しい均衡点に到達する。したがって，保護主義的な貿易政策は，自国の国民所得を増やす効果があり有効であることが分かる。

4. 変動相場制下のマンデル＝フレミング・モデルと経済政策の効果

(1)　変動相場制下の MF モデル方程式

1978 年の IMF 協定第二次改正により，IMF 加盟国は自由に為替制度を選択することが認められた。現在，主要通貨の相場に連動させるペッグ制を採用する国もあるが，主要先進国のほとんどが変動相場制を採用している。ここでは，MF モデルを用いて，変動相場制下の政策効果を分析してみよう。

MF モデルは，6.5 式の財市場の均衡，6.6 式の貨幣市場の均衡，6.7 式の国際収支の均衡の三つの方程式から構成されている。ここでも先の固定相場制のもとでの MF モデルと同様に，物価水準は変わらないものとする。モデルは以下，

$$Y = C(Y - T) + I(r) + G + NX(Y - T, Y_W, e) \quad (6.5)$$

$$\frac{M}{P} = L(Y, r) \quad (6.6)$$

$$r = r_W \quad (6.7)$$

から構成される。

変動為替相場制のもとでは，為替レートが通貨と通貨の間の需要と供給が調整されるように外国為替市場で決定されるため，中央銀行には固定為替相場制の場合のような外国通貨を売ったり買ったりする義務はなく，マネーストックは外生変数となり，為替レートが自由に変動し，国民所得 Y，利子率 r，為替レート e はモデルの内生変数となる。

(2)　変動相場制下の国民所得決定

変動相場制のもとでは，利子率の不均衡は為替レートの変化を通じて，財市場のIS曲線がシフトすることによって解消される。仮に自国経済の均衡点が当初，点 E_0 であったとしよう。自国利子率が世界利子率より高い（$r_0 > r_w$）ので，世界の資本が流入する。

資本が流入することで為替レート増価（自国通貨高）をもたらす。それによって財市場では貿易サービス収支が悪化し景気が後退すれば，図6-6で示したように，IS曲線左下方シフトする。自国利子率と世界利子率の乖離があっても，固定相場制の場合と違い，LM曲線はシフトしない。その結果，点 E_1 が新しい均衡点となり，この点 E_1 では自国利子率と世界利子率が一致し，資本移動が止ま

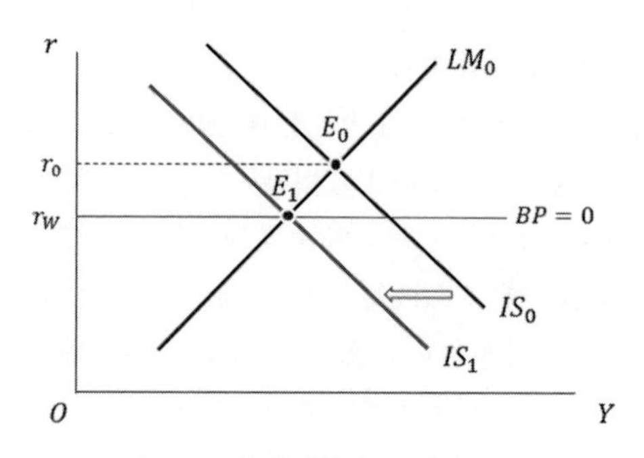

図6-6　変動相場制下の所得決定

る。したがって，点 E_1 で財市場，貨幣市場，国際収支の三つの均衡式が同時に成立し，国民所得が決定される。

(3) 財政政策の効果

政府は公共投資の増加のような拡張的財政政策を実施したとしよう。図 6-7 のように，IS 曲線は右側シフトによって利子率が上昇し，クラウディングアウトが発生する。

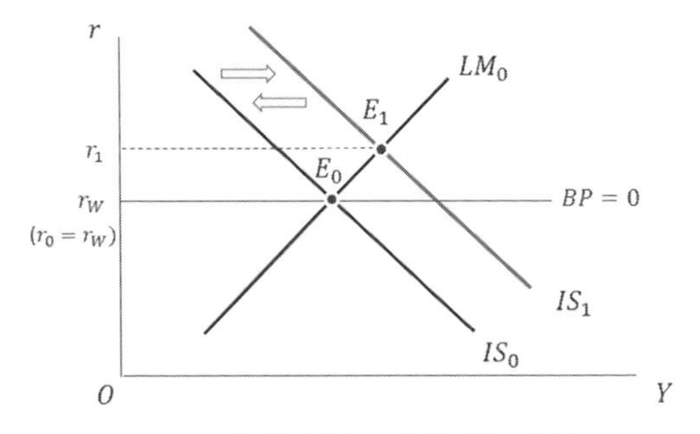

図 6-7　変動相場制下の財政政策の効果

資本移動が完全に自由である場合，利子率の上昇によって外国から自国に資本が流入し，資本収支の黒字化と自国通貨高が生じる。自国通貨高は貿易・サービス収支を赤字化させ，それが金融収支の赤字を相殺することになる。この貿易赤字化の過程で IS 曲線が左下方シフトしてしまう。この IS 曲線の下方シフトは内外利子率差がなくなるまで持続するので，IS 曲線は最終的にはもとの位置に戻る。したがって，変動相場制の下で，国際収支は自国の金融収支の赤字と貿易・サービス収支の赤字が相殺する形で均衡に向かうわけで，拡張的財政政策は無効である。

(4) 金融政策の効果

変動為替相場制のもとでは，為替レートは市場原理で動くため，中央銀行は為替レートを維持する義務から解放され，マネーストックをコントロールすることができる。固定相場制の場合とは異なって，変動相場制が採用された場合，マネーストック M は政策によって決められる外生変数である。

変動相場制のもとで金融緩和政策が実施された場合 LM 曲線は，図 6-8 で示

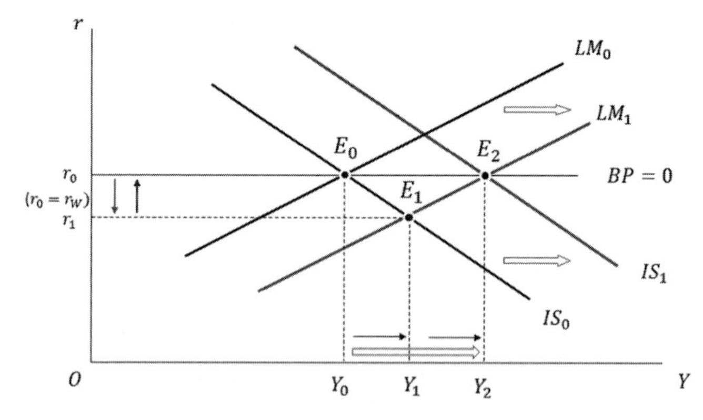

図 6-8　変動相場制下の金融政策の効果

したように右下方シフトする。当初の経済は点 E_0 で均衡し，国民所得は Y_0，利子率は r_0 に決定されているとする。また，世界利子率 r_W は自国利子率 r_0 と一致している ($r_0 = r_W$) とする。金融緩和政策によってマネーストックが増加した場合，LM 曲線は LM_1 にシフトするので，均衡点は一時的に点 E_1 に移動し，国民所得は Y_1 まで増加し，利子率は r_0 から r_1 に低下する。そのとき，自国利子率は世界利子率より低いため，自国から外国へ資本が流出する。その結果，金融収支が黒字となり，それによって自国通貨安が生じる。自国通貨安は輸出に有利に働き，貿易・サービス収支が改善され黒字化となる。輸出が増加し貿易・サービス収支が改善されるプロセスにおいて，IS 曲線が右上方シフトする。IS 曲線は内外の金利差がなくなるまで持続して，IS_1 までシフトする。よって，国民所得水準はさらに Y_2 まで拡大する。したがって，変動相場制のもとでは，金融政策はきわめて有効である。

ここで留意すべき点は，一国の金融政策は海外の経済にも影響を与えていることである。金融政策の国際的波及は，主として為替レートを通じて海外の経済に影響を及ぼしていく。金融緩和政策の実施によって利子率が下がれば，資本移動が発生し，自国資本は海外へ流出する。資本流出の圧力は自国通貨安の要因にもなり，資本流出によって金融収支が黒字化になり，国際収支均衡において，それは必ず貿易・サービス収支の黒字化によって相殺されなければならない。貿易・サービス収支の黒字化は自国の輸出拡大によって実現されたものであるが，貿易相手国の立場から見れば，それは自国の輸出が抑えられ，輸入が増大することになる。このように，輸入増加と輸出減少は貿易相手国とっては景気後退の要因となることから，金融政策の国際的波及にも注視すべきであろう。

(5) 保護主義的な貿易政策と為替市場への介入

輸入規制，関税率の引き上げ，非関税障壁の設定などの保護貿易政策が発動されると，輸入が減少し，貿易・サービス収支の改善をもたらす。貿易・サービス収支が改善はIS曲線を右上方にシフトさせ，経済の均衡点は一時的に点E_0から点E_1に移る。しかし，図6-9で示したように，点E_1では，自国利子率が世界利子率より高い水準にある。ここでは資本が流入し，自国通貨高になり，IS曲線は元の位置E_0に戻る。結局，輸入制限などの保護主義的な貿易政策は為替レートを増価させるだけで，自国の国民所得を増やすことはできない。

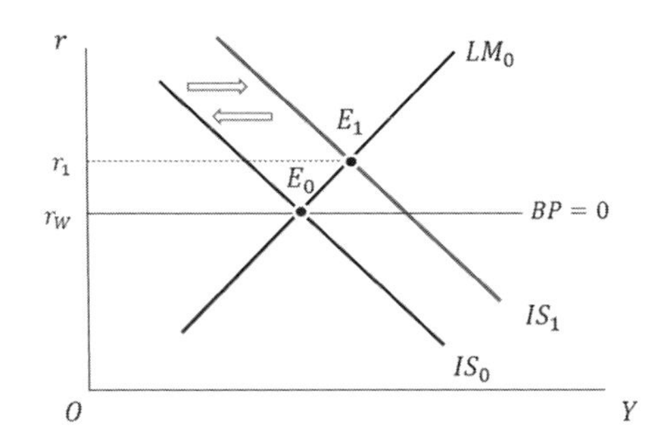

図6-9　変動相場制のもとでの保護主義的な貿易政策の効果

最後に，為替市場への介入について考えてみよう。主要国の中央銀行は，投機が過熱すると実力以上に自国通貨が評価されることや，為替市場の安定，国際競争力を妥当な水準に維持するなどを理由に，為替相場の激しい動きを警戒し，日常的に市場介入を行なっている。また，IMFも為替市場への介入を事実上に容認しているように見える。

変動相場制のもとで，中央銀行が金融緩和を実施すると，為替レートが減価し，国際競争力が強化されるため，貿易・サービス収支が改善される。外国為替市場への介入（外貨買い介入）は，外国通貨を買い自国通貨を売るプロセスでもあるため，意図的に金融を緩和するようなもので，一種の「管理フロート制」とみなすことができる。

中央銀行が為替市場に介入し，為替レートを減価させた場合，自国通貨安を人為的に作り出すことで，輸出に有利に働き，貿易・サービス収支の黒字を増加させることになるが，他国では総需要が縮小し，不況が誘発されることになる。自国の景気対策として為替レートを操作することは「失業の輸出」として批判される場合が多く，しばしば「近隣窮乏化政策」と呼ばれている。

このように，現在の資本自由移動と変動相場制を組み合わせたグローバル化経済においては，保護主義的な貿易政策は無意味なものであり，為替市場への介入も慎むべきであろう。

第7章

物価水準の変化と国民所得

本章のねらい

- 短期のケインジアン・モデルと長期の古典派モデルを比較し，その基本的な違いを解説する。
- 財市場と貨幣市場の同時均衡から総需要曲線を導出する。
- 物価水準の変動を想定し，労働市場の労働者の行動を取り入れて，現実的な総供給曲線はなぜ右上がりの形になっているのかを解説する。
- 総需要曲線と総供給曲線を使って，物価と生産量の同時決定を説明し，財政金融政策の効果を再確認する。
- インフレーションと失業の関係を表すフィリップス曲線について説明する。また，インフレ期待の形成についても簡単に解説する。

1．短期モデルと長期モデル

(1) ケインジアン・モデルの短期モデルと古典派の長期モデル

すでに触れたように，マクロ経済学においては短期と長期の概念が区別されている。ケインジアン・モデルでは，価格の硬直性（硬直的価格）を仮定している。

古典派モデルは価格が伸縮的であると想定している。古典派モデルは長期モデルである。長期とは，価格調整が完了，あるいは価格の調整速度が速いため均衡がつねに達成することを意味し，長期において，財市場，資産市場，労働市場がともに均衡し，完全雇用が達成されている。

図7-1（A）のように，縦軸に実質賃金 W/P，横軸に雇用量 N を取り，完全雇用量を N_F とする。労働供給曲線を N^S，労働需要曲線を N^D として，N^S と N^D

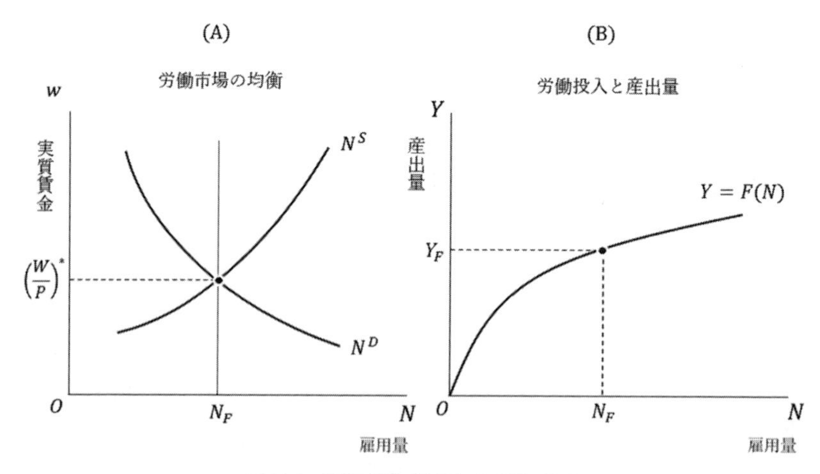

図 7-1　労働市場の均衡と産出量の決定

が交わる点が均衡点となり，完全雇用量 N_F が決まる。産出量の決定についてであるが，生産関数は $Y = F(N, K)$ で表され，資本ストックが変化しない $(K = \overline{K})$ 場合，生産関数は単純に，$Y = F(N)$ で表せる。労働投入量が決まれば，産出量（GDP）が労働市場の均衡だけで決定される。労働市場で完全雇用が達成されるならば，$N = N_F$ となり，完全雇用に対応する GDP 水準を Y_F と表すと，産出量は図 7-1（B）で示したように，$Y = Y_F$ となる。つまり，産出量はつねに完全雇用 GDP に対応することなる。

このように，長期モデルでは，賃金や価格の伸縮性によって，実質賃金が労働の需給を一致させるように調整される。非自発的失業は存在しないという意味で完全雇用がつねに達成されるという。

一方，ケインジアン・モデルは，需要と供給に不一致があったとしても賃金や物価が変化せず，需給不均衡の是正は価格調整によらず，数量調整に依存するとしている。図 7-2（A）で示したように，ケインジアン・モデルの総供給曲線は横軸に水平な直線として描かれている。経済の当初の均衡は点 E_0 としよう。完全雇用を達成させるには，産出量は完全雇用 GDP 水準に対応する Y_F に拡大する必要がある。総需要水準は AD_0 にあった場合，総需要は総供給にマッチしていなく，いわば総需要が不足すると，財市場では，意図しない在庫の増加が発生し，生産は縮小することになる。総需要が十分に大きく，総需要水準は AD_1 にあったならば，完全雇用 GDP（Y_F）が実現する。短期的に物価や賃金水準が変

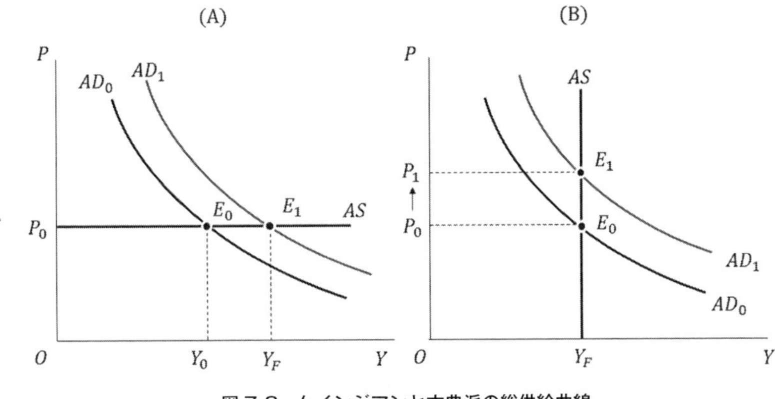

図 7-2　ケインジアンと古典派の総供給曲線

わらないので，価格は P_0 のまま変化しない。総供給曲線は横軸に水平な直線として表わされる。このように，価格が硬直的である以上，完全雇用を達成させるには，総需要を管理する以外に方法はないという。

古典派が想定する価格が伸縮的である長期モデルにおいては，総供給は完全雇用 GDP（Y_F）で決定される。図 7-2（B）で示したように，総供給曲線は Y_F を通る垂直な直線として表わされる。この垂直な総供給曲線は価格調整がすべて完了した長期の総供給曲線である。総需要水準が AD_0 から AD_1 に拡大しても産出量は変化せず，価格のみ上昇することになる。

国民所得を Y，消費を C，民間投資を I，政府支出を G，租税を T，貿易・サービス収支を NX とおくと，オープンマクロ経済における財市場の均衡式は，

$$Y = C(Y - T) + I(r) + G + NX \tag{7.1}$$

で表される。長期モデルでは，すでに労働市場で完全雇用 GDP に対応する国民所得が決定され，つまり，$Y = Y_F$ であることから，均衡式は，

$$Y_F = C(Y_F - T) + I(r) + G + NX \tag{7.2}$$

と書き換えられる。長期モデルでは，労働市場の均衡で国民所得 Y が完全雇用 GDP（Y_F）決定され，そして，この完全雇用 GDP（Y_F）をもとにして，財市場の需給が一致するように均衡利子率 r^* が決定される。

(2) 長期モデルにおける貨幣市場の役割

貨幣市場の均衡は，$M/P = L(Y, r)$ で表される。長期において，完全雇用GDP水準 Y_F と均衡利子率 r^* が決定されるので，マネーストック M は，中央銀行が管理をしている政策変数，いわば外生変数となり，マネーストック M と物価水準 P とは完全に比例して動くことになる。

貨幣の流通速度を V としよう。この速度 V は所得を生み出す過程において，マネーストック M が1年間で何回流通したかを示す数字であると定義する。定義式は以下のようになる。

$$V = \frac{\text{名目 GDP}}{M} = \frac{PY}{M} \tag{7.3}$$

これによって，交換の数量方程式，

$$MV \equiv PY \tag{7.4}$$

が得られる。

この交換の数量方程式からわかるように，長期の場合，完全雇用GDP水準 Y_F が一定であり，V も一定であれば，マネーストック M と物価水準 P は比例的に変動するため，マネーストック M と利子率 r の間には，なんら関連もない。この考え方は，マネタリズム，あるいは貨幣数量説と呼ばれる。

貨幣の役割は交換の効率性にあり，実質貨幣需要は「取引動機」だけに依存すると考えると，貨幣需要は，

$$L = L_1(Y) = kY$$

となり，貨幣市場の均衡式は，

$$\frac{M}{P} = kY \tag{7.5}$$

7.4式を $1/V = M/PY$ に，さらに，7.5式を $k = M/PY$ に書き換えると，

$$k = \frac{1}{V} \tag{7.6}$$

が得られる。この k は，「マーシャルの k」という。

マーシャルの k が一定であれば，マネーストックと物価は，同じ速度で変化することになる。このような関係は古典派の主張の根拠になっている。古典派あるいはマネタリストは，貨幣は実体経済に影響を与えず物価水準のみに影響を与えるとしている。これは，実物部門と貨幣部門が完全に分離し，お互いに影響を及ぼさないことを意味し，しばしば貨幣の中立性命題，または古典派の二分法とも呼ばれている。

2. 総需要曲線と総供給曲線

(1) 総需要曲線

物価水準と総需要の関係を示したものが総需要曲線である。財市場と貨幣市場の同時均衡から捉えてみよう。経済はいま，図 7-3（A）で示したように，当初 E_0 点で均衡している。均衡国民所得は Y_0，均衡利子率は r_0 である。物価水準が何らかの事情で P_0 から P_1 に下落したとすると，貨幣市場では実質貨幣供給（M/P）が上昇し，LM 曲線が LM_0 から LM_1 へ右下方にシフトする。それによって市場利子率が下落する。利子率下落の結果，財市場では消費や投資が刺激され，乗数効果を通して均衡国民所得を増加させる。均衡点は IS 曲線に沿って E_0 から

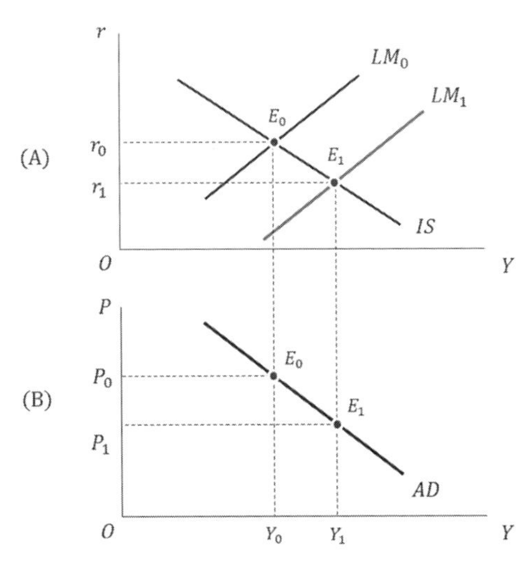

図 7-3　総需要曲線の導出

E_1へ移動する。図7-3（B）で示したように，縦軸に物価水準Pを，横軸に国民所得Yを取り，物価水準の下落と均衡点の移動を示す右下がりの曲線が描かれる。これが総需要曲線ADである。

(2) 総供給曲線

前節ですでに触れたように，ケインジアンと古典派の総供給曲線はまったく異なる形状となっている。ケインジアン・モデルの総供給曲線は横軸に水平な直線として描かれているのに対して，古典派の総供給曲線はY_F水準を通る垂直な直線として表わされる。これらの違いは，「価格の硬直性」か「価格の伸縮性」の仮定のよるものであった。しかし，現実の世界はおそらく，ケインジアンの仮定と古典派の仮定の間にあると考えるべきであろう。要するに，価格はゆっくりと調整されると考えるのがより現実的である。フリードマン（Milton Friedman, 1912–2006）は，労働者錯覚モデルを用いて，現実的な総供給曲線を導き出した。

労働者が名目賃金については即座に情報を入手できるが，物価水準に関する情報については暫く手に入らないため，名目賃金の上昇を実質賃金の上昇と錯覚して労働供給を増やしたことから，短期の総供給曲線が右上がりになる。これが，労働者錯覚モデルである。

労働者が名目賃金に関する情報については，いち早く入手できる一方で，一般物価水準についてはしばらく手に入らない。これに対して，企業は個人の労働者より情報収集能力は高く，賃金と物価水準の情報は瞬時に入手できる。労働者錯覚モデルは，情報格差の存在が前提となっている。

ここで，労働供給曲線をN^S，労働需要曲線をN^D，雇用量をNと表す。名目賃金はW，物価水準はP，物価水準の予想値はP^e，実質賃金はW/Pとする。

労働需要N^Dは，7.7式で表される。

$$N^D=N^D\left(\frac{W}{P}\right) \tag{7.7}$$

労働供給N^Sは，7.8式で表される。

$$N^S=N^S\left(\frac{W}{P^e}\right) \tag{7.8}$$

図 7–4 に示されたように，縦軸に実質賃金，横軸に労働量を取り，このモデルの当初の労働需給は，労働需要 N^D と労働供給 N_0^S が交わる点 E_0 で均衡する。当初は，物価水準の予想値 P^e は現実の物価水準 P_0 と一致しているが，なんらかの事情で物価水準 P が予想値 P^e から乖離して，物価水準 P が予想値 P^e を上回って，物価が P_0 から P_1 に上昇したとしよう。

名目賃金 W は W_0 のままで変わらなく，物価水準 P は P_0 から P_1 に上昇すると，実質賃金は W_0/p_1 に低下したが，労働者は実質賃金の低下に気付かず，従来通りに N_0（点 A）で労働を供給する。企業は物価水準 P が上昇したことによる実質賃金低下のことを知り，需要を点 B に拡大する。

このとき，労働に対して AB だけ超過需要が発生するであろう。労働の超過需要が発生すれば，名目賃金は W_0 から W_1 に上昇する。労働者は物価の下落による実質賃金の低下に気づかず，さらに名目賃金の上昇を実質賃金の上昇と錯覚するため，労働供給を増やし始める。労働供給曲線は N_o^S（W/P^e）から N_1^S（W/P^e）へ右下方シフトすることになる。それによって，労働需要曲線 N^D と労働供給曲線 N_1^S が交わる点 E_1 で再び均衡し，労働供給量は N_0 から N_1 に増えたわけである。

物価水準 P が予想値 P^e を上回れば，雇用量が増える。雇用量が増えれば産出量 Y が拡大する。図 7–4 において，点 E_0 で完全雇用が達成されたとすれば，当初の雇用量 N_0 は完全雇用量 N_F となり，このときの産出量 Y は完全雇用 GDP（Y_F）に等しくなる。産出量 Y は，物価水準 P が予想値 P^e を上回る程度が大き

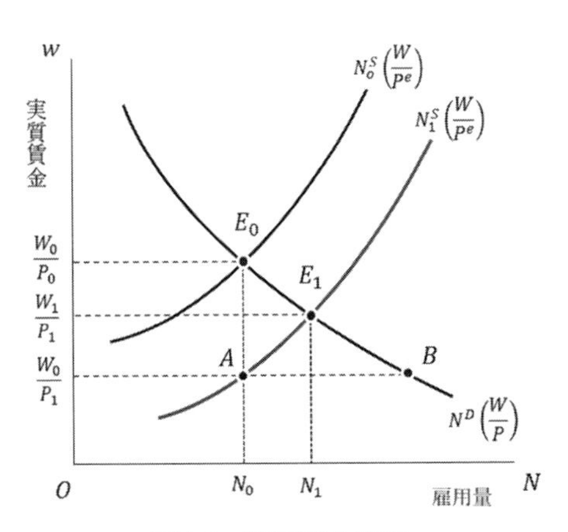

図 7-4　労働者錯覚モデル

いほど大きくなる。したがって，産出量 Y と物価水準 P の関係については，以下の式のように書ける。

$$Y = Y_F + \delta(P - P^e) \tag{7.9}$$

この 7.9 式にある δ は，現実の物価水準と物価水準の予想値と乖離の大きさに反応する係数である。この式を変形すれば，以下のようになる。

$$P = P^e + \frac{1}{\delta}(Y - Y_F)$$

ここで，現実の GDP と完全雇用 GDP のギャップ $(Y - Y_F)$ に反応する係数 $1/\delta$ を λ に置き換えると，以下のような式，

$$P = P^e + \lambda(Y - Y_F) \tag{7.10}$$

が得られる。これが総供給関数である。この 7.10 式は，物価水準は予想物価水準が高ければ高いほど，またインフレギャップ（現実の GDP と完全雇用 GDP の差）が大きければ大きいほど高くなることを示している。

総供給曲線 AS は，P^e は，期待物価水準であり，期待物価水準 P^e が変わると総供給曲線 AS がシフトする。

総供給曲線をグラフで表すと，図 7-5（A）のような右上がりの形状となる。短期的に錯覚が生じて，物価が上昇するとともに，労働供給が拡大し産出量（国

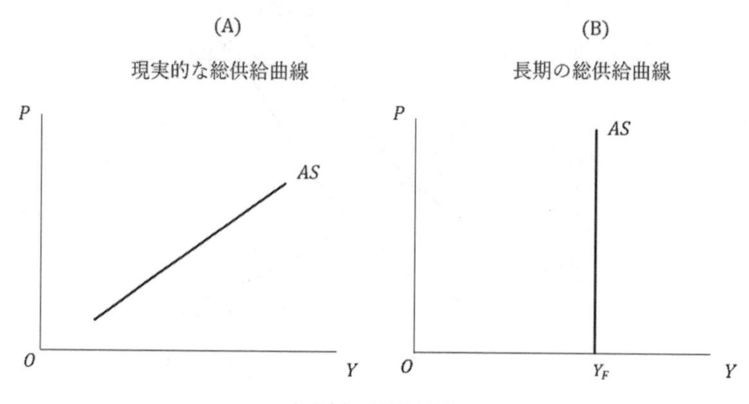

図 7-5　総供給曲線

民所得）が拡大する。これが短期の現実的な総供給曲線である。しかし，短期的には錯覚が生じるが，物価水準 P と予想値 P^e の乖離はいつまでも続くものではなく，いつかは錯覚が解消する。つまり，長期的には予想（期待）と現実が一致する。現実の物価水準 P と期待物価水準 P^e 一致すると，$Y = Y_F$ となり，長期の総供給曲線は，図 7-5（B）のように垂直な形となる。

3．物価と生産量の同時決定と財政金融政策の効果

(1)　物価水準の決定

総需要曲線 AD は，財市場と貨幣市場が同時に均衡している点と物価水準の関係から導出された右下がりの曲線であり，総供給曲線 AS は，労働者錯覚モデルから導かれた物価水準と国民所得（産出量）の関係を表す右上がりの曲線である。総需要と総供給が一致するところで物価水準が決定される。

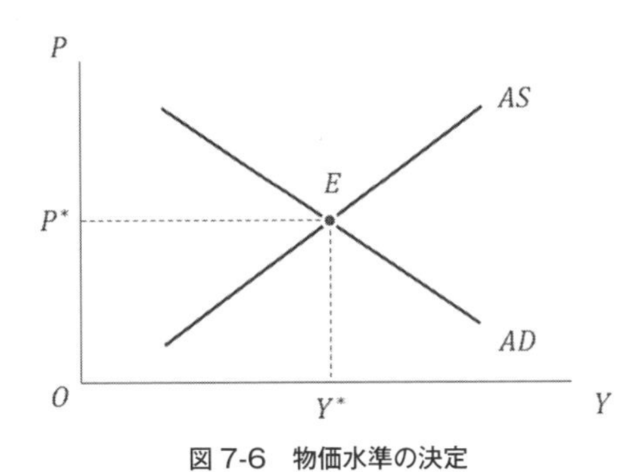

図 7-6　物価水準の決定

図 7-6 で示したマクロ経済モデルでは，総需要曲線 AD と総供給曲線 AS が交わるところで物価水準 P^* が決定され，均衡国民所得は Y^* である。ここで示した均衡点 E は短期の均衡点であるが，この点 E_0 では労働市場が均衡するとは限らない。このときの国民所得 Y^* は，完全雇用 GDP を下回っている場合，この均衡は過少雇用均衡である。

過少雇用均衡状態の労働市場では，働きたいのに働けない非自発的失業者が存在するため，名目賃金が引き下げられ，あるいは物価水準が低下するのであろう。やがてそれが期待物価水準 P^e を引き下げるので，総供給曲線は図 7-7 に示されたように，AS から AS' に右下方シフトする。名目賃金が下落したことに

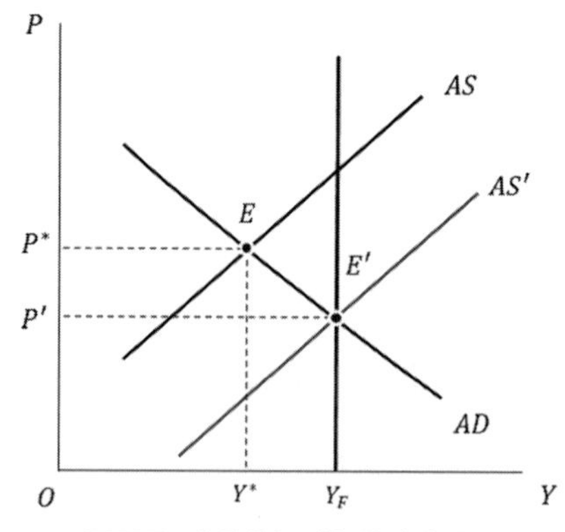

図 7-7　名目賃金の低下と完全雇用

よって，総供給曲線が右下方シフトしたとすれば，総供給と総需要が均衡する点はいずれ E' に移ることになる。このとき，物価水準は名目賃金率の下落を反映して P' にまで下がり，国民所得も完全雇用を保証する Y_F に達する。名目賃金の低下が総供給曲線を AS' にまで押し下げるので，物価や賃金が伸縮的であれば，財政金融政策の助けなしでも完全雇用が自動的に達成される。これが，古典派やマネタリストが主張した「完全雇用命題」である。

⑵　完全雇用をめぐる論争

古典派やマネタリストの「完全雇用命題」に対して，ケインジアン（ケインズ学派）の議論では，賃金率や物価が完全に伸縮的であっても完全雇用は自動的には達成できないことを主張した。折れた総需要曲線が存在することがその論拠である。

流動性のわなが存在すれば，LM 曲線が水平となり，また，投資や消費が利子率に対して完全に非弾力的であり，IS 曲線が垂直である場合には，総供給曲線が垂直な部分をもつことになるため，図 7–8 のように，総需要曲線は折れた形状になる。価格が伸縮的で，総供給曲線が右下方にシフトしたとしても，図 7–8 のように Y^* と Y_F のギャップが埋められず，非自発的失業は解消できない。このことから，総需要管理政策は，長期的な意味においても必要であろう。

この「折れた総需要曲線」のケースに対して，ピグー（Arthur Cecil Pigou, 1877–1959）は，物価水準の下落による保有貨幣の実質的価値の増加が消費や貯

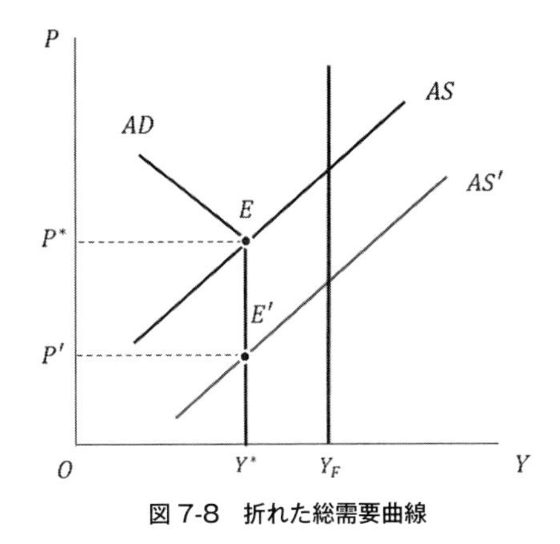

図 7-8　折れた総需要曲線

蓄に影響を与えることを明らかにした。物価が下がれば，人々が保有する実質貨幣残高が大きくなり，人々がそれだけ豊かになったことを意味し，消費と投資が刺激される。実質貨幣残高が大きくなればなるほど，それにともなって需要も大きくなる。これはピグー効果，または実質残高効果と呼ばれている。ピグー効果が存在するならば，物価の下落につれて，IS 曲線が右上方シフトし，総需要曲線（垂直部分も含めて）右上方シフト，やがて，完全雇用 GDP が達成される。要するに，ピグー効果を認める限り，ケインジアンのケースにおいても，市場の自動調節機能（価格の伸縮性）によって完全雇用は自動的に達成されるという。

(3)　財政金融政策の効果

物価水準が変化する場合の財政金融政策の効果について考えよう。経済は当初，点 E で均衡するとしよう。拡張的財政政策が実施される場合，財市場の均衡を示す IS 曲線が IS から IS' に右上方シフトして，貨幣市場の均衡を示す LM 曲線と交わる。IS' と LM の交点は点 E' である。点 E' では，利子率が当初の r^* より高い水準にあり，所得は Y_F を超えることになる。また物価水準は P^* で変わらないまま財市場では超過需要が発生するため，E' は均衡点ではない。やがて総需要曲線は AD から AD' に右上方シフトし，今度は物価が上昇しはじめる。物価が P^* から P' に上昇することによって，実質貨幣供給量 M/P が低下し，貨幣市場の均衡を示す LM 曲線は LM から LM' に左上方シフトする。

図 7-9 で示したように，経済は当初の均衡点 E から E'' へ移動し，その結果，

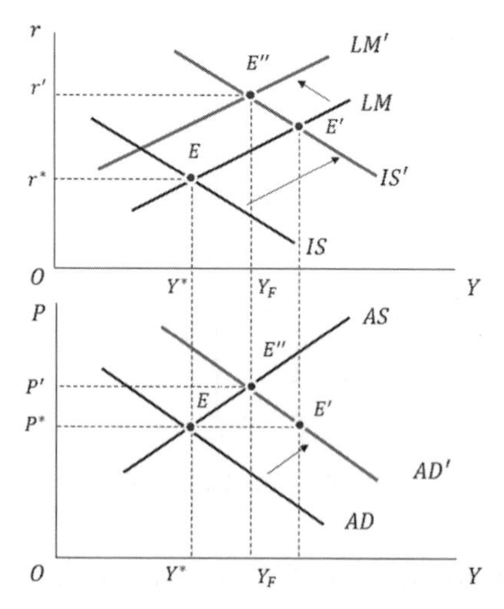

図 7-9　財政政策の効果

均衡国民所得 Y^* から Y_F に増加し，完全雇用が達成される。したがって，拡張的な財政政策は，国民所得や雇用の増大，利子率の上昇，物価水準の上昇をもたらす効果があるといえる。

続いて，金融緩和政策の効果を確認してみよう。金融緩和政策が実施されるならば，マネーストックが増大し，それによって貨幣市場の均衡を示すLM曲線

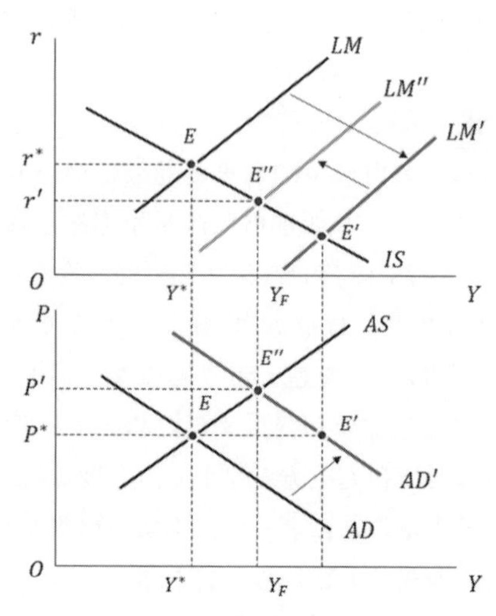

図 7-10　金融政策の効果

はLMからLM'に右下方シフトして，IS曲線のISとLM'が点E'で交わる。図7-10で読み取れるように，E'は均衡点ではない。物価水準はP^*で変わらないまま財市場では超過需要が発生するため，総需要曲線ADはADからAD'に右上方シフトし，物価が上昇しはじめる。

物価がP^*からP'に上昇することにより，実質貨幣供給量M/Pが低下し，LM曲線はLM'からLM''に左上方へシフトバックする。その結果，経済の均衡点はEからE''へ移動し，均衡国民所得Y^*からY_Fに増加する。したがって，金融緩和政策は，国民所得や雇用の増大，利子率の下落，物価水準の上昇をもたらす効果があるといえる。

以上の分析から，金融緩和政策の効果と拡張的財政政策の効果は利子率のところでは異なるが，実質国民所得や雇用の増大と物価の上昇については同じ効果をもつという結論が得られる。

4．インフレーションと失業

(1) フィリップス曲線

インフレーションと失業はどのような関係にあるかを考えよう。イギリスの経済学者フィリップス（Alban William Phillips, 1914–1975）は，1958年に発表した論文「1861–1957年のイギリスの失業と貨幣賃金率との関係」のなかで，名目賃金の変化率と失業率の間にある右下がりの関係をグラフで明らかにした。図7-11で示した図では，縦軸に名目賃金の変化率（$\Delta W/W$），横軸に失業率μを取り，失業率と名目賃金上昇率の間のトレードオフ関係を右下がりの曲線で表している。これがフィリップス曲線である。

失業率が高いとき，名目賃金の変化が緩やかであり，失業率が低いとき，名目賃金の変化が急になる。フィリップス曲線はイギリスの経験にもとづいて描かれているが，失業率と名目賃金の変化率の間のトレードオフの関係を示している。つまり，失業率を下げようとすれば，インフレ率が上がるし，インフレ率を下げようとすれば，失業率が上がってしまう。つまり，失業率を大きく下げたければ，かなり高いインフレを覚悟しなければならない。インフレが困るのであれば，高い失業率を甘んじて受け入れなければならない。政策当局はこのようなインフレと失業率のトレードオフに直面している。

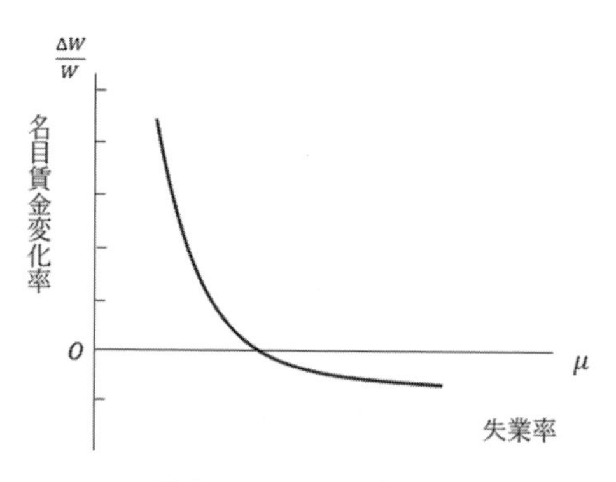

図 7-11　フィリップス曲線

フィリップス曲線は失業率と名目賃金の変化率の間のトレードオフの関係を示したが，現実の市場経済では，人々の本当の関心は，名目賃金ではなく，実質賃金である。人々は将来に対して，どのような期待を持つかによって，現実の経済は大きな影響を受けることになる。フリードマンは，フィリップス曲線に期待（予想）の概念を導入し，自然失業率の概念を呈示した。インフレ率の水準に関わらず長期的には一定の失業率に落ち着く。このときの失業率は自然失業率である。自然失業率を μ_N と表す。

一方で，人々は物価上昇を予想すれば，実質賃金（あるいは購買力）が低下する。労働者は賃金改定を交渉するにあたっては，賃上げを要求することになる。企業も同様に物価上昇を予想するので，製品価格を値上げする。そして賃上げ要求を受け入れる。その結果，物価も上昇することになる。物価も賃金も同じ程度で上昇するのであれば，実質賃金は変わらないので，労働供給もこれまでと同じレベルで維持される。この場合のフィリップス曲線は，名目賃金に予想物価上昇率（期待インフレ率）を載せた形で上方にシフトする。

ここで，今期の物価水準を P，前期の物価水準を P_{-1} とし，物価上昇率を π とする。物価上昇率 π の厳密な定義は，

$$\pi = \frac{P - P_{-1}}{P_{-1}}$$

である。この物価上昇率を今期の物価水準と前期の物価水準の差として簡便的に扱うと，以下のように，

$$\pi = P - P_{-1} \tag{7.11}$$

となる。さらに，今期の予想物価水準を P^e，前期の物価水準を P_{-1}，予想物価上昇率（期待インフレ率）を π^e とすれば，π^e も同様に簡便的に扱うと，以下のように，

$$\pi^e = P^e - P_{-1} \tag{7.12}$$

が得られる。

労働市場の均衡について確認しよう。産出量 Y が完全雇用 GDP（Y_F）に一致している場合，労働市場の均衡が達成し，期待インフレ率と実際のインフレ率が一致することになる。この場合の労働市場の失業率 μ は自然失業率 μ_N に等しくなる。失業率 μ が自然失業率 μ_N より低い場合（$\mu < \mu_N$），労働市場では超過需要が発生する。このとき，名目賃金は上昇し，$\Delta W/W > 0$ となる。つまり，名目賃金上昇率が＞予想物価上昇率となり，超過需要が改善される。逆に，失業率 μ が自然失業率 μ_N より高い場合（$\mu > \mu_N$），労働市場では超過供給が発生し，賃金は下落し，$\Delta W/W < 0$ となる。

企業はマークアップ原理（コストに一定の利潤を上乗せして価格を付ける）にもとづいて行動するとすれば，製品価格は労働市場の賃金と同率で変化する。したがって，図 7-11 のフィリップス曲線の縦軸の名目賃金変化率（$\Delta W/W$）を，物価上昇率 π に置き換えても，同様な曲線が描けることになる。これが期待インフレ率を考慮したフィリップス曲線，いわば物価版フィリップス曲線である。

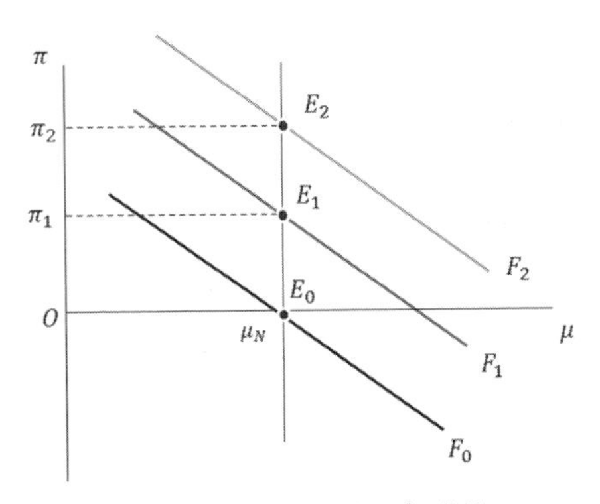

図 7-12　物価版フィリップス曲線

物価版フィリップス曲線は，図 7-12 のように描かれている。そして数式で表すと，以下の 7.13 式のように表せる。なお，φ は失業率 μ と自然失業率 μ_N の差に反応する係数である。

$$\pi = \pi^e - \varphi(\mu - \mu_N) \tag{7.13}$$

失業率 μ は自然失業率 μ_N に等しく，つまり，$\mu = \mu_N$ の場合，産出量 Y が完全雇用 GDP（Y_F）に一致し，労働市場が均衡する。期待インフレ率がゼロ（$\pi^e = 0$）のとき，物価版フィリップス曲線は E_0 点を通る右下がりの F_0 曲線となる。期待インフレ率 π^e がたとえば，π_1，π_2 の場合，物価版フィリップス曲線はそれぞれ図 7-12 の点 E_1，点 E_2 を通る F_1，F_2 曲線のように描ける。

(2) インフレ期待

インフレに対する期待はどのようにして形成されるのかを考えよう。インフレ期待の形成は主に，適応的期待，静学的期待，合理的期待の三つの仮説がある。過去の物価上昇率（過去何年間かのトレンド）を加重平均した上で予想を立てるという方法を「適応的期待形成」といい，前期の物価上昇率を今期の物価上昇率と予想（1 期だけ）する期待形成の方法を「静学的期待形成」という。

「合理的期待形成」とは，静学的期待のではなく，マクロ経済の構造や政策当局の行動など，その時点で入手可能な情報をすべて利用して人々は「期待」を形成する方法である。合理的期待形成には三つの前提がある。第 1 に，人々はマクロ経済構造の知識をもち，それを利用してインフレに対して合理的期待形成をする。つまり，合理的期待形成は，人々がマクロ経済の構造を各経済主体が知っていなければならないことを前提としている。第 2 に，民間と政策当局の間に情報量の差がなく，人々は政策当局の行動様式を知っており，マクロ経済政策について，人々はたいていの場合，正しく予測できるということが必要である。第 3 に，自然失業率仮説が前提となる。自然失業率仮説とは，長期においてマクロ経済は自然失業率で規定される長期均衡に収束するとのことである。

合理的期待が形成されるならば，経済は事前に予測不能な突発事件の影響を除けば，つねに完全雇用 GDP が達成されている。人々は合理的に行動するならば，経済は突発的な撹乱要因を除けば，つねに均衡点上にある。景気変動は，予期せざる不規則な景気変動要因，予想されなかったマネーストックの変化によるものであり，政策当局の景気対策は不要である。これが合理的期待形成仮説の政策論的帰結である。合理的期待学派は「裁量的な財政金融政策は無意味である」ことを主張している。

索　引

［アルファベット］

CGPI　124
CPI　123, 124
GDE　117, 118
GDP　111-114, 116, 118, 119, 136, 138
　――デフレーター　120-123
GNP　113, 114
IS バランス　118, 119, 176, 177
NDP　114, 115
X 非効率　103

［ア行］

粗代替財　45
粗補完財　45
インフレギャップ　139, 140, 198
ヴェブレン効果　44
売り手独占　91-93, 95
エッジワース・ボックス・ダイアグラム　85, 87
エンゲルの法則　40

［カ行］

外貨準備　174, 176, 184
買い手独占　92
外部経済　98
外部効果　12, 98, 99
外部性　90, 91, 97-100
外部費用　98, 99
外部不経済　98, 99
価格支配力　91, 92, 94, 96
価格受容者　81
価格・消費曲線　41
価格調整の速度　109
価格調整メカニズム　20
価格の硬直性　191, 196
価格の伸縮性　109, 192, 196, 201
下級財　40
拡張経路　55, 56
過少雇用均衡　135, 139, 167, 199
寡占　11, 91
貨幣の限界効用　39
貨幣の中立性命題　195
可変的要素　65
可変費用　56-58, 64, 74, 94, 95
カルテル　95
為替平衡操作　174
完全競争　11, 47, 62, 80, 81, 91, 94, 97, 99, 101
完全雇用 GDP　138, 139, 167, 169, 192-194, 197, 199, 205, 206
完全雇用国民所得　139
機会費用　8, 71, 152
機関車論　184
企業物価指数　111, 121, 124
基軸通貨　174
技術的外部性　98
技術的限界代替率　52, 54, 87, 88
基数的効用　27
帰属価値　120
帰属計算　120
基礎消費　128, 130
期待インフレ率　204-206
ギッフェン財　44
規範的分析　9
規模の経済　61
供給曲線　13, 15, 16, 18-24, 64, 65, 67, 81-84, 94, 98, 99, 125
供給の価格弾力性　18
均衡国民所得　125, 127, 128, 134, 135, 139, 161, 167, 170, 195, 199, 202, 203
均衡産出量　127
金銭的外部性　98
近隣窮乏化政策　185, 190
クラウディングアウト効果　169, 171, 183
経済主体　2, 4, 5, 8-12, 80, 81, 84, 90, 92, 98, 100, 111, 112, 115, 116, 206
経済循環　2, 5, 7, 111, 115, 116

経済人　7
経済余剰　80, 81, 84
経常収支　109, 175-177
契約曲線　86, 87, 89, 90
ケインジアン　108, 125, 191, 196, 200, 201
ケインズ型消費関数　129-131
限界効用　26, 28, 29, 38, 39
限界収入　62, 63, 93, 94, 96, 97, 101
限界消費性向　128-130, 136, 139
限界生産物　48, 49, 53
限界代替率　31, 37, 38, 86, 89, 90
限界貯蓄性向　129, 136
限界費用　58, 60, 63-65, 75, 93, 94, 96, 97, 99, 101, 102, 131
　——価格形成原理　101, 102
　——曲線　66
限界変形率　88-90
現金通貨　142, 144-147, 150
現金・預金比率　147, 150
減税乗数　139
交換の数量方程式　194
交換比率　34
広義の流動性選好　156
公共財　6, 12, 91, 98, 100, 101
厚生経済学の第1の基本定理　90
厚生経済学の第2の基本定理　90
効用　25-27, 29, 30, 32, 36-38, 67, 69, 70, 80, 84, 86, 90
　——関数　27, 101
　——最大化　37, 39, 106
　——フロンティア　86
効率性　4, 80, 81, 140
合理的期待　206
合理的行動　10
国際収支均衡　179, 180
国際収支表　175
国内純生産　114
国内所得　115
国内総支出　117, 118
国内総生産　111, 113, 114, 116, 118, 120, 125, 132
国民経済計算　111, 114, 119, 120
　——体系　111
国民総生産　113, 114
コースの定理　100
固定資本減耗　114, 117
固定相場制　181-186
固定費用　56-59, 64, 74, 101
古典派の二分法　195

[サ行]

在庫投資　117-119
最低賃金制度　67, 78
最適化　8
最適消費　36, 38-40, 43, 67, 70, 71
最適生産量　46, 62, 63, 65
三面等価　111, 116, 118, 119
資源配分　3, 80, 85, 87, 89, 90, 95, 97, 100
　——の効率性　85, 94, 97, 99
市場価格表示　115
市場均衡　19, 79, 80, 90
市場経済　5, 11, 12, 108, 204
市場の失敗　90, 91, 97, 100, 106
自然失業率　204-206
自然独占　91, 92, 97
実質　106, 109, 110
　——GDP　121-123
　——賃金　134, 191, 192, 197, 204
私的費用　98
支払準備率　147, 150
資本収支　187
資本の限界生産物　53
社会的費用　98
需要曲線　13, 16-24, 41, 67, 75, 81, 82, 84, 94, 97-99, 101, 102, 126
需要の価格弾力性　16-18
需要の所得弾力性　40, 41
需要の法則　25, 26
上級財　39
小国モデル　179
消費者物価指数　111, 121, 123, 124
消費者余剰　80-82, 84, 94, 95
消費と生産の効率性　90
情報の完全性　80
情報の非対称性　80
序数的効用　27, 28
所得効果　42-45, 71-73
所得再分配　90
所得・消費曲線　39-41
信用乗数　150, 151, 156, 159
信用創造　141, 147, 149, 159
数量調整　108, 127, 128, 192

ストック　106, 109, 111
スルツキー分解　43
静学　110
——的期待　206
生産可能性領域　88
生産関数　46-49, 57, 192
生産者余剰　80, 82-84, 94, 95
生産フロンティア　88
生産要素　4-6, 46-48, 50-56, 59, 67, 74-76, 87, 88, 114
——の最適投入　54-56
正常財　39-41, 43, 72
セイの法則　130
製品差別化　11, 80, 91, 96
政府支出乗数　136, 139, 169
操業停止点　64, 65
総資本形成　118
総収入　62, 93
総生産物　48
総費用　53, 55-58, 60, 62, 74, 93
総余剰　80, 83, 84, 95, 102
租税乗数　139
損益分岐点　64, 65

[タ行]

代替効果　42-45, 71-73
代替財　44, 92
地代　4, 5, 56, 115
中間生産物　112
超過供給　19, 77, 78, 127, 133, 143, 157, 162, 165, 168, 205
超過需要　19, 77, 127, 133, 136, 140, 143, 157, 161, 163-165, 169, 182, 197, 201, 203, 205
適応的期待　206
デフレギャップ　139, 140
デモンストレーション効果　44
動学　110
投機的動機　152, 155, 169
等産出量曲線　46, 51-55
投資乗数　136
等費用線　46, 53-55
独占　11, 91, 92, 95, 101, 102
——的競争　91, 92, 96, 97
独立投資　131
取引貨幣需要　154, 156
——関数　154, 155
取引動機　152, 154, 194
トリフィンのジレンマ　174

[ナ行]

内生変数　136, 178
ニクソン・ショック　174
日銀当座預金　149, 159

[ハ行]

排除不可能性　100
ハイパワードマネー　150, 151, 156, 159
パーシェ指数　123
パレート最適　80, 85, 86, 89, 90
比較静学　110
非競合性　100
ピグー効果　201
ピグー税　99
非自発的失業　135, 139, 167, 192, 199, 200
フィリップス曲線　203-205
付加価値　111, 112, 116
不確実性　142, 152
不完全競争市場　91, 96
不完全雇用均衡　135, 167
不胎化した介入　182
不胎化政策　182
物価版フィリップス曲線　205, 206
プライス・キャップ制　103
プライス・テイカー　81
プライス・メイカー　92, 94
フリーライダー　100
フロー　106, 109, 111
分配面からみたGDP　117, 118
平均可変費用　58, 64
平均固定費用　58, 59
平均収入　62
平均消費性向　129
平均生産物　48, 49
平均貯蓄性向　129
平均費用　58, 60, 61, 64, 92, 97, 101, 103
——価格形成原理　102
便益　100
変動相場制　185-189
貿易・サービス収支　116, 118, 119, 161, 162, 175-178, 185, 187-189, 193
補完財　44, 45
補助金　90, 102, 114, 115, 117

ポリシーミックス　171

[マ行]

マネーストック　142, 144-146, 150, 151, 156-158, 163-165, 170, 171, 178-181, 183
マネタリーベース　141, 150, 151, 156, 158, 159
見えざる手　11, 107
民間最終消費支出　118
無差別曲線　25, 29-32, 37, 38, 52, 69-71, 85, 86
名目　106, 109, 110
――GDP　120-122
――賃金　196, 197, 199, 203-205

[ヤ・ユ・ヨ]

ヤードスティック競争　103
有効需要の原理　107, 128, 130, 134, 160
要素費用　115
要素費用表示　115
予算制約式　33-35, 68, 70
予算線　33, 37, 38, 69
予想物価上昇率　204, 205
予備的動機　152, 154

[ラ行]

ラスパイレス指数　123
利潤最大化　61, 63, 65, 67, 74, 93, 106
流動性選好　151, 155-157, 163
――利子率論　141, 156, 160, 163
流動性トラップ　158
流動性のジレンマ　174
流動性のわな　158, 165, 172, 200
劣等財　40, 43
労働者錯覚モデル　196, 199

[ワ]

割引現在価値　153, 154
ワルラスの法則　141, 143

著者紹介

陸　亦群（りく・ゆうぐん）

日本大学経済学部教授，日本大学大学院総合社会情報研究科教授。
日本大学大学院経済学研究科博士後期修了。博士（経済学）。
第Ⅰ部　第7章を担当。
第Ⅱ部　第1章から第7章を担当。

前野 高章（まえの・たかあき）

日本大学通信教育部准教授，日本大学大学院総合社会情報研究科准教授。
日本大学大学院経済学研究科博士後期課程満期退学。
博士（経済学）（中央大学大学院経済学研究科）。
第Ⅰ部　第1章から第6章を担当。

やさしく学べる経済学

2022年2月10日第1版第1刷発行　　検印省略

著　者——陸　亦群・前野高章

発行者——前野　隆

発行所——株式会社 文眞堂
〒162-0041 東京都新宿区早稲田鶴巻町533
TEL：03（3202）8480 / FAX：03（3203）2638
HP：http://www.bunshin-do.co.jp/
振替 00120-2-96437

製作……モリモト印刷

©2022　ISBN978-4-8309-5143-5　C3033
定価はカバー裏に表示してあります